成就教育系列丛书

小学生激励性学业评价体系建构与实践探索

——基于深圳市荔湾小学的行与思

XIAOXUESHENG JILIXING XUEYE
PINGJIA TIXI JIANGOU YU SHIJIAN TANSUO
——JIYU SHENZHENSHI LIWAN XIAOXUE DE XING YU SI

李　莹 ◎主编　　于　晓　马思语 ◎副主编

东北师范大学出版社
NORTHEAST NORMAL UNIVERSITY PRESS
·长　春·

图书在版编目（CIP）数据

小学生激励性学业评价体系建构与实践探索：基于深圳市荔湾小学的行与思 / 李莹主编. -- 长春：东北师范大学出版社，2025. 6. --（成就教育系列丛书 / 李莹总主编）. -- ISBN 978-7-5771-2653-1

Ⅰ. G622. 47

中国国家版本馆 CIP 数据核字第 2025W32K19 号

□责任编辑：翁铭悦　　□封面设计：张　英
□责任校对：贾　颖　　□责任印制：侯建军

东北师范大学出版社出版发行
长春净月经济开发区金宝街 118 号（邮政编码：130117）
电话：0431—84568164
网址：http：//www. nenup. com
东北师范大学音像出版社制版
吉林省优视印务有限公司印装
长春市净月小合台工业区银湖路 1188 号
（邮政编码：130031）
2025 年 7 月第 1 版　2025 年 7 月第 1 次印刷
幅面尺寸：170mm×240mm　印张：20. 5　字数：355 千

定价：99. 00 元

编 委 会

前　言

在教育的浩瀚星空中，每一颗星辰都承载着照亮未来的梦想。深圳市南山实验教育集团荔湾小学，自2017年建校起便秉持着“教育就是成就”的办学理念，不断探索与实践，致力于构建一个激励性学业评价体系，以促进学生全面发展，使每一个孩子散发独特的光芒。

荔湾小学建立了全面科学的评价体系，以学生发展为核心，以发展性、多元性、全面性、尊重性为评价原则，设计了形成性评价与终结性评价相结合的评价过程，丰富了评价主体和结果转化形式，规范了评价实施流程，开发了信息化平台，优化了评价手段，成功建立了符合本校学情的、全面科学的小学生激励性学业评价体系。

荔湾小学实施了多元创新的评价过程。在形成性评价中，任课教师利用信息化平台“小黑板”在班级一体机、网页端、手机端对学生的课堂参与度、作业完成情况等日常表现进行实时评价。在终结性评价中，各学科教师结合学科素养要求设计了闯关项目。闯关项目注重科学性、趣味性、实践性、统整性、思辨性。每个学生能够在学期末形成个性化成长档案——湾豆收获季《集豆册》，可以用收集的“湾豆”兑换不同的精神奖励和物质奖励。

荔湾小学呈现了积极发展的评价反馈，评价反馈重视个性化、可视化。信息化平台全面真实地记录着学生成长，将采集到的每个学生的数据进行整合与分析，通过图表等形式进行可视化呈现，能精准定位不同学生的学习目标，将个性化评价反馈到家长端，让家长更直观地了解学情。

激励性学业评价促进了师生的全面发展。评价全面强化了学生的关键能力，激发了学生的学习动力，加强了学生对学习过程的关注，让教师重新审视自身，更新自己的教学观、教育观、人才观。

本书正是对荔湾小学建构激励性学业评价体系这一探索历程的生动记录与深刻反思，愿本书能激发教育工作者对教育评价改革的热情与信心。

编　者

2025 年 4 月 25 日

目　　录

第一章　综述篇

DI-YI ZHANG ZONGSHU PIAN

学生评价是课程实施的重要组成部分，其结果也是指导教学目标和办学方向的重要依据，对促进学生的成长和发展有着重要意义。教育是一场唤醒，是时间的艺术，是前路的引领。每一个生命都是独特的，生命最美的时刻是天赋的绽放。小学生激励性评价体系的建立应立足于教育的规律，立足于生命的规律。

深圳市南山实验教育集团荔湾小学自2017年建校便踏上了以促进学生成长为导向的湾豆收获季激励性学业评价改革探索之路，引导教师在教育教学的全过程中采用多样的、开放式的评价方法了解每个学生的优点、潜能和不足，使教师更加注重发挥评价的引导、诊断、改进、激励等功能，改变了过于强调甄别和简单分等定级的做法，改变了单纯强调结果和忽视进步程度的倾向，努力让每个孩子都能享有公平且有质量的教育。

第一节　评价的实践缘起

荔湾学子又名“湾豆儿”，“湾”是荔湾的湾。“湾豆儿”的谐音是豌豆，“湾豆儿”是荔湾小豆豆的意思。因此，学校的评价体系也有一个别名，叫湾豆收获季，意味着这是孩子们收获的季节。建构这一评价体系的目的是让孩子收获知识、收获品德、收获成长，成就每一个孩子。

学校希望荔湾学子能够具备立足于社会所必需的个人素养、职业技能与核心能力，具备深厚的民族根基、高远的国际视野。因此，学校以科学的理论基础和相关的文件政策为指导，走上了小学激励性评价体系建构的探索之路。

一、理论基础

1. 多元智能理论

多元智能理论认为人类智能被划分为不同的智力成分，没有优劣之分。因此，每个学生都有发展的潜力。教师需要拥有大爱情怀，促进每个学生的发展，从不同的视角、不同的层面去看待每一个学生，充分挖掘学生的优势，并引导学生用优势带动劣势，实现正向迁移。教师测评学生再也不能以传统的文化课成绩为唯一的标准与尺度，要在实际生活及学习情境中，多方面观察、记录、分析学生的优缺点。教师要允许学生用多种方式展示其学习结果，允许学生用某个领域的优秀成果弥补其他领域的不足，实现个性发展、百花齐放。

2. 后现代主义

在后现代主义看来，这个世界是开放的、多元的。每一个孩子都是独一无二的个体，当这个灿烂缤纷的现实世界包容每一个孩子时，孩子的奇思妙想才能充分展现。开放和包容在很大程度上能激发孩子的无限潜力，是孩子个人发展的动力源。后现代主义以其兼容并蓄的宽容态度和尊重主体性的宽广胸怀给生活在这个世界上的每个人拓宽了生命的空间。

在后现代主义的视野中，教学是丰富和多样的，是富有情境性、过程性和启发性的，学生的回答和问题是多元的。因此，评价不应局限于知识层面，还要立足于了解学生丰富的内心世界，尊重学生人格，激发其学习的动机和兴趣。

3. 皮格马利翁效应

皮格马利翁效应由著名心理学家罗森塔尔和雅各布森在小学教学中予以验证并提出，指人们基于对某种情境的知觉而形成的期望或预言，会使该情境产生适应这一期望或预言的效应。也就是说，教师对学生的爱护、关怀和期望可以影响教师对学生的教育效果。

二、文件背景

1. 响应教育部对学校评价改革的要求

《基础教育课程改革实施纲要（试行）》明确指出：建立促进学生全面发展的评价体系。考试内容应加强与社会实际和学生生活经验的联系，重视考查学生分析问题、解决问题的能力，部分学科可实行开卷考试。

教育部《关于推进中小学教育质量综合评价改革的意见》指出：应更加注重发挥评价的引导、诊断、改进、激励等功能，改变过于强调甄别和简单分等定级的做法，改变单纯强调结果和忽视进步程度的倾向，推动中小学提高教育教学质量、办出特色；遵循教育评价的基本要求，评价内容和评价方法科学合理，评价过程严谨有序，评价结果真实有效，不断提高评价的专业化水平；基本建立体现素质教育要求、以学生发展为核心、科学多元的中小学教育质量评价制度，切实扭转单纯以学生学业考试成绩和学校升学率评价中小学教育质量的倾向。

2020 年中共中央、国务院印发《深化新时代教育评价改革总体方案》，文件明确要求改革学生评价，促进学生德智体美劳全面发展。所以，就我国当前的基础教育课程改革而言，完善学生评价体系已经成为落实公平且有质量的教育目标的一个关键环节。

2. 落实《义务教育课程方案和课程标准（2022 年版）》的需要

《义务教育课程方案（2022 年版）》要求，全面落实新时代教育评价改革要求，改进结果评价，强化过程评价，探索增值评价，健全综合评价，着力推进评价观念、方式方法改革，提升考试评价质量；要求更新教育评价观念，坚持素养导向，注重对正确价值观、必备品格和关键能力的考查，开展综合素质评价；要求创新评价方式方法，注重对学习过程的观察、记录与分析，倡导基于证据的评价；还要求提升考试评价质量，全面推进基于核心素养的考试评价，强化考试评价与课程标准、教学的一致性，促进“教—学—评”有机衔接。因此，从不断提高学校教学质效的角度看，教师们要重视评价改革。

三、小学评价改革现状的需要

随着课程改革的不断推进，“一考定天下”的传统评价态势有所减弱，但放眼各学校的评价体系，仍旧存在很多弊端：

一是评价目标偏离，多数的评价目标仅仅是为了考查学业知识和能力的达成度，过于关注班级的人均分、优秀率、及格率。

二是评价内容片面，只重视学生的学习结果，忽视学生的学习过程；只重视学生的学业成绩，忽视学生的情感态度。

三是评价主体单一，只有教师评价，没有学生和家长的多方面的联动参与。

四是评价方法单调，一般采取笔试的形式，没有考查动手操作、语言表达、合作创造能力的评价方法。

这些问题严重影响了学生的全面成长，使我们与“公平而有质量的教育”的美好愿景相距甚远。诚然，每一个学生都是一个鲜活的生命，用单一的评价标准去评价他们势必是不科学也是不公平的。为了让每一个学生都全面发展、学有所获、学得快乐，亟须建立激励性评价体系。

四、坚守学校办学理念的需要

荔湾小学是一所有理想、有情怀的新办学校，以“教育就是成就”为办学理念，致力于成就幸福的学生、智慧的家长、有梦的教师，进而成就一所有温度的学校。如果不能从评价改革入手，抓住教育管理的“缰绳”，就很难真正实现“成就每一个孩子做最好的自己”的教育理想。

第二节 评价的体系建构

荔湾小学激励性学业评价体系由学校出台总体方案，方案进一步明确了评价目的、评价原则、评价内容与方法、结果呈现形式和实施要求。评价方法分为形成性评价和终结性评价，其中终结性评价分为表现性评价和考试性评价，表现性评价采取专项闯关式评价和活动式评价的方式，最终通过个人成长报告《集豆册》和班级兑换活动对评价结果进行呈现和运用。

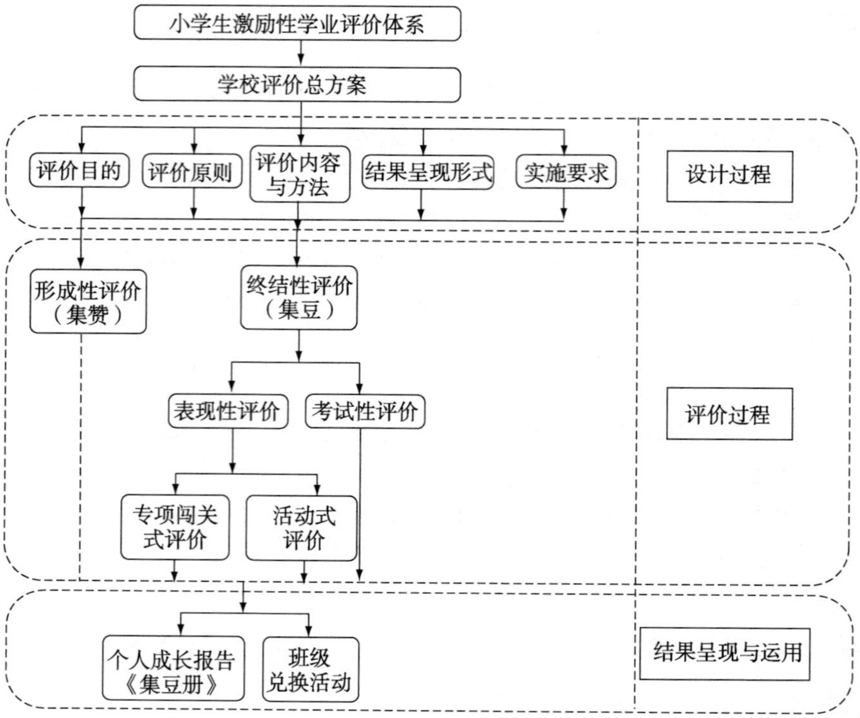

图 1 - 1　荔湾小学激励性学业评价模式

激励性学业评价体系以学生发展为核心，以发展性、多元性、全面性、尊重性为评价原则，聚焦学生的核心素养、关键能力、必备品格、学习态度等评价内容，设计形成性评价与终结性评价相结合的评价方法，丰富评价主体，规范评价实施流程，丰富评价结果转化形式，融合信息科技，优化评价手段，最终形成了以促进学生成长为导向的激励性学业评价体系，使学生的核心素养得到发展，教师的专业素养得到提升。

第三节　评价的发展历程

荔湾小学的激励性学业评价体系将自上而下的顶层设计和自下而上的实践创新紧密结合，改变过分重视终结性评价的评价模式，确立了以“712”评价形式为主体，以学期集赞和期末集豆活动为主要过程，以《集豆册》学生个人成长报告为呈现形式，以班级兑换活动实现评价结果转化的激励性学业评价模式。评价体系的建立经历了创造、完善、革新和迭代四个阶段，我们在各个阶段周密部署，根据时间推进表做出细致的工作安排，主动建构，积极迭代。该评价模式以学生的核心素养、关键能力、必备品格、学习态度为评价内容，以日常过程性集赞活动、期末表现性闯关活动和卷面测试为评价手段，形成了教师、学生、家长共同参与的多元化评价主体，以新的评价体系激励学生成长、进步，培养学生健全的人格，促进学生个性化成长，激发学生内生动力。

一、初始化创造阶段（2017 年 9 月—2019 年 9 月）

在初始化创造阶段，学校遵循教育规律，精准定位办学理念，经过多方研讨，明确了评价原则、评价内容、评价过程、评价结果的呈现和转化形式，形成了激励性学业评价体系。

1．评价原则

（1）发展性原则

激励性评价要以促进每一个学生发展为目的，要为每一个学生的发展服务，评价不仅要关注学生的现有水平，还应该重视每个学生的未来发展，重视每个学生在已有水平上的提高。我们要在评价主体、评价内容、评价方法、评价工具、评价反馈等方面突出教育评价的发展性功能，充分发挥评价的激励、导向和促进的功能，使评价成为促进学生发展的过程。在制定评价指标时，我们要根据学生发展的阶段性确定不同的指标，循序渐进地提出合理要求。教师要坚持用发展的眼光看待学生，给予学生发展的机会，为学生搭建发展的平台，促使学生树立自我发展的意识，让不同层次的学生都有发挥潜能、取得成功的机会。

（2）多元化原则

激励性评价要同教育教学活动紧密结合。教师应多视角、多维度、多层次地认识不同学生的差异，多渠道搜集信息，使评价达到促进学生发展的目的。多元化原则是指评价内容、标准、方法、主体等的多元化。评价内容既有对学生文化素养的考核，也有对学生道德素养的考核；评价标准既要有统一要求，又要尊重差异，用多把尺子衡量；评价方法既要有传统的书面测验，又要有“荔湾赞”“荔湾豆”“荔湾喜报”“荔湾班币”湾豆收获季等创意评价。在评价主体方面，学校鼓励多主体参与评价，把自我评价、同伴评价、家长评价和教师评价相结合，达成立体交互合作。

（3）全面性原则

激励性评价要着眼于学生的全面和谐发展。教师对学生进行评价时，要体现教育目标的全面性，综合运用各种手段和方法，促进学生各学科核心素养的全面发展。评价应反映学生学习和发展的全部信息，贯穿于学生学习生活的全过程，教师需全程采集并利用与学生发展有关的信息。

（4）尊重性原则

激励性评价要以学生为出发点，坚持以生为本的原则。无论学生处在哪个年龄阶段，有着什么样的个性，教师都应赋予他们受尊重的权利。美国心理学家威廉·詹姆斯说过："在人的所有情绪中，最强烈的莫过于被人重视。"每一个学生都渴望被认可，哪怕是一个 6 岁的孩子也渴望被认可。所以，在实施评价时，教师要站在孩子的视角，客观、真诚地去评价他们。同时，教师要满足不同学生的学习需求，尽量为不同的学生量身定制不同的评价方式，如延迟性评价、复活式评价、申请式评价。

2. 评价内容

激励性评价由学校出台总体方案，校长在教师大会上详细解读此方案，各学科组组长根据总体方案制定本学科具体的评价方案，梳理出各学科、各年段的激励性评价内容。评价内容要兼顾形成性评价和终结性评价，其中形成性评价占总体评价内容的 10%，包括每日课堂、每日作业、每日诵读、小组合作等基本评价项目和成长记录、兴趣特长等选择性评价项目。终结性评价占总体评价内容的 90%，其中表现性评价占 20%，包括专项闯关式评价和活动式评价，期末书面测试占 70%。

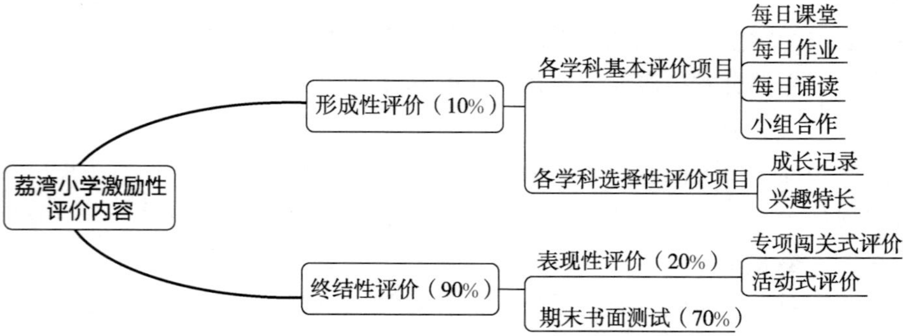

图 1 - 2　荔湾小学激励性学业评价内容

（1）形成性评价

形成性评价即过程性评价，是对学生日常学习过程中的表现、所取得的成绩以及所反映出的情感、态度、策略等方面做出的评价，是基于对学生学习全过程的持续观察、记录、反思而做出的发展性评价，包括各学科基本评价项目以及各学科选择性评价项目。

①基本评价项目

各学科基本评价项目包括每日课堂、每日作业、每日诵读、小组合作等内容。教师通过表格记录学生在课堂上倾听、发言的情况。

表 1-1 基本评价项目

项目	评价要求 根据学生的课堂	评价标准	评价内容	评价呈现形式与评价主体
每日课堂	表现： 1）建立评价表格； 2）课后进行评价； 3）每个月末将当月的评价表格贴在学生课本第一页； 4）定期进行统计，向家长反馈； 5）期末根据获赞	教师观察学生每节课的上课状态，包括听讲状态、课堂参与的积极程度、小组活动的表现情况，以奖励“荔湾赞”的形式进行评价	学生上课状态与参与程度	评价表格 教师评价
每日作业	总数进行折算 根据学生课堂作业的完成情况： 1）建立评价表格； 2）每天进行记录； 3）定期和家长反馈	A+（5分）：全部正确，书写工整； A（4分）：全部正确，但书写不工整；或者书写很工整，但有1处错误； A－（3分）：有2处错误； B（2分）：有3处错误； C（1分）：有3处以上错误； D（0分）：未上交	考查学生对课堂内容的掌握程度和独立完成作业的情况	作业记录表 教师评价

续 表

项目	评价要求	评价标准	评价内容	评价呈现形式与评价主体
每日诵读	每日坚持诵读，时间不少于15分钟，家长签字确认诵读情况	发音标准、情感饱满、诵读流利； 根据以上标准的达成程度作出ABCD四个等级的评价	考查学生准确把握字音、声调、断句以及连贯诵读文本的能力	家庭作业本 家长评价
小组活动	根据学生参与小组活动的具体情况进行评价	积极参与、认真倾听、承担任务、鼓励他人、主动展示； 小组成员根据以上标准互评	考查学生的合作能力	小组评价表 小组互评

②选择性评价项目

各学科选择性评价项目围绕学生的兴趣特长和成长记录展开。学生可以自主申报特长评价项目，进行集中展示，项目由同伴和教师进行评价。此外，教师也可以根据学生在体育、艺术、科学等方面获得的各级各类奖项或荣誉进行评价。

表1-2 选择性评价项目

项目	评价要求	评价标准	评价内容	评价呈现形式与评价主体
兴趣特长评价	学生自主申报特长评价项目，以班级或年级为单位进行集中展示，同伴和教师进行点赞和评价	获得60%及以上的点赞数即可得满分	学生的兴趣特长	集中展示
	根据学生在体育、艺术、科学等方面获得的各级各类奖项或荣誉进行评价	获得区级及以上奖项或荣誉即可得满分		
	以上两项任选其一			
成长记录	选择自己本学期最有创意的日常作品，进行自评、互评	根据科目及年段特点自行确定评价标准	学生学习过程	家长评价 教师评价 同学评价

以上各项在期末以满分5颗豆的标准进行折算，各项加在一起的总豆数按各学科总评价的10%进行折算。

（2）终结性评价

终结性评价包括以实践活动为主的表现性评价和期末书面测试。各评价内容主要依据各学科的各学段教学目标制定。

①表现性评价

表现性评价是指教师通过客观测验以外的行动、表演、展示、操作、写作等方式来评价学生的口语表达能力、文字表达能力、思维能力、创造能力、实践能力。各学科教师需根据学段目标，设计有趣生动的活动，对学科中的基础知识和基本技能进行分项考核，有针对性地提高学生的学科核心素养。表现性评价项目在设计中应体现以下特点：

科学性。评价项目的内容必须与本学科本年级的教学目标一一对应，来保证评价的科学合理。例如，一年级数学评价项目：教师通过“扑克速算大王”的项目使学生掌握20以内的加法、不退位减法，提升学生的速算综合能力。

表1-3　一年级数学评价项目“扑克速算大王”

项目	评价要求	评价标准	评价内容	评价呈现形式与评价主体
扑克速算大王	1）将一副扑克牌分成两叠； 2）每次从两叠扑克牌中各抽1张，快速说出两个牌面上的数字相加和相减的结果； 3）算术结果在20以上，学生可以选择重新抽	算术结果正确可得5个荔湾豆	考查学生对20以内的加法、不退位减法、速算综合能力的掌握情况	游戏活动 家长评价 教师评价

趣味性。对小学生而言，趣味性是使之保持学习兴趣和求知欲望的法宝。我们的评价项目与传统书面测验相比，方法更多样化，增强了学生参与评价的主动性。如四年级数学评价项目：薛定谔的球，学生通过摸球游戏感受简单的随机事件。

表 1-4　四年级数学评价项目“薛定谔的球”

项目	评价要求	评价标准	评价内容	评价呈现形式与评价主体
薛定谔的球	1）学生在不透明的箱子里随机摸出5个球，根据摸出的球的颜色判断箱子里是白球多还是红球多； 2）教师根据学生回答的关键词进行评价	1）能够回答出5颗球中有几个红球几个白球，哪种球更多，并正确判断箱子内哪种球较多（5颗豆）； 2）回答出5颗球中哪种颜色的球更多，判断箱子内哪种颜色的球更多（4颗豆）； 3）只回答出箱子内哪种颜色的球更多（3颗豆）； 4）未判断出箱子内哪种球更多的学生不得豆； 5）获得少于3颗豆的学生需重新测试	学生对简单随机事件的初步感受	游戏活动 教师评价

实践性。评价项目都应严格按照课程标准设置，充分考虑各年级学生的生活环境和生活经验，尽量以活动的形式呈现，突出对学生在具体情境中综合分析和解决问题的能力的考查。如二年级语文测评项目：我是荔湾小导游。这是荔湾小学搬迁到新校址之后，语文老师精心设计的评价项目。该项目以小组合作的形式开展，要求学生用自己的语言有序、具体地介绍学校景物，考查了学生的表达能力、合作能力等。

表 1-5　二年级语文项目“我是荔湾小导游”

项目	评价要求	评价标准	评价内容	评价呈现形式与评价主体
我是荔湾小导游	1）小组4人合作，每人选择学校的一处美景进行现场介绍； 2）参观学校景物，介绍景物的特征； 3）以小主人的身份介绍学校的景物； 4）最终由教师评出“最佳荔湾代言人”	1）语言准确且具体（1颗豆）； 2）介绍过程中仪态大方，展现文明礼仪（1颗豆）； 3）内容充实（1颗豆）； 4）小组成员能够分工明确并积极合作（1颗豆）； 5）展示具有创造性，富有趣味性（1颗豆）	考查学生的表达能力、对新学校的环境及场馆设施的熟悉情况、合作与协调能力	视频录制 学生自评 小组评价 家长评价 教师评价

统整性。评价项目尽量与多学科建立联系。例如，三年级科学及信息技术学科的测评项目“我是绘图小能手”，以“我眼中的世界”为题，要求学生利用绘图软件进行创作。项目将科学和信息技术学科相融合，既评价了学生在科学学科中“用科学语言、概念图、统计图表等记录整理信息，表述探究结果”的能力，又评价了学生对计算机绘图软件的操作能力。

表 1 - 6　信息技术学科项目“我是绘图小能手”

项目	评价要求	评价标准	评价内容	评价呈现形式与评价主体
我是绘图小能手	以“我眼中的世界”为题，利用绘图软件进行创作： 1）围绕主题进行构思，作品中必须包含动物和植物（如蜗牛、蚂蚁、蚯蚓、花草等），且动植物大致结构正确； 2）合理灵活地运用多种画图工具进行绘画； 3）为主题配上适当的文字，表达图画含义	1）正确描绘动物结构（1 颗豆）； 2）正确描绘植物结构（1 颗豆）； 3）构图清晰美观（1 颗豆）； 4）作品有创意（1 颗豆）； 5）主题突出（1 颗豆）	1）考查学生用科学语言、概念图、统计图表等方式记录和整理信息的能力； 2）考查学生表述探究结果的能力	作品展示 学生自评 教师评价

思辨性。评价项目既要引导学生进行分析、推理、判断等思维活动，又要展现学生对事物的情况、类别、事理等的辨别分析能力。

以下为荔湾小学各学科部分表现性评价项目的简介。

表 1 - 7　荔湾小学各学科部分表现性评价项目的简介

评价学科	评价年级	评价项目	项目简介
语文	一年级	拼音王国寻宝记	考查学生对声母、韵母、音节的掌握情况。
	三年级	传统节日代言人	任选一个中国传统节日，制作宣传小报，并录制视频讲解设计理念。
	二至六年级	识字大王竞选记	考查学生对本册教材常用汉字的识记情况。
	二至六年级	答辩明星争夺赛	抽签选取教师拟定的答辩主题，在规定时间内进行演讲或辩论。

续 表

评价学科	评价年级	评价项目	项目简介
语文	二至六年级	书写能力大比拼	教师根据本册教材内容进行命题，学生作答。
数学	一年级	数学听算数我最牛	教师播放计算题目的音频，学生听到题目后，在对应题号后写出得数。
	二年级	小动物找家	学生根据教师指令，确定每个小动物的位置，并将图片贴在对应位置。
	三年级	分数王国大冒险	正确读写分数，并能比较简单的分数的大小。
	四年级	方位辨认我最棒	考查学生的方位辨认能力。
	五年级	我是方位小达人	学生以小组为单位，根据指示绘制出路线图，画出方向标与参照点。
	六年级	玩转圆柱和圆锥	学生根据教师提供的数据自制圆柱或圆锥，并完成表面积、体积的计算。
英语	一年级	歌曲大串烧	学生自选一首课内或课外的英文歌曲或者 chant 进行演唱。
	二年级	句子猎手	学生正确认读教材中 12 个单元的重点句型。
	三年级	书写大王	学生将教师提供的小短文工整、准确地抄写在四线三格中。
	四年级	超级作家	教师提供多个既定话题，学生选择其中一个话题进行写作。
	二至六年级	单词大王	学生指读或拼写教材及《伊索寓言》中的重点词汇或短语。
	一至六年级	伊索星剧场	学生以小组或个人为单位表演《伊索寓言》中的任意片段。
科学	一年级	小小植物家	学生能利用多种感官观察植物的外部形态特征，并完成植物生长日志。
	二年级	自制一顶帽子	学生根据特定情境、材料特点制作满足需要的帽子。

续　表

评价学科	评价年级	评价项目	项目简介
科学	三年级	养蚕日记	记录养蚕过程，完成养蚕日记。
	四年级	制作小乐器	利用学习到的声音知识制作小乐器。
	五年级	绿豆发芽记	进行绿豆发芽实验并记录实验过程。
	六年级	塔台模型我来建	利用工程设计知识搭建塔台模型。
美术	一年级	缤纷的涂色游戏	学生运用各种色彩，用点、线、面绘出五彩缤纷的作品。
	二年级	创意大花瓶	学生运用对称、对比、变化等处理手法创作剪纸花瓶。
	三年级	创意虚实剪纸画	学生运用剪纸技巧与色彩搭配技巧，创作出虚实结合的剪纸作品。
	四年级	龙年童帽	学生结合龙年传统文化，手绘与“龙”元素相关的素材，创作一个特别的帽子。
	五年级	城市的风貌	学生利用透视原理绘出城市风貌。
	六年级	旅游手绘日记	学生通过剪贴和绘画的方式创作综合性的作品。
体育	一至六年级	风驰电掣	通过 50 米直线跑项目测试学生的移动速度、反应速度和灵敏程度。
	一至六年级	绳彩飞扬	计时 1 分钟跳绳，测试学生身体的协调性、耐力和心肺功能。
	一至六年级	广播体操	通过广播体操测试学生身体的协调性和节奏感。
	三至六年级	荔湾力弯	计时 1 分钟进行仰卧起坐，测试学生的腰腹力量、协调性和耐力。
	五至六年级	体育与健康之 50 米×8 折返跑	通过 50 米×8 折返跑测试学生的速度、灵敏程度及耐力。

续　表

评价学科	评价年级	评价项目	项目简介
音乐	一至六年级	声入人心	学生通过抛骰子的方式随机抽取一首本学期所学歌曲进行演唱。
	一至六年级	玩转口风琴	学生用正确的吹奏方式、适当的速度吹奏教材中的歌曲。
信息科技	三年级	指尖飞扬	学生通过游戏闯关的方式，完成打字水平的测试。
	四年级	数据处理我能行	学生需要根据具体的需求处理表格，找到相应数据，制作精美的图表。
	五年级	AI 客服	学生结合所学到的信息科技知识设计并开发“AI 客服”程序。
	六年级	AI 垃圾分类	学生结合所学到的信息科技知识设计并开发“AI 垃圾分类”程序。
道德与法治	一年级	我们一起去采风	学生利用自然元素（树叶、花瓣等）绘制校园景观。
	二年级	我是环保小卫士	学生收集资料，聚焦某一自然资源问题，绘制环保宣传册。
	三年级	我是交通播报员	学生介绍一条交通规则及相关案例。
	四年级	我做家乡代言人	学生通过绘制手抄报的形式介绍家乡的风俗文化和民间艺术。
	五年级	我是小小演说家	学生围绕一个红色主题进行爱国主题演讲。
	六年级	我是小小辩论王	学生围绕法治主题展开辩论。
劳动	一年级	我是整理小达人	学生自行整理文具，并将其整齐地放入书包，锻炼生活自理能力。
	二年级	纸巾筒芯巧变身	通过对纸巾筒芯进行创意设计和制作的活动，培养学生的动手能力。
	三年级	纽扣掉了我会缝	以缝纽扣的形式培养学生简单的家务劳动技能。

续 表

评价学科	评价年级	评价项目	项目简介
劳动	四年级	自制创意零钱包	学生通过缝制创意零钱包活动，锻炼简单的家务劳动技能。
	五年级	美味的西红柿炒蛋	以美味的西红柿炒蛋开启学生的烹饪技能探索之旅。
	六年级	我做月饼迎中秋	以月饼迎中秋，庆祝中国传统节日。
心理	一年级	老师，谢谢您	学生通过“制作感恩卡”活动向教师表达感谢。
	二年级	我的情绪日记	学生通过记录自身的情绪变化来认识自己的情绪。
	三年级	闪闪发光的我	学生通过完成星星图，深度挖掘自身的闪光点，提升自信心。
	四年级	打败愤怒小怪兽	学生通过绘画的方式，学习如何合理有效地调节负面情绪。
	五年级	我的学习感受	学生觉察自身行为表现，为自己量身定制解决学习中遇到畏难情绪的具体方法。
	六年级	与父母更亲近	学生写出处理与父母之间的矛盾的方法，培养自身的换位思考能力与沟通能力。

以上各项以满分 5 颗豆的标准进行折算，各项加在一起的总豆数占该学科总评价的 20%。

②期末书面测试

期末书面测试占 70%。学校统一组织一至三年级的期末书面测试，四至六年级的学生参加由区教研室统一组织的期末书面测试。

3. 评价过程

激励性学业评价过程分为四个阶段：一是基于形成性评价的集赞活

动，二是基于终结性评价的专项闯关评价，三是基于跨学科融合的活动式评价，四是基于全部评价结果的奖品兑换活动。

学校鼓励年级组、学科组参与期末的测评结果展示活动，给予教师们更多的自主与创意空间。年级组长带头认真研究，从该年级的每一个学科中选取一至两个项目，共组成十个项目在学期末进行集中展示与测评，切实提高了教学质量。比如，人教版五年级下册语文教材第二单元提出了编排课本剧的学习要求，那么在表现性评价中，我们可以设置以小组为单位的课本剧展演考核，来提升学生的集体荣誉感、团队凝聚力。

4. 评价结果呈现

在评价结果呈现方面，激励性学业评价体系改变了只重视分数的传统观念，设计出“荔湾奖状”“成长记录册”“荔湾赞”和“荔湾豆”等来记录学生的过程性表现。

图 1 - 3　荔湾奖状

图 1 - 4　“荔湾赞”与“荔湾豆”

“荔湾赞”是学生在形成性评价阶段获得的。各学科教师根据学生课堂发言、课后练习、小组活动等方面的表现，对学生进行评价并给予“荔湾赞”。

“荔湾豆”是学生在终结性评价阶段获得的。各学科教师根据闯关项目的评价内容和标准，对学生的表现进行评价并给予“荔湾豆”。

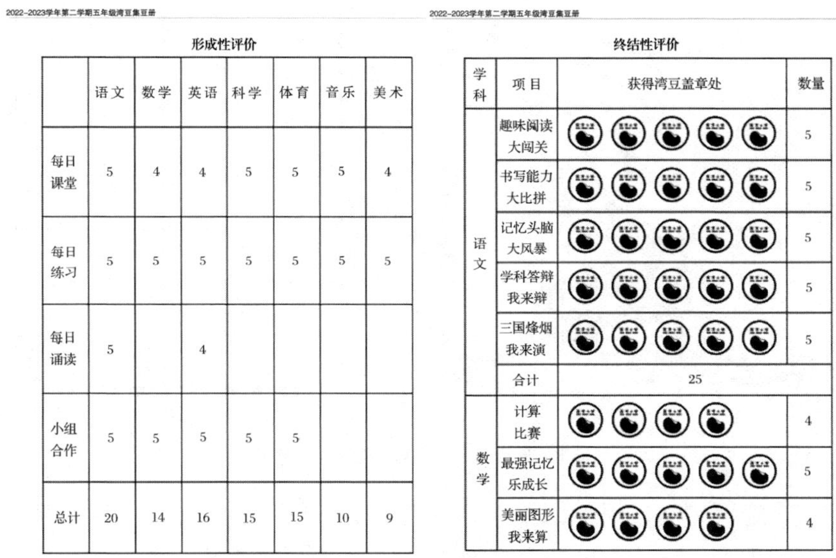

2022–2023学年第二学期五年级湾豆集豆册

形成性评价

	语文	数学	英语	科学	体育	音乐	美术
每日课堂	5	4	4	5	5	5	4
每日练习	5	5	5	5	5	5	5
每日诵读	5		4				
小组合作	5	5	5	5	5		
总计	20	14	16	15	15	10	9

2022–2023学年第二学期五年级湾豆集豆册

终结性评价

学科	项目	获得湾豆盖章处	数量
语文	趣味阅读大闯关		5
	书写能力大比拼		5
	记忆头脑大风暴		5
	学科答辩我来辩		5
	三国烽烟我来演		5
	合计	25	
数学	计算比赛		4
	最强记忆乐成长		5
	美丽图形我来算		4

图 1 - 5　形成性评价与终结性评价中用“荔湾赞”与“荔湾豆”进行记录

各学科教师根据学生的表现情况制定奖品的兑换规则，10 个“荔湾赞”可以兑换 1 个“荔湾豆”。

《集豆册》是学生的个性化成长档案，包括形成性评价、终结性评价、文明礼仪行为规范和学业质量评价学生成绩报告单四个部分，前三个部分通过“荔湾豆”的数量呈现评价结果。在湾豆收获季奖品兑换活动中，学生会根据自己本学期积攒的豆数兑换不同的礼物。《集豆册》最后一部分根据《南山区中小学学业质量评价指引》的要求，将各项评价分值按所要求的比例相加，汇总后折算成等级填入湾豆收获季《学业质量报告单》，分级折算标准依次为：85—100 分为优秀（A 级）、70—84 分为良好（B 级）、60—69 为及格（C 级）、59 分及以下为不及格（D 级），按照此标准评定出每个学生不同学科的等级。

在湾豆收获季奖品大兑换活动中，学生根据自己《集豆册》上“荔湾豆”的数量兑换不同的礼物。学生能够通过积攒“荔湾豆”“荔湾赞”的方式获得成长与收获。

2022-2023学年第二学期五年级湾豆集豆册

学业质量评价学生成绩报告单

	形成性评价	终结性表现评价	考试性评价	综合性评价
语文	A	A	A	A
数学	A	A	B	A
英语	B	A	A	A
科学	A	A	A	A
道法			B	B
体育	A	A		A
音乐	A	A		A
美术	A	A		A

图 1 - 6　《集豆册》封面及内页

在实施评价的过程中，教师要注重落实公平性、趣味性、实践性和科学性，实现多方评价主体的全方面参与，丰富评价形式，将定量评价与定性评价相结合。同时，各学科教师应重视请教和反思，在科组、备课组教研活动中不断讨论、研究、完善自己的教学内容，发挥激励性评价的作用，为学生奠定扎实的知识基础，培养学生高尚的情操。

5. 评价结果转化

在激励性学业评价的过程中，评价结果的呈现不仅为教师提供了教学情况的反馈，还为学生指明了前进的方向。为了将这些评价结果有效地转化为学生的学习动力，激发学生的学习兴趣，各班级的班主任精心策划并开展了湾豆收获季奖品兑换活动。

在班主任和家长的组织统筹下，班主任提前采买了丰富多彩的奖品，并用“荔湾豆”对奖品进行“定价”，以“荔湾豆”为评价结果转化的载体。学生们可以根据自己获得的“荔湾豆”兑换自己喜欢的奖品，这一评价结果转化的形式既体现了评价过程，又体现了评价结果的公平性。

学生们在兑换奖品的过程中，不仅明白了“一分耕耘，一分收获”的道理，学会了合作与分享，还懂得了感恩。不少学生在自己的“荔湾豆”

所剩不多的情况下，选择和同学合买一个奖品，并把奖品送给辛苦陪伴他们成长的教师们。

二、精细化完善阶段（2019 年 9 月—2022 年 6 月）

在精细化完善阶段，我们继续完善激励性学业评价体系的评价方案，补充考官手册内容，丰富评价结果的转化形式。

1. 规范评价项目

为确保评价过程的一致性和公正性，提升评价质量，提高评价结果的准确性和可信度，避免由于不同评价者之间的主观差异导致评价结果偏差，学校完善了各学科评价方案，规范了测评项目的评价要求、评价标准、评价内容和评价呈现形式与评价主体，提升了评价方案的科学性。

表 1 - 8 规范后的表现性评价项目格式

项目	评价要求	评价标准	评价内容	评价呈现形式与评价主体
荔湾小小朗读者	1）坚持每日朗读； 2）做到正确、流利、有感情地朗读。	以朗读天数计算：0—100 天按每 10 天 1 颗豆进行折算	阅读与朗读能力	教师评价 学生自评
荔湾智慧小强人	认真完成每日学习任务及课后练习，能及时订正错题。	根据《知识与能力训练》及《小学语文写字》记录：十个 A+算 1 颗豆	认真独立完成练习的能力	作业本 小组评价 教师评价
荔湾课堂赞赞赞	教师依据学生的课堂倾听和发言情况进行评价，及时用荔湾赞记录学生每天的课堂表现。	每 10 个荔湾赞折算为 1 颗豆	课堂倾听能力、表达能力及学习习惯	课堂记录表 小组评价 教师评价

表 1 - 9　规范后的基本评价项目格式

项目	评价要求	评价标准	评价内容	评价呈现形式与评价主体
每日课堂	根据学生的课堂表现： 1）建立评价表格 2）每天（或每次）课后进行评价； 3）每月末将评价表贴在学生课本的第一页； 4）定期进行统计，和家长反馈； 5）期末根据获赞总数进行折算。	教师根据每节课学生的上课状态，包括听讲状态、课堂参与的积极程度、小组活动的表现情况，以奖励荔湾赞的形式进行评价。	学生上课状态与参与程度	评价表格 教师评价
课堂作业	根据学生课堂作业的完成情况进行评价： 1）建立评价表格； 2）每天进行记录 3）定期和家长反馈	A+（5 分）全部正确、书写工整 ； A（4 分）全部正确，但书写不工整；或者书写很工整，但有 1 处错误； （3 分）有 2 处错误； B（2 分）有 3 处错误； C（1 分）有 3 处以上错误； D（0 分）未上交。	考查学生对课堂内容的掌握程度以及独立完成作业的情况	作业记录表 教师评价 家长评价
探索精神	根据学生参与实践活动的具体 情况进行评价	积极参与、认真倾听、承担任务、鼓励他人、主动展示，根据以上标准评价。	考查学生的合作能力	小组评价表 教师评价 小组评价

2. 细化评价标准

湾豆收获季是一项多方参与的活动，活动的评价主体不仅包括学生和教师，家长也常常被邀请担任考官，对学生进行测评。为了确保家长对学生的测评结果更加公平、真实，我们需要细化评价标准、明确评价要求、规范评价步骤，来保证测评结果的有效性。为此，各个学科教师根据不同的评价项目编制了具有针对性的《考官手册》，对评价的要求和标准等进行详细解读，确保家长理解其中的具体含义和要求，这一手册能够为家长提供评价指导。

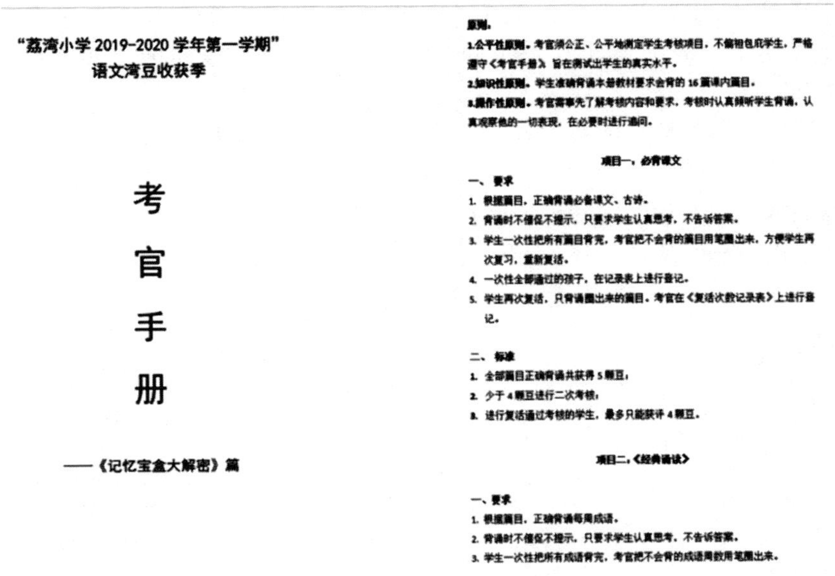

"荔湾小学 2019-2020 学年第一学期"
语文湾豆收获季

考官手册

——《记忆宝盒大解密》篇

原则：

1.公平性原则。考官须公正、公平地测定学生考核项目，不偏袒包庇学生，严格遵守《考官手册》旨在测试出学生的真实水平。

2.知识性原则。学生准确背诵本册教材要求会背的 16 篇课内篇目。

3.操作性原则。考官需事先了解考核内容和要求，考核时认真倾听学生背诵，认真观察他的一切表现，在必要时进行追问。

项目一：必背课文

一、要求

1. 根据篇目，正确背诵必备课文、古诗。
2. 背诵时不催促不提示，只要求学生认真思考，不告诉答案。
3. 学生一次性把所有篇目背完，考官把不会背的篇目用笔圈出来，方便学生再次复习，重新复活。
4. 一次性全部通过的孩子，在记录表上进行登记。
5. 学生再次复活，只背诵圈出来的篇目。考官在《复活次数记录表》上进行登记。

二、标准

1. 全部篇目正确背诵共获得 5 颗豆；
2. 少于 4 颗豆进行二次考核；
3. 进行复活通过考核的学生，最多只能获评 4 颗豆。

项目二：《经典诵读》

一、要求

1. 根据篇目，正确背诵每周成语。
2. 背诵时不催促不提示，只要求学生认真思考，不告诉答案。
3. 学生一次性把所有成语背完，考官把不会背的成语周数用笔圈出来。

图 1 - 7　《考官手册》

3. 丰富评价转化形式

为进一步激发学生们的潜能与兴趣，学校和教师要不断探索更加丰富、多元的评价转化形式。

（1）市集嘉年华

班主任结合班级特色印制了"班币"作为奖品的兑换物，并将奖品兑换活动现场变成"市集"，邀请家长担任"售卖员"，学生可以根据自己一个学期收获的"班币"兑换心仪的奖品。在班级"市集"上使用"班币"兑换奖品的活动，不仅让学生们体验到了兑换的乐趣，还让他们感受到了努力的价值。

（2）拍卖乐翻天

教育的创新永无止境，为使评价结果转化更加有效，使期末兑换活动更加生动有趣，"班级拍卖会"应运而生。学生不仅可以用"班币"竞拍自己喜爱的奖品，还可以在激烈的竞拍中体验到竞争的刺激与成功的喜悦。

（3）精神嘉奖会

除了物质奖励，精神奖励对学生而言同样有很大的吸引力。在激励性学业评价中，设置了“诵读小明星”“计算小能手”“荔湾小飞人”等各具特色的荣誉称号。这些称号不仅代表了学生们的才华与努力，还成了他们自信的源泉。除此之外，学校还购进了娃娃机、旋转木马等设施，给表现优异的学生娱乐的机会。此活动有与“校长妈妈”共进午餐、和班主任老师同游公园等精神奖励，丰富的评价转化形式能为学生的全面发展提供广泛的空间。

这些丰富的评价转化形式，不仅让孩子们有了更广阔的学习空间，还让他们在成长的道路上收获了更多的快乐与自信。正如一位教育家所说，教育的本质不在于灌输知识，而在于激发潜能。而这些创意实践，正是激发学生们潜能的绝佳途径。

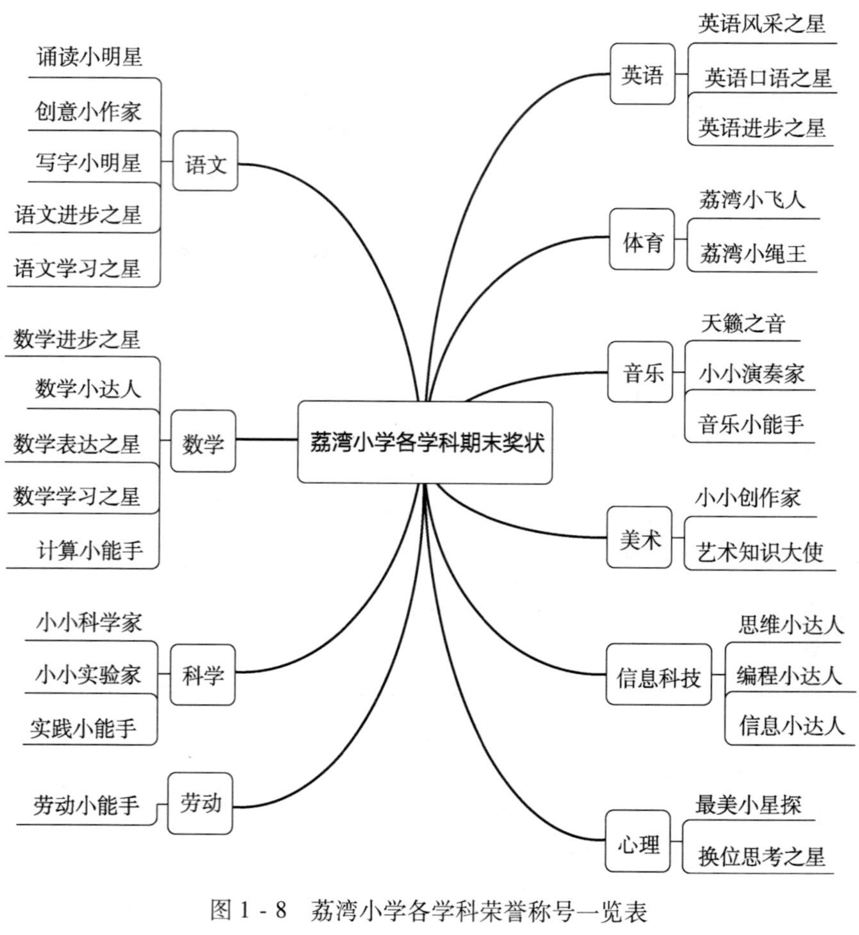

图 1 - 8　荔湾小学各学科荣誉称号一览表

4. **线上教学花样百出**

激励性学业评价在这一阶段的发展中遇上了线上教学的新挑战，针对新的教学形式，学校继续探索激励性学业评价体系的发展之路。教师充分利用线上教学的特点，在形成性评价中用表格记录学生的表现。教师在线上课堂上用教学软件中的“奖杯”代替“荔湾赞”，及时奖励学生，并使用排行榜功能，做到“奖杯”数量每课一统计。为持续激发学生的学习热情，实现评价结果的有效转化，我们规定五个“奖杯”可以兑换一枚“班币”，还可以兑换“免作业券”“动画片兑换券”。教师们还创新了电子勋章、电子证书、光荣榜等表扬形式，并借助微信等通信工具与家长实时沟通、及时表扬学生。

在2.0精细化完善阶段，学校对激励性学业评价体系进行了全面且细致的革新，规范了评价要求，细化了评价标准，丰富了评价转化形式，并积极应对线上教学的新挑战，成功地提升了评价的科学性、公平性和有效性。这一系列的革新不仅提升了评价过程的公正性，减少了因主观差异导致的评价结果的偏差，还极大地激发了学生的学习兴趣和潜能。

三、素养化革新阶段（2022年7月—2023年7月）

在3.0素养化革新阶段，学校进一步拓展了激励性学业评价的宽度，挖掘了评价的深度。我们根据教育部印发的《3-6岁儿童学习与发展指南》《关于大力推进幼儿园与小学科学衔接的指导意见》，优化了一年级评价方案，以情境化方式优化了表现性评价项目的测评方式。同时，学校依据《义务教育课程方案和课程标准（2022年版）》中有关学科素养的要求，设计了以解决“真问题”为导向、体现核心素养的评价项目。各学科教师开展了以个人或小组为单位进行演讲或辩论的评价项目，提升了学生的学科素养，鼓励学生进行综合性学习，从而完善了激励性学业评价体系。

四、信息化迭代阶段（2023年8月—至今）

在4.0信息化迭代阶段，深圳市南山区政府为进一步推进教育质量综合评价改革，完善义务教育评价体系，根据《教育部关于推进中小学教育质量综合评价改革的意见》和《义务教育质量评价指南》的文件精神，结合《南山区教育发展“十四五”规划（2021-2025年）》，制定发布了《南山区义务教育学业质量评价方案》。方案指出评价方法包括终结性评价（期末考试、展示性评价）、过程性评价两大方面。其中，期末考试、展示性评价占比分别为 70%、30%，方案要求评价结果要以促进学生学习为宗旨，重在向教师、学生、家长反馈评价的相关信息，明确教与学的行动路径。

基于新要求，学校调整了评价内容，评价内容由原来的形成性评价占 10%，表现性评价占 20%，期末卷面测试占 70% 改为期末卷面测试、展示性评价占比分别为 70%、30%。学校开发信息化平台，充分发挥数字赋能教育的作用，建立激励性学业评价的数字化体系。从教师到年级组、学科组，从教研活动到考核评分、培训分享，学校致力于搭建全方位的激励性学业评价平台，依托信息化平台创新评价方式。

数字化评价让反馈更及时。教师通常用纸质的形式记录学生的表现情况，而在信息化平台中，教师可以通过教学软件中的"小黑板"对学生的表现情况进行实时记录，用"排行榜"及时采集学生的评价数据，对学生阶段性的表现进行数字化评价。教师可以及时地将学生的评价结果反馈给家长，让反馈更加直观、客观和准确。这一做法在减轻教师负担的同时，也能为学生提供更加精细化的学习建议，提升家校沟通的效率。

多元化评价让发展更全面。在信息化平台中，教师不仅可以对学生的学业成绩进行及时评价，而且可以对学生的文明素养、仪容仪表等进行评价。在分组模式中，学生可以添加小组成员，对小组成员的创新能力、合作能力、交际能力等综合素质进行评价。多维度的学习数据采集、数据智能分析可以更加全面地反映学生的实际水平，促进学生的全面发展。

个性化评价让激励更有效。信息化平台在全面真实地记录学生成长的同时，还能让教师根据学生的学习情况和特点，精准定位不同学生的学习目标，给出有针对性的激励性评价建议。教师还可以及时地为学生的课前准备、课堂发言、小组讨论等情况赋分，并发送个性化的表扬信，推动学生的个性化发展。

可视化评价让分析更科学。信息化平台可以将每个学生的数据采集结果进行整合、分析，并通过图表等形式将评价结果进行可视化呈现，平台可以直接导出学生每个科目的"湾豆"折算表。学校对学生成长报告单进行了全新改版、升级，表现性评价项目呈现设计理念、评价要求、评价标准、评价结果等栏目。这一做法加强了家长对表现性评价的了解，让教师和家长更加直观地了解学情，减少了家校沟通的障碍。

信息化平台不仅记录着学生获得的"湾豆"数量，还汇聚了学生的作业作品、各类学科活动、实践活动等点滴记录。信息化平台为多主体参与评价提供了通道，扩展了评价的广度，助推了评价体系的完善，实现了"评价识人、评价育人"的目标。

第四节　评价的组织保障

从初始化创造阶段到信息化迭代阶段，激励性学业评价体系的完善需要各部门信息共享、资源整合、协同行动。因此，学校围绕教师培训、教学研究等内容开展工作，并依托以下六个方面来推动激励性评价体系建构的探索与实践。

1. 依托“三阶教师”体系，增强评价的推动力

伴随着新教师的入职，如何让新教师用好信息化平台，推动评价体系的持续发展和创新，成为这一阶段重点探索的问题。学校依托领航—博雅—硕学“三阶教师”培养体系，在评价改革中，“领航教师”引领评价方向，“博雅教师”提升评价质量，“硕学教师”增强评价能力。同时，学校将激励性学业评价改革作为“青蓝工程师徒活动”的重点工作，师徒形成教研共同体，传承好做法，探索新方法，为评价改革提供源源不断的推动力。

2. 依托教师活动契机，扩大评价的影响力

为强化新教师对评价改革的理解，学校开展了湾豆收获季活动，围绕激励性学业评价改革进行经验传授、专家点评。新教师通过现场小组合作进行头脑风暴，并以主题分享、情景剧表演等方式汇报自己对湾豆收获季的理解。学校以全新的、深度学习的方式提升了新教师对于评价改革体系的认识。

3. 依托科组级组教研，提升评价的执行力

为让评价方式和内容符合不同学科和不同学段学生的特点，各学科组根据学校方案讨论制定本学科教学评价的具体实施方案。在湾豆收获季奖品兑换阶段，学科组、年级组定期进行与湾豆收获季相关的研讨，教师能够在讨论中迸发出新的火花，在团队中萌生新的想法，获得更多的自主与创意空间。为实现激励性学业评价改革的全学科覆盖，我们通过跨学科教研，让语文、数学、英语等学科带动道法、劳动、心理等学科的评价改革。

4. 依托教师考核评分，提高评价的竞争力

针对教师的评价考核中，增加了“学业评价改革的评分”，该栏目总分十分。此考核直接与教师评优评先挂钩，以此来保证每一位教师对学业评价改革的认真投入。

5. 依托教师培训分享，增强评价的持续力

在每个学期评价过程的不同阶段，学校开展以湾豆收获季为主题的培训分享活动，活动包括针对实习教师进行的评价改革培训与跟岗观摩、针对新入职教师进行的各种形式的培训活动、针对新班主任进行的湾豆收获季奖品兑换活动的培训分享。培训分享既有成熟的教师进行经验传授，又有新教师以小组合作的方式进行头脑风暴，汇报自己对湾豆收获季的理解。学校以全新的、深度学习的方式提升了新教师对于评价改革体系的认识。

6. 依托“三生”德育体系，提升评价的幸福力

荔湾小学经过实践与探索，构建了生命、生存、生活三个层面的“三生”德育体系，“三生”分别指向生命力（基础、根本）、成就力（核心、关键）、幸福力（方向、目标），三方面既相互支撑，又逐层递进，还应和了校名中“荔”字的三个力，“三生”分别对应了三个维度，即人与自我的关系、人与自然的关系、人与社会的关系。学校实施值周制度，每周安排一名行政人员及四名教师进行值周，他们分别从仪容仪表、精神面貌、文明素养、环保卫生等四个方面对学生进行了全方位多角度的评价，并通过信息化平台及时向班主任反馈。学校同时开设“三生德育”社会责任成长课程，设置值周岗位，让学生在生活实践中锻炼系统性思维，树立学生的服务意识、职责意识、责任意识。学生通过认真履行自己的职责促进自身良好习惯的养成。教师评价与学生评价双线并行，学生在做、评、思中不断健康、幸福成长。

第五节　评价的经验成效

小学生激励性学业评价体系的建构与实践探索是一个不断进步和优化的过程，我们紧跟教育改革的步伐，在实践中深化认识，帮助学生在评价中实现个性且全面的成长。

第一，评价改革全面强化了学生的关键能力。测评项目包含了《义务教育课程方案和课程标准（2022 年版）》中规定的所有内容，尽力不遗漏知识点，测评覆盖面广、持续时间长。家长和同学的加入使评价过程成为亲子教育、互助交往的平台，多元化的评价主体也使测评更为全面客观。我们提前规划每学期的评价项目，游戏化、活动化的评价项目热闹非凡。在期末考试前一个月，我们会认真地梳理本学期所学，踏踏实实地进行各项测评，充分享受收获的喜悦。

第二，激发学习动力，减轻了学生期末考试的心理压力。我们坚持单项评价与卷面测试并重，让学生感受到轻松、愉快和期盼，使学生把测评当作节日、当作挑战。测评过后，有的学生如果对自己的成绩不满意或者成绩没有达标，就主动要求“复活”，积极准备后再测一次、两次，甚至三次，直到自己满意为止。学生通过测评养成了主动学习、不轻言放弃的态度。

第三，评价提高学生对学习过程的关注，使学生养成了良好的学习习惯。在每个学期开学初，学校就会提出形成性评价的总要求，要求每个年级、每个学科抓实教研活动，并在每周末公布下周的知识卡。教师必须关注学生平时表现出来的学习态度、学习习惯，及时评价并记录他们的表现。我们发现，在学校的督促下，所有学生在课堂倾听、表达、作业等各方面的表现都有进步，他们身上也很快展现出了我们所期待的“荔湾气质”。

第四，学生真正成为评价的主角，收获的不仅仅是知识。学生在评委面前落落大方，通过听、说、读、写、画、演、唱等多种形式，展示自己学到的知识，培养自身的卓越思维，充分展示出自己的学习水平。在评价过程中，“湾豆儿”们从充满仪式感的开幕式、家长的无私奉献、教师们细致入微的安排中，感受到爱与尊重，这是卷面测试无法给予的。另外，在兑奖前，我们会要求学生设计三个兑奖方案，培养学生的社会适应能力。无数令我们欣喜与感动的场景证明，学生的诚心、孝心与爱心比分数更有分量。

第五，多学科融合，让每个学生都能找到成功的机会。在评价项目中，评价要求与评价内容都体现了学科大融合的理念，提升了学生的学科综合能力。

第六，教师的学生观发生根本改变。如今的学生会期待上学、期待测评，角落里那个不爱说话的学生竟然能背60首古诗。评价体系的成效让教师重新思考并定位自己的教学观、教育观、学生观。

第六节　评价的未来展望

通过对小学生激励性学业评价体系的建构与实践探索，我们能够激发学生潜能，培养学生综合素质，为学生的未来发展奠定坚实的基础。荔湾小学将继续完善激励性学业评价体系，致力于构建高效、智能的信息化平台，来更好地支持学生的激励性评价工作，促进学生的全面发展。

一、构建综合评价信息管理系统

为进一步提升评价内容、评价手段的客观有效性，学校致力于构建综合评价信息管理系统。系统能够整合学生的学业成绩、日常表现、特长爱好、社会实践等多方面的信息。通过这一系统，教师可以更加方便地记录和评价学生的表现，学生可以更加直观地了解自己的进步和不足，家长可以更加及时地了解孩子在学校的情况。

二、利用信息平台深度分析数据

借助大数据和人工智能技术，平台对学生的评价数据进行深度挖掘和分析，总结学生的学习规律和成长趋势，为教师提供更加精准的教学建议，为学生提供更加个性化的学习指导。

三、建立线上的评价与交流平台

为进一步研究不同学段学生的心理特点，学校建立了线上评价与交流平台。平台支持在线作业提交、在线测试、在线评价等功能，让学生可以在任何时间、任何地点进行学习和评价，还可以提供讨论区、问答区等社交功能，鼓励学生之间进行合作与交流，培养他们的团队协作和沟通能力。

四、提升教师信息技术应用能力

为加强教师信息技术应用能力，学校定期组织了培训课程和研讨活动，旨在帮助教师掌握先进的信息技术工具和方法，提升教师在学生学业评价中的专业素养和技能水平。

荔湾小学激励性学业评价改革的初衷是规范学生学业评价的准则、发展学生的综合素养。所有评价改革方案的设计、实施都是基于初衷进行的，在探索实践的过程中，学校一直坚守这个初衷。因此，在探索实践的过程中，我们要边做边反思，通过问卷、访谈、座谈会等多种形式收集学生、教师、家长及专家等各方的意见与建议，不断根据各方建议完善评价改革方案，优化实施操作，以求让评价方案满足学生的发展需要，体现“教育就是成就”理念的真正内涵。

第二章　实践篇

DI-ER ZHANG SHIJIAN PIAN

第一节　荔湾小学湾豆收获季学业质量评价改革总方案

一、指导思想

荔湾小学全面贯彻党的教育方针，落实《义务教育课程方案和课程标准（2022 年版）》和《南山区中小学学业质量评价指引》的文件要求，坚持“教育就是成就”的办学理念，落实立德树人的根本任务，强调育人为本，遵循学生身心发展规律和教育教学规律，树立科学的教育质量观，充分发挥评价的正确导向作用，从而形成良好的育人环境，促进素质教育的深入发展，使学生都能做最好的自己。

二、评价目的

（1）全面贯彻《义务教育课程方案和课程标准（2022 年版）》和学生核心素养发展的要求，落实学校“教育就是成就”的办学理念；

（2）教师关注学生身心成长，通过展示性评价记录学生的成长，强化对学生关键能力的培养，切实减轻学生的课业负担和心理压力，促进学生学科综合能力和个性特长的发展，实现学生的全面发展与个性发展；

（3）引导教师积极探索课堂教学的有效形式与施教策略，促进教与学方式的根本转变，培养学生核心素养；

（4）促进家校之间的良性沟通，提高家庭教育的科学性和有效性。

三、评价原则

1. 发展性原则

根据荔湾小学“教育就是成就”的办学理念，评价要以促进每一个学生的发展为目的，要为每一个学生的发展服务。评价关注的不仅是学生的现实表现，还是学生的未来发展，重视每个学生在原有水平上的提高。

2. 多元化原则

荔湾小学激励性学业评价要同教育、教学活动紧密结合，多视角、多维度、多层次地认识学生的不同差异，多渠道搜集信息，以达到促进评价对象发展的目的。

3. 尊重性原则

荔湾小学激励性学业评价要以学生为出发点，坚持“以生为本”的原则，使学生无论处在什么年龄阶段，具备什么个性，都能够得到发展。学校要为学生量身定制不同的评价方式，比如延迟性评价、复活式评价、申请式评价。

4. 全面性原则

荔湾小学激励性学业评价要着眼于学生的核心素养。评价要体现教育目标的全面性，综合运用各种手段和方法，促进学生学科核心素养的发展。

四、评价内容与方法

学生学业质量评价包括过程性评价和终结性评价。过程性评价即对学生学习过程进行评价，终结性评价包括以活动实践为主的展示性评价和期末试卷评价。各评价内容主要依据《义务教育课程方案和课程标准（2022年版）》中的学段目标来制定。

1. 过程性评价（占总评价的 10%）

过程性评价是教师对学生日常学习过程中的表现、所取得的成绩以及所反映出的情感、态度、策略等方面做出的评价，是基于教师对学生学习全过程的持续观察、记录、反思而做出的评价。

表 2 - 1 各学科基本评价项目

项目	评价要求	评价标准	评价内容	评价呈现形式与评价主体
每日课堂	教师根据学生的课堂表现： 1）建立评价表格； 2）课后进行评价； 3）将评价表格贴在学生课本第一页； 4）定期和家长反馈； 5）期末统计获赞总数	教师根据每节课学生的上课状态，包括听课状态、课堂参与的积极程度、小组活动的表现情况，以奖励“荔湾赞”的形式进行评价	学生的上课状态与参与程度	评价表格 （教师）

续 表

项目	评价要求	评价标准	评价内容	评价呈现形式与评价主体
课堂作业	教师根据学生课堂作业的完成情况： 1）建立评价表格； 2）每天进行记录； 3）定期和家长反馈	A+（5分）全部正确、书写工整； A（4分）全部正确，但书写不工整；或者书写很工整，但有1处错误； A-（3分）有2处错误； B（2分）有3处错误； C（1分）有3处及以上错误； D（0分）未上交	学生对课堂内容的掌握程度以及独立完成作业的情况	作业记录表 （教师）
家庭作业	家长每天对孩子完成作业的态度进行评价并签字	独立思考、完成及时、书写工整 教师根据以上标准对学生的达成程度作出ABCD四个等级的评价	学生独立思考、独立完成作业的能力	家庭作业本 （家长）
小组活动	教师根据学生参与小组活动的具体情况进行评价	积极参与、认真倾听、承担任务、鼓励他人、主动展示 小组成员根据以上标准互评，并作出ABCD四个等级的评价	学生的合作能力	小组评价表 （教师、小组成员）

表2-2　各学科选择性评价项目

项目	评价要求	评价标准	评价内容	评价呈现形式与评价主体
兴趣特长（任选其一）	以班级或年级为单位自主申报兴趣特长评价项目，并集中进行成果展示，同学和教师进行点赞评价	学生获得60%及以上的点赞数即可得满分	学生的兴趣特长	集中展示 （家长、教师、同学）
	教师根据学生在体育、艺术、科学等方面获得的各级各类奖励或荣誉进行评价	学生获得区级及以上奖励或荣誉即可得满分		
成长记录	学生选择本学科自己完成的最有创意的作品，进行自评、互评	教师根据科目及年段特点自行确定评价标准	学生学习过程	

以上各评价项目在期末以满分兑换5颗豆的标准进行折算。

2. 展示性评价（占总评价的20%）

展示性评价是指教师在学期末通过试卷以外的行动、表演、展示、操作、写作等方面来评价学生口语表达能力、文字表达能力、思维能力、创造能力、实践能力。教师要根据相关学科的教学目标设计有趣生动的活动，针对学科中的基础知识和基本技能设计评价内容，有针对性地提高学生的核心素养。

（1）科学性。各评价项目必须与本学科的教学目标一一对应，保证评价项目的科学合理。

表 2-3　一年级数学评价项目“神机妙算　算出精彩”

项目	设计理念	评价要求	评价内容及标准	评价呈现形式与评价主体
视算数学数出精彩	本项目旨在培养学生良好的书写习惯、思维能力，使学生形成初步的数感和运算能力，积累成功的经验，激发学生学习数学的兴趣。	1）10以内的加法、减法、连加、连减； 2）20以内的不退位减法； 3）数字书写流畅，结构匀称，整体美观。	1）第一个层级：85—100分为优秀，得4颗豆； 2）第二个层级：70—84分为良好，得3颗豆； 3）第三个层级：60—69分为合格，得2颗豆； 4）第四个层级：60分以下为不合格，得1颗豆； 5）卷面整洁美观得1颗豆。	游戏活动 （教师）

（2）趣味性。对于小学生而言，趣味性是使之保持学习兴趣和求知欲望的法宝。我们的评价项目与传统试卷测验相比，评价方法更多样化，能够增强孩子参与评价的主动性。

表 2-4　四年级数学评价项目“负数大小我会排”

项目	设计理念	评价要求	评价内容及标准	评价呈现形式与评价主体
负数大小我会排	本项目旨在通过设计数学活动来树立学生的符号意识，让学生在运用所学知识解决生活实际问题的同时，培养应用能力。	学生随机抽取5张标有负数的卡牌，并按一定顺序将其排列。教师核对学生的作答结果，给出相应的豆数。	1）排列正确得5颗豆； 2）排列错误不得豆。	游戏活动 （教师、学生、家长）

(3) 实践性。评价项目都应严格按照相关的课程标准设置，充分考虑各年级学生的生活环境和生活经验，尽量以活动的形式呈现，突出对学生的知识分析能力和问题解决能力的考查。

表 2-5　二年级语文评价项目“智慧答辩快乐享”

项目	设计理念	评价要求	评价内容及标准	评价呈现形式与评价主体
智慧答辩快乐享	落实《义务教育语文课程标准（2022年版）》第一学段“表达与交流”和“梳理与探究”中的要求，教师要求学生完整地讲述小故事，讲故事时自然大方，考查学生的语言组织力、表达力、综合表现力。	1）学生选择自己感兴趣的故事，复述故事大意； 2）学生根据故事内容，设计动作、表情，流畅、有感情地讲故事； 3）以视频形式提交作品，视频要求正面拍摄学生全身。	答辩内容：40分； 语言表达：30分； 形象风度：20分； 综合印象：10分。 教师根据答辩情况进行等级评定，获得3颗豆及以下的同学进行二次考核，二次考核获得的最高豆数为4颗豆。 1）85—100分（5颗豆）； 2）70—84分（4颗豆）； 3）60—69分（3颗豆）； 4）59分及以下（2颗豆）。	视频录制 （小组成员、家长、教师）

(4) 统整性。评价项目尽量与多学科建立联系。例如三年级信息科技学科的评价项目“计算思维我能行”，用5道计算思维测试题进行评价，将数学和信息技术学科融合，既评价学生在数学学科中的计算能力，又评价学生的计算机问题处理能力。

表 2-6　三年级信息科技学科项目“计算思维我能行”

项目	设计理念	评价要求	评价内容及标准	评价呈现形式与评价主体
计算思维我能行	以《义务教育信息科技课程标准（2022年版）》为出发点和落脚点，项目要求学生通过问卷星完成5道计算思维测试题（三年级版），题目来自 Bebras 国际计算思维挑战赛，这些测试题是评价学生计算思维水平的有效工具。培养学生的计算思维是信息科技课程的重要教学目标之一。本项目重点考查学生的计算思维能力，旨在提高学生计算思维水平，使学生掌握分析新信息和处理新问题的方法，提升学生解决问题的能力和信息核心素养。	1）学生独立完成测试； 2）不能上网检索答案。	1）答对5题（5颗豆）； 2）答对4题（4颗豆）； 3）答对3题（3颗豆）； 4）答对2题（2颗豆）； 5）答对1题（1颗豆）。	现场答题 （教师）

（5）思辨性。评价项目既要促进学生的分析、推理、判断等思维活动，又能展现学生对事物的情况、类别、事理等的辨别分析。

以上各评价项目以满分兑换 5 颗豆的标准进行折算，学生在展示性评价中获得的总豆数占学科总评价的 20% 进行折算。

3. 期末卷面测试（占总评价的 70%）

一至三年级的学生参加由学校统一组织的期末卷面测试，四至六年级的学生参与由区教研室统一提供的期末卷面测试。

五、评价结果的呈现

根据《南山区中小学学业质量评价指引》，教师将学生获得的各项评价分值按所要求的比例相加，汇总后折算成等级填入湾豆收获季的“学业质量报告单”，等级折算依次为：85—100 分为优秀（A 级）、70—84 分为良好（B 级）、60—69 分为及格（C 级）、59 分及以下为不及格（D 级）。

六、评价实施要求

（1）各备课组、学科组通过充分讨论设计出评价项目，由备课组分工完成评价方案，再由学科组将方案进行整理，合编成学科评价方案。每个评价项目满分为 5 颗豆，教师制定了考核内容和考核标准。

（2）教学管理中心对学科评价方案进行审核修改，方案定稿后，教师制定各年级的《集豆册》，并开展湾豆收获季集豆活动。

（3）各年级组根据本年级各学科的评价项目协调各项目进行的时间，筛选年级展评项目，制定年级展评方案。

（4）各学科组、备课组按照计划有序地开展初评、复评活动，活动中，若各学科项目的时间发生冲突，由各年级组长进行协调。评价过程中要注意对活动进行拍照、记录、总结，最后进行汇总展示。各学科组长保管好相关资料，为后续评价方案改革做好充足准备。

（5）开展年级集中展评活动。

（6）各科任教师检查《集豆册》的盖章情况，并做好各项统计工作。

（7）班主任根据《集豆册》上的豆数开展湾豆兑奖活动。

（8）各学科教师颁发定性评价奖状。

（9）反思总结，完善评价方案。

七、各学科评价项目示例

1. 语文学科示例（一年级）

表 2 - 7　一年级语文评价项目“识字大王竞选记”

评价时间	项目	评价要求	评价标准	评价内容	评价呈现形式与评价主体
2024/01/04	识字大王竞选记	正确认读并指读。	1）游戏共分为三关，每 20 个汉字为一关，共 60 个易读错的汉字，通过一至三关后获得的荣誉称号分别为识字能手、识字高手和识字大王； 2）每个关卡共 20 张带有汉字的牌，两人一组对战，每人各拿 10 张牌，轮流进行，读对读音并组词即可出牌，读错或者不能组词则自行放回该牌，每组配一位监督员； 3）每个关卡最先出完手中牌的人可得 1 颗豆； 4）集齐 3 颗豆可以获得“识字大王”荣誉称号，颁发证书。	识字与积累能力	现场考核（家长）

2. 英语学科示例（一年级）

表 2 - 8　一年级英语评价项目“单词大王 Word Expert”

评价时间	项目	评价要求	评价标准	评价内容	评价呈现形式与评价主体
2023/12/14	单词大王 Word Expert	学生能准确认读教材中的词汇。	1）正确认读一个单词即得 T，反之则得 F； 2）20 个以内 F（5 颗豆）； 40 个以内 F（4 颗豆）； 60 个以内 F（3 颗豆）； 80 个以内 F（2 颗豆）； 100 个以内 F（1 颗豆）。	单词认读能力	现场考核（教师）

3. 数学学科示例（一年级）

表 2-9　一年级数学评价项目“图形王国：图形与几何大王”

评价时间	项目	评价要求	评价标准	评价内容	评价呈现形式与评价主体
2023/12-20 24/01	图形王国：图形与几何大王	学生能区分长方体、正方体、圆柱、球体，共4个立体图形。教师随机抽取5个日常生活中的物体，提问学生物体分别属于什么立体图形，学生答对一题得一颗豆。	1）对5个得5颗豆； 2）对4个得4颗豆； 3）对3个得3颗豆； 4）对2个得2颗豆； 5）对1个得1颗豆； 6）不对不得豆。	认识长方体，正方体、圆柱和球体等立体图形。	游戏活动（教师）

4. 科学学科示例（一年级）

表 2-10　一年级科学评价项目“小小植物家”

评价时间	项目	评价要求	评价标准	评价内容	评价呈现形式与评价主体
2023/10/20-2024/01/07	小小植物家	学生对植物进行观察和记录。	1）科学性：学生能够按正确的操作方法制作，得两颗豆； 2）艺术性：作品在设计、制作、手工上具有美观性，得两颗豆。 3）严谨性：作品能够体现严谨性且记录真实，可加一颗豆。	学生能利用多种感官观察对象的外部形态特征，并能坚持较长时间的记录。	作品展示（同学、教师）

5. 信息科技学科示例（三年级）

表 2 - 11 三年级信息技术评价项目“我是编程小能手”

评价时间	项目	评价要求	评价标准	评价内容	评价呈现形式与评价主体
2023/09-2024/01	我是编程小能手	1）合理灵活地运用多种积木完成编程； 2）围绕主题进行构思； 3）作品完整且富有趣味性。	1）作品美观且合理（1颗豆）； 2）主题贴切（1颗豆）； 3）运用多种类型的积木块（1颗豆）； 4）作品完整（1颗豆）； 5）作品富有创意（1颗豆）。	考查学生的创新能力和实践能力。	现场操作（教师）

6. 音乐学科示例（一年级）

表 2 - 12 一年级音乐评价项目“声入人心”

评价时间	项目	评价要求	评价标准	评价内容	评价呈现形式与评价主体
2023/12/10-2024/01/06	声入人心	1）学生通过抛骰子的方式，随机抽取一首本学期所学歌曲进行演唱； 2）使用清晰的语言、适当的表情、饱满的情绪演绎该曲。	1）演唱非常流畅，节奏标准，富有情绪，有适当的动作表现（5颗豆）； 2）演唱基本流畅，节奏标准，富有情绪，无动作呈现（4颗豆）； 3）演唱基本流畅，节奏标准，无表情、动作呈现（3颗豆）。	综合性艺术表演能力	现场展示（教师）

7. 美术学科示例（二年级）

表 2 - 13　二年级美术评价项目“喜庆龙年年夜饭”

评价时间	项目	评价要求	评价标准	评价内容	评价呈现形式与评价主体
2023/12/07–2023/12/22	喜庆龙年年夜饭	1. 学习剪贴画的基本概念和制作技巧； 2. 使用对称、重复、对比、变化、统一等形式绘制纹样，并进行裁剪； 3. 构图完整，色彩搭配和谐，有想象力； 4. 能够与他人分享自己的作品，并表达制作剪贴画的经验和感受。	1）线条流畅（1 颗豆）； 2）颜色饱满（1 颗豆）； 3）主题突出（1 颗豆）； 4）富有创意（1 颗豆）； 5）制作过程中态度端正且认真（1 颗豆）。	学生用裁剪、拼贴等制作形式，创作一幅色彩和谐且构图合理的剪贴画作品。	作品展示（教师）

8. 体育学科示例（一至二年级）

表 2 - 14　一至二年级体育评价项目“绳彩飞扬”

评价时间	项目	评价要求	评价标准	评价内容	评价呈现形式与评价主体
2023/12/10–2023/12/25	绳彩飞扬	1）学生进行随堂测试，测试时间为一分钟； 2）学生进行正摇双脚跳绳，每成功跳跃一次且摇绳一回环（一周），计为一次。	男生： 1）成功次数小于 10 次（1 颗豆）； 2）成功次数为 10–25 次（2 颗豆）； 3）成功次数为 26–95 次（3 颗豆）； 4）成功次数为 96–106 次（4 颗豆）； 5）成功次数大于等于 107 次（5 颗豆）。 女生： 1）成功次数小于 12 次（1 颗豆）； 2）成功次数为 12–27 次（2 颗豆）； 3）成功次数为 28–97 次（3 颗豆）； 4）成功次数为 98–112 次（4 颗豆）； 5）成功次数大于 112 次（5 颗豆）。	协调性、耐力。	现场考核（教师）

9. 劳动学科示例（一年级）

表 2 - 15　一年级劳动评价项目“我是整理小达人”

评价时间	项目	评价要求	评价标准	评价内容	评价呈现形式与评价主体
2023/09/01–2024/01/12	我是整理小达人	学生能够自行整理课本等学习用品，并将其整齐放入书包。	1）学生按照课程表自行将课本及练习册分类，得 1 颗豆； 2）按照分类结果将不同学科的课本及练习册装入对应的收纳袋，得 1 颗豆； 3）整齐地将收纳袋放入书包，得 1 颗豆； 4）整齐地将笔盒、水杯等用品放入书包，得 1 颗豆； 5）将书包的所有拉链拉紧，得 1 颗豆。	1）学生根据需要整理自己的生活用品、学习用品； 2）学会给物品分类； 3）初步树立及时整理与收纳的意识。	现场考核（同学、教师）

10. 心理学科示例（一年级）

表 2 - 16　一年级心理评价项目“闪亮的星星”

评价时间	项目	评价要求	评价标准	评价内容	评价呈现形式与评价主体
2023/09/01–2024/01/14	闪亮的星星	在学习单上写下自己的优点，在互动环节帮助同学发现优点。	1）充分挖掘自己的优点，完成星星图学习单（2 颗豆）； 2）帮助同学发掘更多的优点；（2 颗豆） 3）找到 3 名以上“观星人”，并签名。（1 颗豆）	学生能够积极探索自我，发现自己和他人的闪光点，并主动欣赏他人。	作品展示（教师）

八、项目评价表范例

以语文学科一年级的终结性评价项目“能说会演小达人”为例：

表 2-17　一年级语文终结性评价项目“能说会演小达人”

项目	能说会演小达人（2024/1/4）				
要求	1）小组成员自行商议并选择课内或课外的童话、寓言故事（教师鼓励学生适当加角色或者改编故事情节），故事要求有内容、人物、情节（每个小组不得超过 8 个人）； 2）第一轮展演：学生根据故事创作舞台剧本，自行彩排，并在班级内进行表演（要求人人有角色，人人有表演，并结合音乐节奏、舞蹈动作、美术道具等元素）； 3）第二轮展演：各班评选出两组获得“最受欢迎舞台”奖，获奖的小组面向全校进行最终展演。展演分为两场进行，1~4 班为第一场，5~9 班为第二场。				
标准	声音响亮、吐字清楚（1 颗豆）	台词生动清晰、有对象感（1 颗豆）	肢体动作自然、符合人物（1 颗豆）	表演富有创意、效果良好（1 颗豆）	结合音乐、舞蹈、美术等元素（1 颗豆）

九、其他保障措施

（1）加强党建引领作用，加大领导小组带头力度，成立跨学科融合教学研究工作领导小组。学校组织相关人员围绕测评项目积极开展前期准备工作，包括文献收集、资料查找、调研工作等。

（2）加强优秀传统文化的熏陶作用，学校重视传统文化资源的开发与利用，开展传统文化小讲堂以及传统文化艺术节等系列活动，为试点工作的开展提供资源及参考。

（3）加大对教师的培训力度，提高参与教学研究的教师的素质。

（4）充分发挥学校专家组的学术引领作用，以“南山名师”为项目组研究顾问，充分发挥名师的指导作用。

（5）健全研究制度，定时间、定地点、定内容，保证研究落到实处，将科研和教研有机融合。

（6）提前做好方案的经费预算，为顺利开展荔湾小学激励性学业评价项目提供必要的经费保障。

第二节　各学科激励性学业评价项目

语文学科激励性学业评价

随着教育改革的不断深化，《义务教育语文课程标准（2022 年版）》

在教育教学实践中发挥着越来越重要的作用，文件强调以学生为中心，注重培养学生的创新精神和实践能力，促进学生全面发展。在这一理念的指导下，语文学科的教学不再是单纯的知识传授，而是更加注重学生的主体性、参与性和实践性的活动。因此，教师需要转变传统的教学观念，创新教学方法，以满足教育改革的要求。其中，多元化评价对于推动语文教学改革、提高学生综合素质具有重要意义。多元化评价是一种以学生为本、关注学生个体差异和全面发展的评价方式，它强调评价主体的多元化、评价内容的多样化、评价方法的灵活性，旨在全面、客观地反映学生的学习水平和综合素质。

为全面贯彻《义务教育语文课程标准（2022 年版）》的文件精神，落实学校“教育就是成就”的办学理念，关注学生的人格成长，荔湾小学语文湾豆收获季将过程性评价、展示性评价和期末试卷测试三个方面相结合，三者结合作为评价改革的突破点，力求提高学生语文素养，促进学生综合素质的发展。

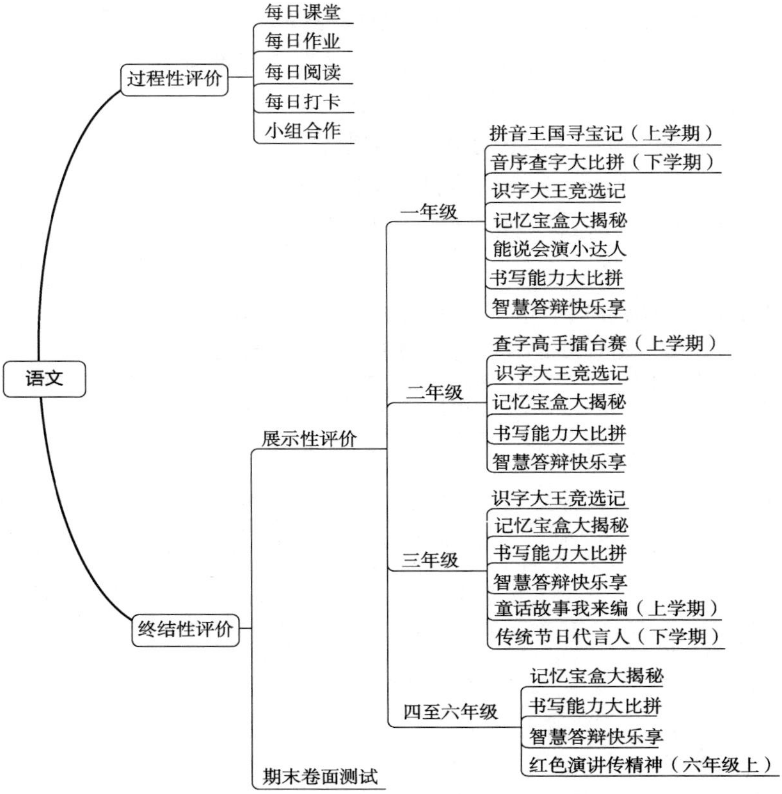

图 2 - 1　语文学科激励性学业评价项目思维导图

【一至六年级评价项目 1】

记忆宝盒大揭秘

设计理念：

“记忆宝盒大揭秘”测评项目重视激发学生的阅读兴趣、拓展学生的阅读空间。根据统编版小学语文教材要求，本项目要求学生背诵课内优秀诗文、名言警句等传统文化中的经典内容。

评价要求：

1. 学生能够正确流利地背诵教材规定学生需要背诵的文段、古诗词以及“日积月累”栏目中的经典内容；

2. 一至三年级学生的背诵情况由教师或家长考核。四至六年级学生的背诵情况先由教师考查小组长，再由小组长按要求考核组员，要求背诵时组长可以提醒或纠正组员一次，超过一次则该篇不过关。

评价内容及标准：

学生背诵的篇目越多，获得的豆数就越多，每人最多获得 5 颗豆，获得 3 颗豆及以下的学生进行复测，复测每人最多获得 4 颗豆。

1. 背诵全书所有篇目（5 颗豆）；
2. 背诵全书 80% 及以上的篇目（4 颗豆）；
3. 背诵全书 70%—79% 的篇目（3 颗豆）；
4. 背诵篇目未达到全书的 70%（2 颗豆）。

评价形式及主体：

评价采用现场考核的形式，由教师、家长、组长进行评价。

表 2 - 18　一年级下学期背诵考核表

评价项目	记忆宝盒大揭秘（一年级下学期）		
评价要求	1. 正确背诵必背课文、古诗。 3. 背诵 15 篇（5 颗豆），背诵 12—14 篇（4 颗豆），背诵 10—11 篇（3 颗豆），背诵 10 篇以下（2 颗豆）。		
篇目	我能得到	篇目	我能得到
《春夏秋冬》		《姓氏歌》	
《静夜思》		《古对今》	
《人之初》		《池上》	

续　表

《小池》		《荷叶圆圆》	
《语文园地一》 日积月累：春回……		《语文园地二》 日积月累：《春晓》	
《语文园地三》 日积月累：《赠汪伦》		《语文园地四》 日积月累：《寻隐者不遇》	
《语文园地五》 日积月累：小葱……		《语文园地六》 （朝霞……）	
《语文园地七》 日积月累：敏而……		《语文园地八》 日积月累：《画鸡》	

【一至六年级评价项目 2】

书写能力大比拼

设计理念：

“书写能力大比拼”测评项目结合统编版小学语文教材的要求，考查学生的写字能力。教师根据教材的“写字表”“词语表”和课文内容进行命题，学生按正确的笔顺用硬笔写字，努力养成良好的写字习惯，确保学生写字姿势正确，书写规范、端正、整洁。

评价要求：

1. 学生根据拼音正确拼读，正确书写出教师围绕教材内容命题的答案；
2. 学生能够按照正确的笔画顺序写字；
3. 学生写字姿势正确，汉字书写正确、规范、整洁，字居格中，不歪斜。

评价内容及标准：

试卷满分为 100 分，由不同教师交叉批卷评分。

1. 96—100 分（5 颗豆）；
2. 90—95 分（4 颗豆）；
3. 80—89 分（3 颗豆）；
4. 70—79 分（2 颗豆）；
5. 70 分以下（1 颗豆）。

评价形式及主体：

评价采用现场考核的方式，由教师进行评价。

【一至六年级评价项目 3】

智慧答辩快乐享

设计理念：

“智慧答辩快乐享”测评项目落实了《义务教育语文课程标准（2022年版）》中“表达与交流”和“梳理与探究”的要求，同时结合当下社会热点问题，设计答辩题目，供学生自由选择。该测评项目意在培养学生的语言表达能力和逻辑思辨能力，引导学生关注身边生活和社会现状，鼓励学生在学习生活中做到有所思、有所悟、有所言。

评价要求：

1. 学生在考前根据教师出示的答辩题目进行充分准备，现场随机抽取一个题目进行答辩；
2. 答辩内容：紧扣主题，立意深刻，有较强的感染力；
3. 语言表达：脱稿答辩，声音洪亮，吐字清晰，表达顺畅，富有真情实感；
4. 形象风度：精神饱满，衣着整洁，仪态端庄大方，举止自然。

评价内容及标准：

本项目根据课内“口语交际”内容和当下时事热点进行考查。

答辩内容：40 分	语言表达：30 分	形象风度：20 分	综合印象：10 分

教师根据答辩情况进行等级评定，获得 3 颗豆及以下的同学进行二次考核，二次考核每位学生最多获得 4 颗豆。

1. 85—100 分（5 颗豆）；
2. 70—84 分（4 颗豆）；
3. 60—69 分（3 颗豆）；
4. 60 分以下（2 颗豆）。

评价形式及主体：

采取现场考核的方式，由教师进行评价。

【一至三年级评价项目 1】

识字大王竞选记

设计理念：

“识字大王竞选记”测评项目落实《义务教育语文课程标准（2022 年版）》第一、二学段中“识字与写字”及统编版小学语文教材的要求，使学生掌握语文基础知识，热爱国家通用语言文字，增强学生对汉字的特点和运用规律的了解。在测评中，学生既能加强识字与写字的能力，又能体会学习语文的乐趣。

评价要求：

1. 正确认读生字，三年级学生需要学会组词；
2. 学生发音标准，声音洪亮；
3. 三个年级由同学作为评委，每级别可提醒三次。

评价内容及标准：

本项目根据教材的识字要求进行考查，识字表分为 5 个级别，学生正确认读的字越多，获得的豆数越多，在一个级别中读错 3 个字及以上，本级别不能获豆，测评完成后获得豆数少于 3 颗的学生进行二次考核，二次考核最多获得 4 颗豆。

1. 正确认读 5 个级别（5 颗豆）；
2. 正确认读 4 个级别（4 颗豆）；
3. 正确认读 3 个级别（3 颗豆）；
4. 正确认读 2 个级别（2 颗豆）。

评价形式及主体：

本项目采用现场考核的形式，同学之间互相评价。

表 2 - 19　二年级上学期识字表考核表

评价项目	识字大王竞选记
评价要求	把读错或不认识的字用笔圈出来。
评价标准	正确认读全部汉字可获得 5 颗豆； 读错 3 个及以上汉字，本级别不能获豆； 测评完成后获得的豆数少于 3 颗的学生进行二次考核。
级别 1	塘 脑 袋 灰 哇 教 捕 迎 阿 姨 龟 顶 披 鼓 晒 极 傍 越 滴 溪 奔 洋 坏 淹 没 冲 毁 屋 灾 种 猜 植 为 旅 备 纷 刺 底 啪 炸 离 识 粗 却 得 套 帽 登 鞋 裤 图 壶 帐 篷 指 针 帆 艘 军 舰 稻 园 翠 队 铜 号 梧 桐 掌 枫 松 柏 装 桦 耐 守 疆 银 杉 化 桂 世 界 孔 雀 锦 雄 鹰 翔 雁

续 表

评价项目	识字大王竞选记
级别 2	从深猛灵休季蝴蝶麦苗桑肥农归戴场谷粒虽辛苦葡萄紫狐狸笨酸曹称员根柱议论重杆秤砍线止量玲详幅评奖催脏伤报另及懒并糟肯封削锅朝始刮修冷肩团重接完希期结束鲜哄先梦闭紧润等累吸发粘汗额沙乏
级别 3	弹钢琴练捏泥滚铁环荡滑梯依尽欲穷层瀑布炉烟遥川闻名景区省部秀尤其仙巨位都著形状潭湾湖绕茂盛围胜央岛纱童境引客沟产份枝搭淡好够收市干留钉利分味昌铺调硬卧限乘售沿答渴喝话弄错际哪抬号堵
级别 4	且狂吼复哀葫芦藤谢啊蚜盯赛感怪慢锋蜜蜂幕扫墓慕抄炒楼争代临腊章握视察油朱德扁担志伍泽敌陡整仗疼料敬泼族民度敲龙驶容踩铺盛碗祝福健康寿刘兰派被血拉血挺杀烈轿救摩托防渔货轮科考宿寺危辰恐惊似庐
级别 5	笼盖苍茫雾淘于暗岸街梁甚至切躲失添柴烧旺渐哎呀冒呛烫终浑淋灭激瞧滩椰壳漠骆驼骏悬崖假威转扯嗓兽违抗爪趟神猪纳闷受骗借筝鼠折漂扎抓幸俩但愿哭取帮助抽续使劲秧表示摆翻仍栽责狼猩蛇鹤鸽羚蚯蚓螃蟹虾蚕

【一年级特色评价项目 1】

拼音王国寻宝记

设计理念：

“拼音王国寻宝记”测评项目落实《义务教育语文课程标准（2022 年版）》第一学段中“识字与写字”的要求，“学会汉语拼音。能读准声母、韵母、声调和整体认读音节。能准确地拼读音节，正确书写声母、韵母和音节。”此项目依据拼音教学的相关要求和小学一年级学生的年龄、心理特点，以学生喜闻乐见的游戏形式进行命题，既激发了儿童探索世界的好奇心，又增强了学生的学习兴趣。

评价要求：

1. 声母城堡：教师随机指出一个声母，学生读出正确的读音；
2. 韵母城堡：教师随机指出一个韵母，学生读出正确读音；
3. 拼音对对碰：正确拼读音节；
4. 丢沙包：拼读音节并读出正确的词语；
5. 音节串串烧：拼读句子。

评价内容及标准：

每位学生最多可获得 5 颗豆

1. 声母城堡：教师随机指认 5 个声母，学生全部读对（1 颗豆）；
2. 韵母城堡：教师随机指认 5 个韵母，学生全部读对（1 颗豆）；
3. 拼音对对碰：正确拼读音节（1 颗豆）；
4. 丢沙包：正确拼读音节和词语 2 次（1 颗豆）；
5. 音节串串烧：正确拼读句子（1 颗豆）。

评价形式及主体：

此项目采用现场考核的形式，由家长、教师进行评价。

图 2 - 2　“拼音王国寻宝记”校园测评场景布置

【一年级特色评价项目 2】

音序查字大比拼

设计理念：

“音序查字大比拼”测评项目落实《义务教育语文课程标准（2022 年版）》第一学段中“识字与写字”的要求，“学习独立识字。能借助汉语拼音认读汉字学会用音序检字法和部首检字法查字典。”学生使用字典了解词语的词性、词意等。教师应鼓励学生主动使用音序查字法和部首查字法查找生字，这两个方法能够增强学生对拼音的掌握程度，使拼音与汉字的学习互相促进。

评价要求：

1. 学生在规定时间内按音序查字法在字典中找到教师给出的 5 组共 20 个生字；

2. 学生填写音序查字表格，内容为：音序、音节、页数和组词；

3. 学生在限定时间内完成查阅和表格。

评价内容及标准：

教师根据学生的完成情况和正确率给出相应的豆数，未完成的按错误计算。获得 3 颗及 3 颗豆以下的学生进行二次考核，二次考核最多获得 4 颗豆。

1. 全部正确（5 颗豆）；

2. 17—19 个正确（4 颗豆）；

3. 13—16 个正确（3 颗豆）；

4. 15 个及以下正确（2 颗豆）。

评价形式及主体：

此项目采用现场考核的方式，由教师进行评价。

【一年级特色评价项目 3】

能说会演小达人

设计理念：

“能说会演小达人”测评项目落实《义务教育语文课程标准（2022 年版）》第一学段中“表达与交流”“梳理与探究”中的要求，让学生在活动中学习语文，提升学生的表达能力和合作能力，同时也考查学生的学习适应能力和社会适应能力。

评价要求：

1. 小组成员经过商议选择一个课内或课外的童话、寓言故事；
2. 学生根据故事创作剧本，自行彩排并录制视频；
3. 评选出“最佳表演”“最佳合作”“最佳创意”奖的获得小组。

评价内容及标准：

1. 声音响亮，吐字清楚（1 颗豆）；
2. 台词生动清晰，有对象感（1 颗豆）；
3. 肢体动作自然，符合人物（1 颗豆）；
4. 表演富有创意，引人入胜（1 颗豆）；
5. 表演能够结合音乐、舞蹈、美术等元素（1 颗豆）。

评价形式及主体：

此项目采取现场表演的方式，由家长、学生、教师三方进行评价。

【二年级特色评价项目 1】

查字高手擂台赛

设计理念：

这一项目旨在通过趣味性的竞赛激发孩子们对汉字学习的兴趣与热情。擂台赛不仅能够增加学习的趣味性，还能鼓励孩子们在比赛中展示自我，让学习过程变得生动有趣，从而使学生在轻松愉快的氛围中成长为汉字探索者和文化传承者。

评价要求：

1. 学生在规定时间内按部首查字法在字典中找到教师给出的 5 组共 20 个生字；
2. 学生填写部首查字表格，内容为：部首、除去部首有几笔、页数和组词；
3. 学生在限定时间内完成查阅和填表。

评价内容及标准：

教师根据学生的完成情况和正确率给出相应的豆数，未完成的按错误计算。获得 3 颗及 3 颗豆以下的学生进行二次考核，二次考核最多获得 4 颗豆。

1. 全部正确（5 颗豆）；
2. 17—19 个正确（4 颗豆）；
3. 13—16 个正确（3 颗豆）；

4. 15 个及以下正确（2 颗豆）。

评价形式及主体：

此项目采用现场考核的方式，由教师进行评价。

【三年级特色评价项目 1】

童话故事我来编

设计理念：

“童话故事我来编”测评项目落实《义务教育语文课程标准（2022 年版）》第二学段中“表达与交流”的要求，“观察周围世界，能不拘形式地写下自己的见闻、感受和想象。”在童话故事的创作中，学生结合自身生活经验主动建构童话故事脉络，将自己眼中的世界通过童话的形式编写出来。该创作过程能够锻炼学生的写作能力，培养学生的想象力，同时也能考查学生的学习能力和社会适应能力。

评价要求：

1. 学生充分发挥想象，编写一个情节合理、人物丰富的童话故事；
2. 学生给写好的童话故事配上插图，帮助读者更好地理解这个故事。

评价内容及标准：

1. 总体流畅（1 颗豆）；
2. 情节合理（1 颗豆）；
3. 人物丰富（1 颗豆）；
4. 语言优美（1 颗豆）；
5. 插图美观（1 颗豆）。

评价形式及主体：

此项目采取作品展示的方式，由教师进行评价。

【三年级特色评价项目 2】

传统节日代言人

设计理念：

“传统节日代言人”测评项目落实《义务教育语文课程标准（2022 年版）》第二学段中“表达与交流”的要求，“观察周围世界，能不拘形式地写下自己的见闻、感受和想象。”创作过程能够培养学生收集资料、处理信息、人际交往等能力以及团队精神，同时在这一学习过程中增进学生对中华优秀传统文化的了解，使学生感受到中华优秀传统文化的魅力。

评价要求：

1. 教师根据人教版三年级下册语文教材第三单元“综合性学习”的教学内容，要求学生任选一个中华传统节日，制作其宣传小报，并录制视频讲解自己的宣传小报；

2. 个人视频讲解要求：

汇报内容：紧扣主题，立意深刻，思路清晰，小组成员分工合理；

语言表达：脱稿展示，声音洪亮，吐字清晰，逻辑顺畅；

形象风度：精神饱满，衣着整洁，仪态端庄大方，举止自然。

评价内容及标准：

汇报内容： 40 分	语言表达： 40 分	形象风度： 20 分

1. 90—100 分（5 颗豆）；
2. 80—89 分（4 颗豆）；
3. 70—79 分（3 颗豆）；
4. 70 分以下（2 颗豆）。

评价形式及主体：

此项目采取作品展示的形式，由教师进行评价。

图 2-3　“传统节日代言人”学生作品

【六年级特色评价项目 1】

红色演讲传精神

设计理念：

“红色演讲传精神”测评项目以培养学生文化自信为落脚点，结合人教版六年级语文教材的教学内容，弘扬学生爱国主义精神，提高学生的审美能力，提升学生语言表达能力。

评价要求：

教师根据人教版语文六年级上册第二单元内容，确定演讲主题、时间及人数。学生演讲时要紧扣主题，语气语调适当，表达有条理且富有感情。

评价内容及标准：

教师确定演讲主题为“我心中的英雄”。

满分为 100 分，由学生推选出的评委小组进行评分，学生获得的分数为评委小组成员打分的平均值。

1. 90—100 分（5 颗豆）；
2. 89—80 分（4 颗豆）；
3. 79—70 分（3 颗豆）；
4. 69—60 分（2 颗豆）；
5. 60 分以下（1 颗豆）。

评价形式及主体：

采用现场考核的方式，由评委小组进行评价。

数学学科激励性学业评价

《义务教育数学课程标准（2022 年版）》指出：发挥评价的育人导向作用，坚持以评促学、以评促教。评价结果的呈现应更多地关注学生的进步，关注学生已有的学业水平与提升空间，为后续的教学提供参考。评价结果的运用应有利于增强学生学习数学的自信心，提高学生学习数学的兴趣，使学生养成良好的学习习惯，促进学生核心素养的发展。

数学学科的湾豆收获季围绕培养学生的数学核心素养展开，不仅关注学生知识技能的掌握情况，还关注学生对逻辑思维的把握和基本活动经验的积累；不仅关注学生分析问题、解决问题的能力，还关注学生发现问题、提出问题的能力。教师根据不同学段学生的学习特点和学习内容设计了不同的评价项目，对学生的学习情况进行全方位的考查，培养学生的数学核心素养。

数学学科的湾豆收获季立足于国家课程，以校本课程作为辅助，贯穿数学教与学的全过程。过程性评价包含学生的每日课堂和每日作业两种评价活动，每日课堂记录学生的课前准备情况、课堂发言和听课情况，每日作业记录学生的预习、复习情况以及三至六年级学生的书面作业完成情况。在终结性评价方面，教师根据不同年级的教学内容设置了多元项目，项目涵盖了大部分知识点，如给一年级学生设置了听算、视算、方向与位置等项目，项目评价主体包括教师、学生、家长等。这些项目既包含一定的科学性，又蕴含一定的“数学味”，从个人挑战项目到小组合作项目，帮助学生在评价中认识自我、建立信心。

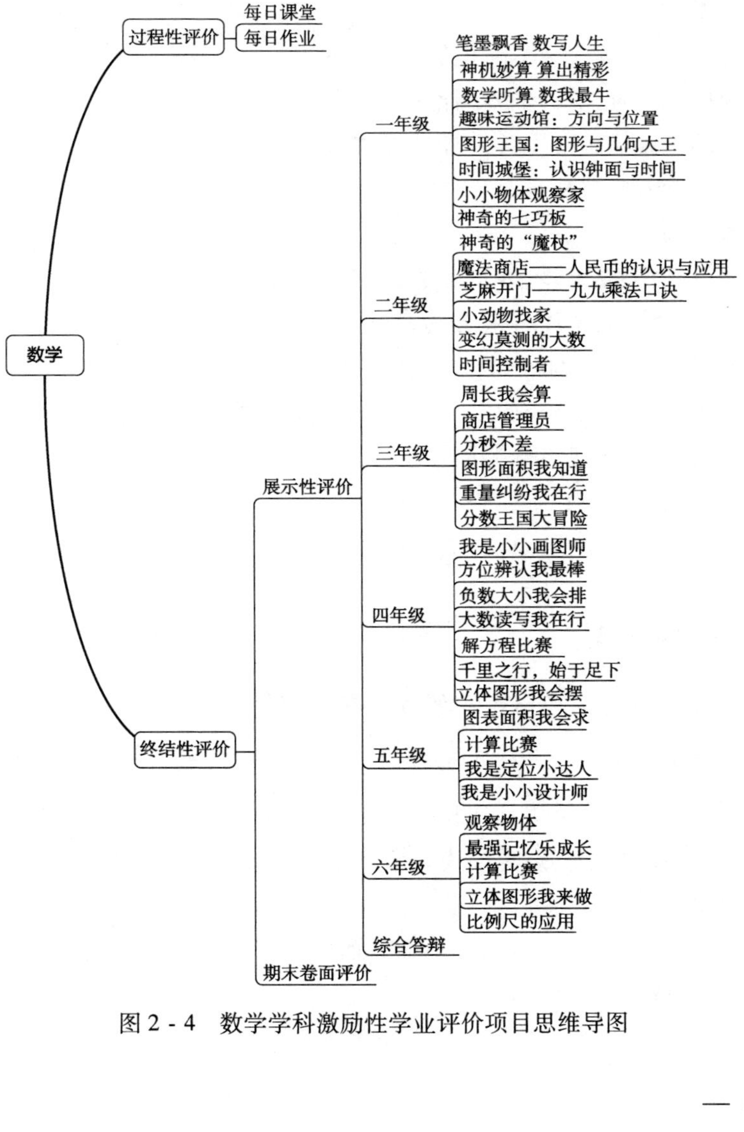

图 2 - 4　数学学科激励性学业评价项目思维导图

【一年级评价项目 1】

笔墨飘香 数写人生

设计理念：

本项目旨在培养学生形成良好的书写习惯，学会用数学的眼光观察现实世界，要求学生在书写活动中认识 0—20 的阿拉伯数字，初步了解数的概念，拓展数的意义，发展数感，让学生体会到学习数学的喜悦，增加自我成就感，使学生更自信地参与到小学数学的学习中。

评价要求：

1. 会认、会读、会写阿拉伯数字 0—20；
2. 握笔姿势正确，坐姿端正；
3. 数字笔画流畅，结构匀称，整体美观。

评价内容及标准：

正确书写一个空格得 1 分

1. 第一个层级：85—100 分为优秀（4 颗豆）；
2. 第二个层级：70—84 分为良好（3 颗豆）；
3. 第三个层级：60—69 分为合格（2 颗豆）；
4. 第四个层级：60 分以下为不合格（1 颗豆）；
5. 卷面整洁美观多得 1 颗豆。

评价形式及主体：

此项目采取卷面测试的方式，由教师进行评价。

【一年级评价项目 2】

神机妙算 算出精彩

设计理念：

本项目旨在培养学生形成良好的书写习惯，强化学生的思维能力，使学生形成初步的数感和运算能力，激发学生学习数学的兴趣。

评价要求：

1. 10 以内的加法、减法、连加、连减；
2. 20 以内的不退位减法；
3. 数字笔画流畅，结构匀称，整体美观。

评价内容及标准：

每题 1 分，共 100 道题。

1. 第一个层级：85—100 分为优秀（4 颗豆）；
2. 第二个层级：70—84 分为良好（3 颗豆）；
3. 第三个层级：60—69 分为合格（2 颗豆）；
4. 第四个层级：60 分以下为不合格（1 颗豆）；
5. 卷面整洁美观多得 1 颗豆。

评价形式及主体：

此项目采取卷面测试的方式，由教师进行评价。

荔湾小学 LIWAN PRIMARY SCHOOL　　数学学科期末测评方案

荔湾小学 2023—2024 学年第一学期

“神机妙算　算出精彩”

班级_________　姓名_________　等级 _________

同学们，请一定要仔细阅读每一道题目哦！相信自己！加油！

7-3=	7+2=	7-0=	(　　)-6=1	3+3+7=
8+4=	1+8=	4+7=	4+(　　)=6	16-6-3=
7-1=	9-0=	8-8=	(　　)-2=4	8+2-5=
2+4=	2+8=	7+7=	4+(　　)=8	4+9-7=
6-3=	10-4=	10-7=	(　　)-3=3	15-4+4=
3+8=	3+7=	3+5=	2+(　　)=7	6-2+2=
8-3=	10-3=	10-10=	(　　)-2=6	1+9-4=
4+4=	4+5=	5+6=	(　　)+2=8	8+5-3=
8-7=	10-7=	10-4=	(　　)-4=3	2+1+4=
8+5=	9+1=	7+9=	5+(　　)=7	7+2-5=
8-5=	10-5=	15-10=	8-(　　)=4	9-3+4=
6+8=	9+3=	10+0=	(　　)+1=6	10-2-5=
9-7=	9-5=	10-2=	(　　)-4=2	9-4+3=
8+7=	9+2=	9+2=	5+(　　)=8	2+2+3=
8-6=	9-6=	10-9=	(　　)-2=7	10+9-9=
8+8=	6+3=	4+9=	2+(　　)=9	16-10-6=
9-2=	19-9=	10-1=	(　　)-5=2	17-10+4=
9+6=	3+9=	6+7=	6+(　　)=9	10-7+9=
9-8=	10-8=	10-2=	6-(　　)=4	3+6+9=
7+9=	9+4=	5+9=	3+(　　)=7	10-6+9=

图 2 - 5　“神机妙算 算出精彩”测评单

【一年级评价项目 3】

数学听算 数我最牛

设计理念：

本项目旨在要求学生进行耳听、脑记、脑算、手写的多感官技能训练，激发学生的口算兴趣，增强记忆力，提升学生的专注力、反应力和计算能力。

评价要求：

1. 10 以内的加法、减法、连加、连减；
2. 20 以内的不退位减法；
3. 数字笔画流畅，结构匀称，整体美观。

评价内容及标准：

1—20 题每题 1 分，21—60 题每题 2 分。

1. 第一个层级：85—100 分为优秀（4 颗豆）；
2. 第二个层级：70—84 分为良好（3 颗豆）；
3. 第三个层级：60—69 分为合格（2 颗豆）；
4. 第四个层级：60 分以下为不合格（1 颗豆）；
5. 卷面整洁美观多得 1 颗豆。

评价形式及主体：

此项目采取教师现场报题，学生现场作答的方式，由教师进行评价。

荔湾小学 LIWAN PRIMARY SCHOOL

数学学科期末测评方案

荔湾小学 2023—2024 学年第一学期
“数学听算　数我最牛”

班级________ 姓名________ 等级 ________

同学们，听算小测试即将开始，请一定要认真倾听每一道题目。相信自己！加油！

①________	⑯________	㉛________	㊻________
②________	⑰________	㉜________	㊼________
③________	⑱________	㉝________	㊽________
④________	⑲________	㉞________	㊾________
⑤________	⑳________	㉟________	㊿________
⑥________	㉑________	㊱________	51________
⑦________	㉒________	㊲________	52________
⑧________	㉓________	㊳________	53________
⑨________	㉔________	㊴________	54________
⑩________	㉕________	㊵________	55________
⑪________	㉖________	㊶________	56________
⑫________	㉗________	㊷________	57________
⑬________	㉘________	㊸________	58________
⑭________	㉙________	㊹________	59________
⑮________	㉚________	㊺________	60________

图 2 - 6　“数学听算 数我最牛”测评单

【一年级评价项目 4】

趣味运动馆：方向与位置

设计理念：

本项目旨在引导学生辨认物体的位置关系，树立学生的空间观念并积累数学活动经验，该项目侧重培养学生的语言表达能力。

评价要求：

学生能够根据上、下、左、右、前、后和东、南、西、北等十个方向描述物体的相对位置。

评价内容及标准：

1. 正确描述小动物的相对位置（2 颗豆）；
2. 准确辨认前后、上下、左右等方向（3 颗豆）。

评价形式及主体：

此项目采取卷面测试的方式，由教师进行评价。

【一年级评价项目 5】

图形王国：图形与几何大王

设计理念：

本项目旨在让学生通过从实际物体抽象出立体图形的活动过程，了解立体图形的特征，初步培养学生的归纳能力，发展学生的语言表达能力，使学生逐步形成空间观念和运用几何直观的能力。

评价要求：

1. 初步形成对长方体、正方体、圆柱和球体的特征的正确认识；
2. 正确区别这些立体图形。

评价内容及标准：

1. 正确描述出物体的形状特征得 3 颗豆；
2. 准确说出物体属于哪一个立体图形得 2 颗豆。

评价形式及主体：

此项目采取现场测试的方式，由家长、学生、教师三方进行评价。

【一年级评价项目 6】

时间城堡：认识钟面与时间

设计理念：

本项目旨在通过认一认、拨一拨、说一说的活动过程，让学生初步树立时间观念，引导学生合理安排时间，树立珍惜时间的观念。

评价要求：

正确认读钟面上表示整时、半时的时刻。

评价内容及标准：

1. 拨对时针的位置（2 颗豆）；
2. 拨对分针的位置（2 颗豆）；
3. 正确认读出时刻（1 颗豆）。

评价形式及主体：

此项目采取卷面测试的方式，由教师进行评价。

【一年级评价项目 7】

小小物体观察家

设计理念：

本项目旨在让学生从不同方向观察同一物体，正确认识同一物体在不同角度呈现出的不同形状，初步发展学生的观察能力、空间想象能力和推理能力。

评价要求：

让学生在不同的方向（前、后、左、右和上方）观察物体，正确指出在不同的方向上看到的物体形状。

评价内容及标准：

1. 通过五关（5 颗豆）；
2. 通过四关（4 颗豆）；
3. 通过三关（3 颗豆）；
4. 通过两关（2 颗豆）；
5. 通过一关（1 颗豆）。

评价形式及主体：

此项目采取卷面测试的方式，由教师进行评价。

荔湾小学 2023—2024 学年第二学期

“小小物体观察家”

班级：__________ 姓名：__________ 等级：__________

亲爱的同学们，希望你们能够认真完成题目并仔细检查，请注意测试的时间是 20 分钟哦！

第一关 他们看到的分别是哪个画面（连一连）

第二关 右边的三个图形分别是从正方体的哪个面得到的？（填“前”“上”或“右”）

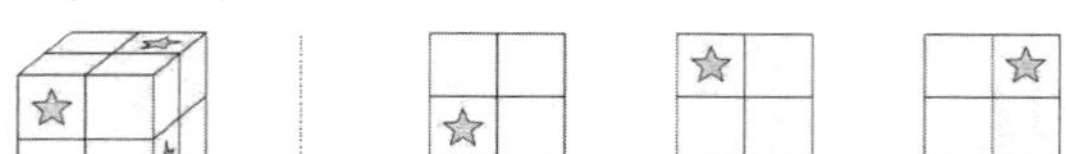

（　）面　（　）面　（　）面

第三关 女孩拍到的是（　）。（填序号）

第四关 下面右边的三幅图是无人机从哪个位置拍到的？把相应位置的序号填在括号里。

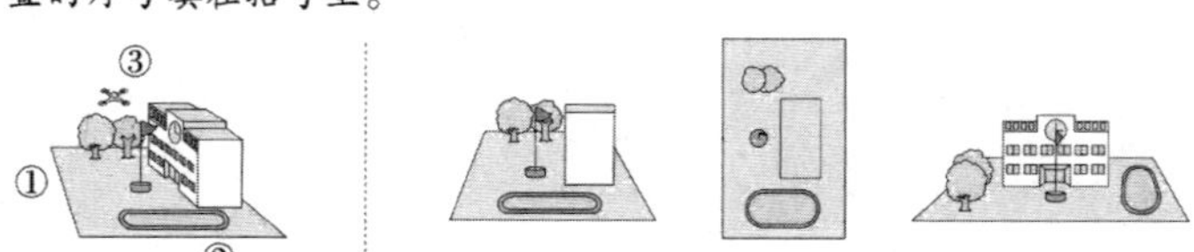

（　）　（　）　（　）

第五关 下面右边的三幅图分别是谁看到的？连一连。

图 2 - 7　“小小物体观察家”测评单

【一年级评价项目 8】

神奇的七巧板

设计理念：

本项目旨在让学生用七巧板拼出指定的图案，使学生进一步熟悉本学期学过的平面图形，加深学生对平面图形特征的认识与了解，达到培养学生动手操作能力的目的。

评价要求：

学生用七巧板在 90 秒内拼出指定的图案。

评价内容及标准：

1. 拼对 5 个（5 颗豆）；
2. 拼对 4 个（4 颗豆）；
3. 拼对 3 个（3 颗豆）；
4. 拼对 2 个（2 颗豆）；
5. 拼对 1 个（1 颗豆）。

评价形式及主体：

此项目采取现场测试的形式，由教师进行评价。

【二年级评价项目 1】

神奇的“魔杖”

设计理念：

本项目要求学生测量物体的长度、宽度和高度，认识厘米和米，体会测量物体在日常生活中的意义，使学生初步形成量感。

评价要求：

学生用尺子测量物体的长度、宽度和高度。

评价内容及标准：

1. 对 5 个（5 颗豆）；
2. 对 4 个（4 颗豆）；
3. 对 3 个（3 颗豆）；
4. 对 2 个（2 颗豆）；
5. 对 1 个（1 颗豆）。

评价形式及主体：

此项目采取卷面测试的方式，由教师进行评价。

【二年级评价项目 2】

魔法商店——人民币的认识与应用

设计理念：

本项目创设了相关场景，让学生随机抽取人民币并根据抽取到的人民币购买商品，让学生感受到了数学与生活之间的联系，增强了学生的应用能力，并培养其爱护人民币和勤俭节约的好习惯。

评价要求：

认识人民币，会使用人民币购买商品。

评价内容及标准：

1. 对 5 个（5 颗豆）；
2. 对 4 个（4 颗豆）；
3. 对 3 个（3 颗豆）；
4. 对 2 个（2 颗豆）；
5. 对 1 个（1 颗豆）。

评价形式及主体：

此项目采取学生合作的方式，由学生、教师进行评价。

【二年级评价项目 3】

芝麻开门——九九乘法口诀

设计理念：

本项目借助琅琅上口的乘法口诀，让学生感悟乘法运算的快捷性，发展了学生的数感和运算能力。

评价要求：

学生从乘法口诀表中抽取 5 条并熟练背诵。

评价内容及标准：

1. 流利背诵 5 条（5 颗豆）；
2. 流利背诵 4 条（4 颗豆）；
3. 流利背诵 3 条（3 颗豆）；
4. 流利背诵 2 条（2 颗豆）；
5. 流利背诵 1 条（1 颗豆）。

评价形式及主体：

此项目采取现场测试的方式，由学生、教师两方进行评价。

【二年级评价项目 4】

小动物找家

设计理念：

本项目结合北师大版二年级数学教材中的教学活动，设计出了带有游戏元素的测试活动，激发了学生浓厚的学习兴趣，使学生学会用所学的方向词语描述物体所在的方向，在辨认方向的过程中树立空间观念。

评价要求：

准确地描述出每只动物的位置以及两个小动物之间的相对位置关系。

评价内容及标准：

学生准确辨认出东、南、西、北、东南、东北、西南、西北等方位。

教师根据学生的答辩情况进行等级评定：

1. 答对 3 个（5 颗豆）；
2. 答对 2 个（4 颗豆）；
3. 答对 1 个（3 颗豆）。

评价形式及主体：

此项目采取现场测试的方式，由教师进行评价。

荔湾小学 2023—2024 学年第二学期

“小动物找家”

1. 鳄鱼之家在门口的（　）面。

2. 老虎在鳄鱼的（　）方向。

3. 孔雀在鳄鱼的（　）面。

4. 长颈鹿在鳄鱼的（　）方向。

图 2 - 8　“小动物找家”测评单

【二年级评价项目5】

变幻莫测的大数

设计理念：

学生借助直观模型，理解大数的实际意义，学会用大数进行表达和交流，学会用计数器呈现万以内的数，理解各数位上的数字表示的意义，树立位值概念。活动能激发学生对数学的兴趣，养成乐于思考的良好品质。

评价要求：

1. 能充分利用计数器，认识大数的意义，树立位值概念和懂得“满十进一”的道理；

2. 能正确读写万以内的数。

评价内容及标准：

教师根据学生的答辩情况进行等级评定：

1. A等级（优秀）：85—100分（5颗豆）；

2. B等级（良好）：70—84分（4颗豆）；

3. C等级（及格）：60—69分（3颗豆）。

评价形式及主体：

此项目采取现场测试的方式，由教师进行评价。

【二年级评价项目6】

时间控制者

设计理念：

本项目结合北师大版二年级数学教材中的教学活动，让学生结合自己的生活经验学会看时钟并准确读出钟面上的时刻，要求学生将几何知识融入项目活动中，发展学生综合运用数理知识的能力。

评价要求：

1. 正确表达时间：如4时05分；

2. 正确判断时针与分针形成的角：直角、锐角、钝角。

评价内容及标准：

辨别时针、分针、秒针以及直角、锐角、钝角；

教师根据学生的测试情况给予相应的豆数：

1. 5题正确（5颗豆）；

2. 4题正确（4颗豆）；

3. 3 题正确（3 颗豆）。

评价形式及主体：

此项目采取卷面测试的方式，由教师进行评价。

【三年级评价项目 1】

周长我会算

设计理念：

本项目旨在引导学生理解周长的实际含义，感悟图形知识与实际生活的密切联系，使学生学会运用计算图形周长的方法解决实际生活中的简单问题。

评价要求：

算出 5 个图形的周长。

评价内容及标准：

1. 算对 5 个图形的周长（5 颗豆）；
2. 算对 4 个图形的周长（4 颗豆）；
3. 算对 3 个图形的周长（3 颗豆）；
4. 算对 2 个图形的周长（2 颗豆）；
5. 算对 1 个图形的周长（1 颗豆）。

评价形式及主体：

此项目采取卷面测试的方式，由教师进行评价。

荔湾小学2023—2024学年第一学期三年级

“周长我会算”

班级：　　　　姓名：　　　　得分：

请算出以下5个图形的周长。

1.

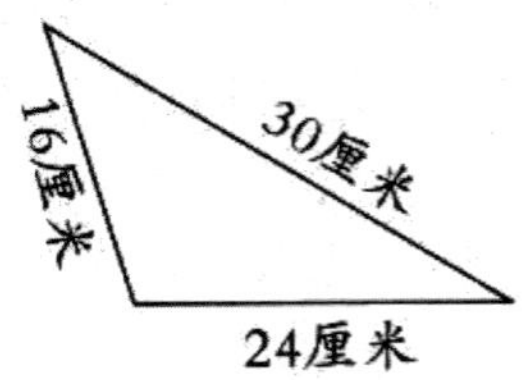

2.

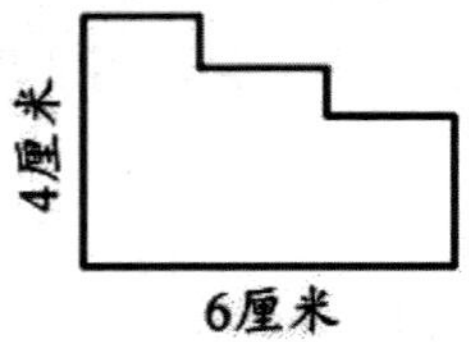

3.

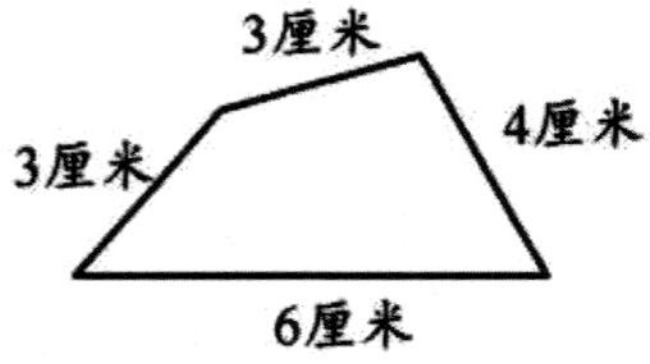

4.

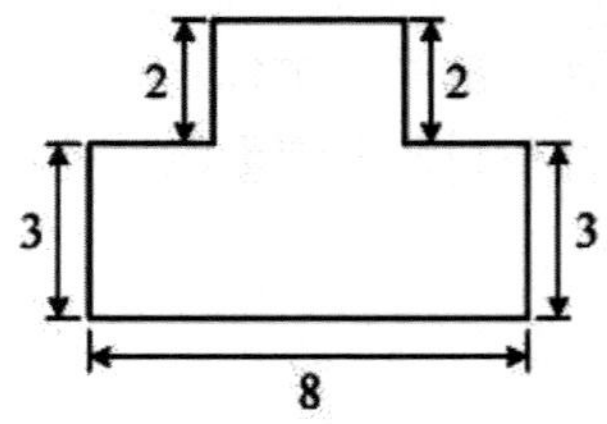

5.

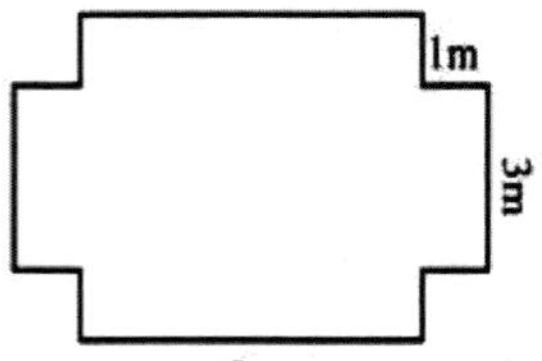

图2-9　“周长我会算”测评单

【三年级评价项目 2】

商店管理员

设计理念：

本项目旨在引导学生理解数的意义，使学生学会比较数的大小，感受数与实际生活的密切联系。

评价要求：

学生能够正确比较价格的高低。

评价内容及标准：

第 1 题一个空 10 分，第 2、3 题一个空 5 分。

1. 第一个层级：85—100 分为优秀（5 颗豆）；
2. 第二个层级：70—84 分为良好（4 颗豆）；
3. 第三个层级：60—69 分为合格（3 颗豆）；
4. 第四个层级：60 分以下为不合格（2 颗豆）。

评价形式及主体：

此项目采取卷面测试的方式，由教师进行评价。

商店管理员

班级：　　　　　　　　　　　　姓名：

1.在◯里填“＞”“＜”或“＝”

10 元◯9.5 元　　0.6 元◯0.7 元　　7.6 元◯6.9 元

1.9 元◯9 角　　12.5 元◯12 元 5 角　　0.9 元◯8 角

2. 把下面的价钱按从低到高的顺序排列

1.2 元

1.5 元

0.5 元

1.05 元

3.10 元

(　　　)<(　　　)<(　　　)<(　　　)<(　　　)

3. 写一写，比一比

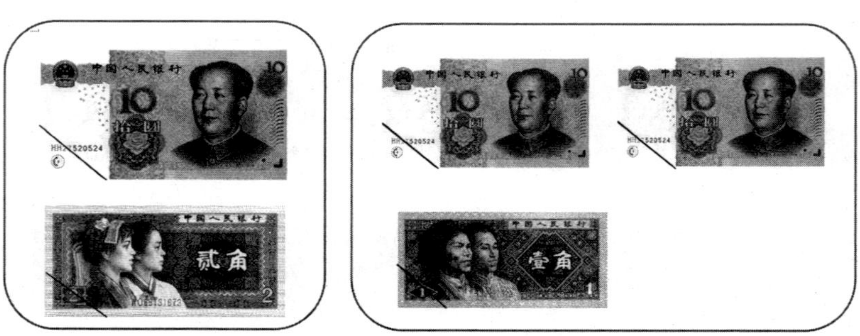

____________元 ◯ ____________元

图 2 - 10　“商店管理员”测评单

【三年级评价项目3】

分秒不差

设计理念：

本项目旨在让学生认识“年、月、日”，能够提高学生的判断和推理能力，使学生体会到合理安排时间的重要性，养成惜时守信的好习惯。

评价要求：

学生随机抽取五道关于“年、月、日与时、分”的题目并回答。

评价内容及标准：

1. 对5个题目（5颗豆）；
2. 对4个题目（4颗豆）；
3. 对3个题目（3颗豆）；
4. 对2个题目（2颗豆）；
5. 对1个题目（1颗豆）。

评价形式及主体：

此项目采取卷面测试的方式，由教师进行评价。

【三年级评价项目4】

图形面积我知道

设计理念：

本项目要求学生计算长方形、正方形、不规则图形的面积，考查学生对面积这一概念的理解，培养学生独立思考、勇于探索的习惯，提高学生的推理意识。

评价要求：

学生运用手中的工具（直尺、网格纸等）算出5个图形的面积。

评价内容及标准：

1. 对5个（5颗豆）；
2. 对4个（4颗豆）；
3. 对3个（3颗豆）；
4. 对2个（2颗豆）；
5. 对1个（1颗豆）；
6. 对0个（0颗豆）。

评价形式及主体：

此项目采取卷面测试的方式，由教师进行评价。

2023—2024 学年第二学期

“图形面积我知道”

班级：______ 姓名：______ 成绩：______

一、求出下列图形的面积。

（1）

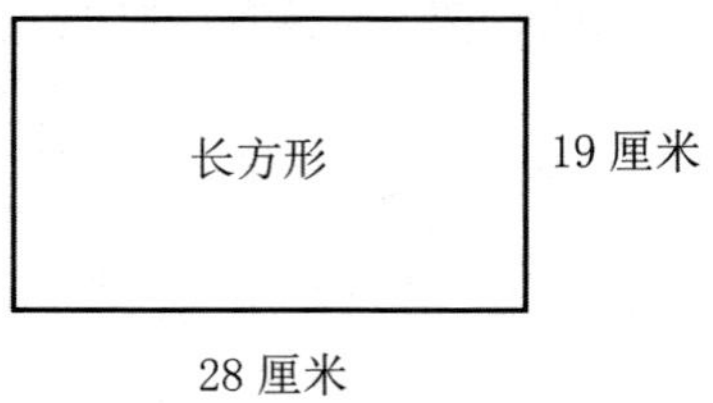

（2）

（3）

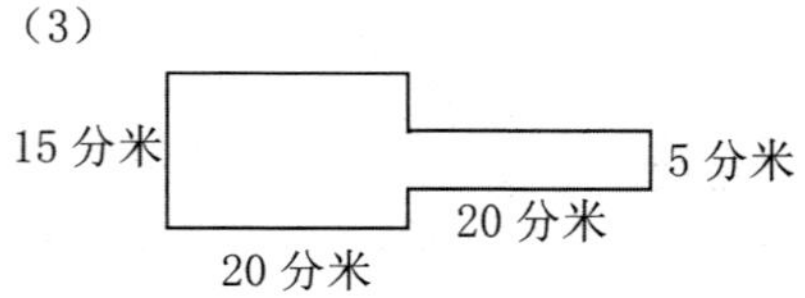

（4）

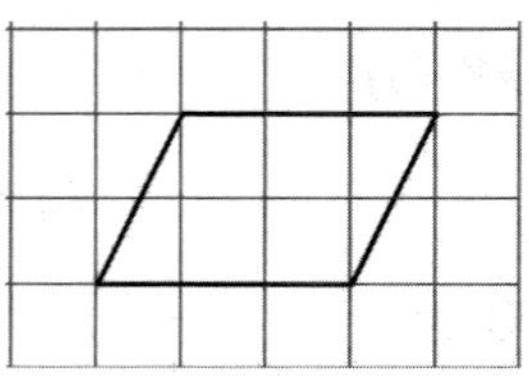

（每个小正方形的面积为 1 平方厘米）

平行四边形的面积为：（　　　　　）

（5）

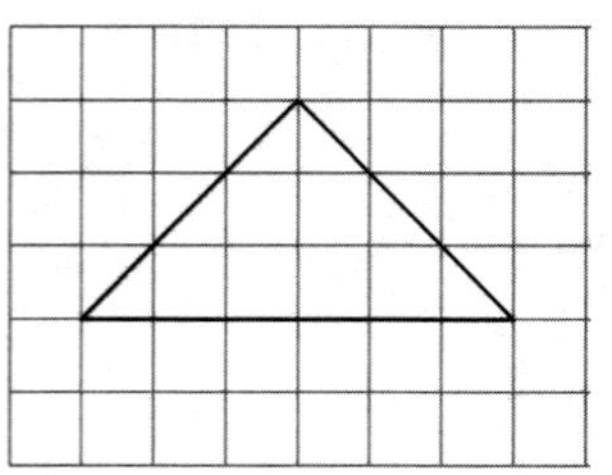

三角形的面积为：（　　　　　）

（每个小正方形的面积为 1 平方厘米）

图 2 - 11　“图形面积我知道”测评单

【三年级评价项目 5】

重量纠纷我在行

设计理念：

本项目旨在让学生解决关于物品重量纠纷的问题，借助熟悉的物品认识质量单位，能进行简单的单位换算，积累直观经验，在具体的操作活动中体验质量单位，积累丰富的数学活动经验，逐步建立准确的质量概念。

评价要求：

1. 认识质量单位克、千克、吨，能进行简单的单位换算；
2. 结合生活实际，解决与克、千克、吨有关的简单生活问题。

评价内容及标准：

1. 对 5 个（5 颗豆）；
2. 对 4 个（4 颗豆）；
3. 对 3 个（3 颗豆）；
4. 对 2 个（2 颗豆）；
5. 对 1 个（1 颗豆）；
6. 对 0 个（0 颗豆）。

评价形式及主体：

此项目采取卷面测试的方式，由教师进行评价。

【三年级评价项目 6】

分数王国大冒险

设计理念：

本项目考核学生同分母分数（分母小于 10）的加减运算，让学生了解分数的意义以及分数在现实生活中的应用，体会学习分数的快乐。

评价要求：

1. 正确读写分数，初步理解分数的意义；
2. 能比较简单的分数的大小；
3. 会进行同分母分数（分母小于 10）的加减运算。

评价内容及标准：

1. 2 分钟内完成 3 关（5 颗豆）；
2. 2 分钟及以上完成 3 关（4 颗豆）；
3. 完成 2 关（3 颗豆）；

4. 完成 1 关（2 颗豆）；

5. 未完成（0 颗豆）。

评价形式及主体：

此项目采取现场测试的方式，由学生、教师双方进行评价。

【四年级评价项目 1】

我是小小画图师

设计理念：

本项目紧密结合北师大版数学教材四年级上册第二单元“线与角”的内容，要求学生利用三角尺与直尺进行规范作图，进一步加深了学生对于平行与垂直概念的理解，提高了学生的作图能力。

评价要求：

学生独立操作，借助三角尺完成关于平行与垂直的作图题。

评价内容及标准：

1. 作图正确且规范使用三角尺（5 颗豆）；
2. 作图正确但不规范使用三角尺（4 颗豆）；
3. 作图正确但不规范使用三角尺，线条不流畅（3 颗豆）；
4. 作图不正确（0 颗豆）。

评价形式及主体：

此项目采取卷面测试的方式，由教师进行评价。

2023—2024 学年第一学期“我是小小图画师”

班级：______________　　姓名：_____________　　豆数：_____________

一、过点 A 画一条直线，并在直线上截取一条长 度为 5 厘米的线段 AB。

A.

二、过点 C 分别画出直线 L 的平行线和垂线。

C.

三、根据给出的角度画出各角 。

110°　　　　60°　　　　75°

四、在钟面上画出时针和分针，要求时针和分针组成相应的角。

直角

锐角

钝角

五、填一填。

下图中有（　　）个角，有（　　）个锐角，有（　　）个直角，有（　　）个钝角。

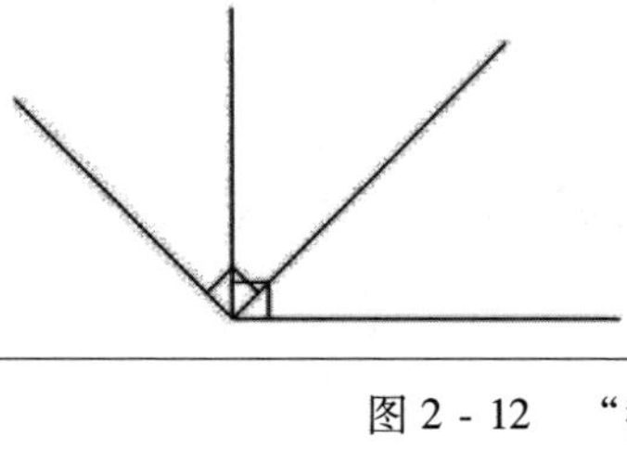

图 2 - 12　“我是小小图画师”测评单

【四年级评价项目 2】

方位辨认我最棒

设计理念：

本项目结合北师大版数学四年级上册教材第五单元“方向与位置”的教学内容设计了数学活动，要求学生根据所抽到的题卡摆放棋子所在的位置。该项目培养了学生的观察能力、空间想象能力和解决问题的能力，使学生体会到方位与实际生活的密切联系。

评价要求：

随机抽取题卡，根据题卡上的要求将棋子摆放到正确位置，考官核对学生作答结果，给出相应的豆数。

评价内容及标准：

1. 对 5 个（5 颗豆）；
2. 对 4 个（4 颗豆）；
3. 对 3 个（3 颗豆）；
4. 对 2 个（2 颗豆）；
5. 对 1 个（1 颗豆）；
6. 未答对（0 颗豆）。

评价形式及主体：

采取现场测试的方式，由教师进行评价。

【四年级评价项目 3】

负数大小我会排

设计理念：

本项目结合北师大版数学四年级上册第七单元“生活中的负数”的教学内容设计测评活动，培养学生的符号意识与量感，使学生学会运用所学知识解决实际问题，培养学生的实践能力。

评价要求：

学生在多张标有负数的卡牌中（-1，-2.5，-100，-6，-9，-3，-8，-10，-15，-16）随机抽取 5 张，并按要求的顺序将其排列。教师核对学生的作答结果，给出相应的豆数。

评价内容及标准：

1. 排列正确得 5 颗豆；

2. 排列错误不得豆。

评价形式及主体：

此项目采取现场测试的方式，由家长、学生、教师三方进行评价。

【四年级评价项目 4】

大数读写我在行

设计理念：

本项目结合北师大版数学四年级上册教材第一单元“认识更大的数”的教学内容设计测评活动，要求学生结合具体情境，借助数位顺序表正确地读写大数。学生在经历了自主探索大数的读法和写法的过程后，提升了归纳与概括的能力，增强了大数与社会生活的联系，感受到了数学的价值。

评价要求：

学生独立完成有关大数读写的题目，共五道大题。教师核对学生的作答结果，给出相应的豆数。

评价内容及标准：

1. 对 5 道大题（5 颗豆）；
2. 对 4 道大题（4 颗豆）；
3. 对 3 道大题（3 颗豆）；
4. 对 2 道大题（2 颗豆）；
5. 对 1 道大题（1 颗豆）；
6. 未答对（0 颗豆）。

评价形式及主体：

此项目采取卷面测试的方式，由教师进行评价。

2023—2024 学年第一学期“大数读写我在行”

班级：　　　　　　姓名：　　　　　　豆数：

一、填一填

1. 千万位的数是（　　）位数，十位数的最高位是（　　）。

2. 凤凰岭风景区的面积是 10620000 平方米，北宫国家森林公园的面积是 9145000 平方米。

（1）10620000 读作：（　　　　　　），改写成以“万”为单位的数是（　　　　　）。

（2）9145000 读作：（　　　　　　），四舍五入到万位是（　　　　　）。

二、选一选

1. 下列的数一个零也不读的是（　　）

A. 930000006　　B. 9030600　　C. 93000000　　D. 9000036

2. 把一个整万数改写成以“万”为单位的数，得到的数与原数相比较，（　　）

A. 变小　B. 变大　C. 不变　D. 无法确定

3. 在 57998 中，两个“9”所表示的数相差（　　）

A. 10　B. 100　C. 800　D. 810

三、比一比（填“＞”“＜”或“＝”）

56987 ◯ 57003　　　　3000000 ◯ 300 万

4999999 ◯ 500000　　　　6 亿 ◯ 60000001

四、判一判

1. 从右往左数，800800000 中的第一个“8”在亿位上，表示 8 个亿。（　　）

4. 39□9000000≈40 亿，□里最小能填 5，最大能填 9。（　　）

五、想一想

把一个六位数精确到万位是 40 万，这个数最大是多少？最小是多少？

图 2 - 13　“大数读写我在行”测评单

【四年级评价项目 5】

解方程比赛

设计理念：

本项目旨在使学生深入理解等式的基本性质并学会利用方程式解决实际问题，发展了学生的抽象概括能力。

评价要求：

1. 能深入理解等式的基本性质；
2. 能够正确解方程；
3. 借助方程式解决生活中的实际问题。

评价内容及标准：

1. 答对 5 题（5 颗豆）；
2. 答对 4 题（4 颗豆）；
3. 答对 3 题（3 颗豆）；
4. 答对 2 题（2 颗豆）；
5. 答对 1 题（1 颗豆）。

评价形式及主体：

此项目采用现场测试的方式，由教师进行评价。

【四年级评价项目 6】

千里之行，始于足下

设计理念：

学生通过收集与整理本班同学的鞋码，感受数据整理的必要性以及统计图表在数据整理工作中的优越性。项目要求学生观察数据与图表，并尝试从统计图表中解读出数据背后隐藏的信息，增强了学生的统计意识，为学生进一步学习统计图表打下基础。

评价要求：

1. 收集全班同学的鞋码；
2. 根据收集到的数据制作统计表；
3. 根据统计表画出统计图（如条形统计图、折线统计图、扇形统计图等）。

评价内容及标准：

1. 数据完整，表格布局科学合理，统计图美观清晰（5 颗豆）；
2. 数据完整，表格布局科学合理，统计图清晰但美观性不足（4 颗豆）；
3. 数据完整，表格布局较为合理，统计图不清晰且美观不足（3 颗豆）。

评价形式及主体：

此项目采取过程性评价的方式，由教师进行评价。

荔湾小学2023—2024学年第二学期

“千里之行，始于足下”

班级：　　　　姓名：

鞋码统计表

鞋码/码										
人数/人										

根据统计表绘制统计图

标题：________________

人数/人

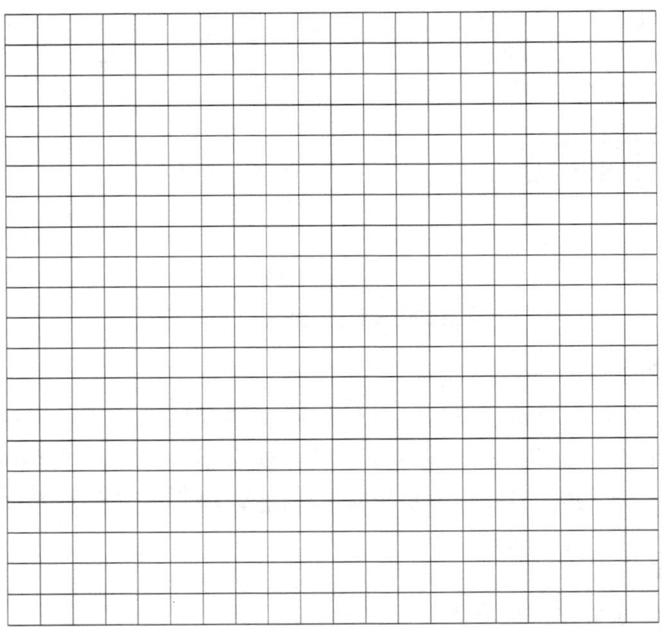

鞋码/码

我发现1.________________

2.________________

图 2 - 14　“千里之行，始于足下”测评单

【四年级评价项目 7】

立体图形我会摆

设计理念：

本项目要求学生从正面、侧面、上面等多角度观察立体图形的形状，让学生积累观察物体的数学活动经验，初步树立空间观念。

评价要求：

1. 能正确辨认从正面、侧面和上面所观察到的立体图形的形状；
2. 能根据一定的指令正确搭出立体图形；
3. 能根据从不同方向看到的立体图形的形状，还原立体图形。

评价内容及标准：

1. 闯过 5 关（5 颗豆）；
2. 闯过 4 关（4 颗豆）；
3. 闯过 3 关（3 颗豆）；
4. 闯过 2 关（2 颗豆）；
5. 闯过 1 关（1 颗豆）。

评价形式及主体：

此项目采取现场测试的方式，由教师进行评价。

【五年级评价项目 1】

图形面积我会求

设计理念：

本项目旨在使学生学会用割补等方法求不同图形的面积，让学生积累探索图形面积的活动经验，发展推理和解决问题的能力。

评价要求：

学生根据给出的五个图形，准确计算出面积。

评价内容及标准：

1. 算对 5 道题（5 颗豆）；
2. 算对 4 道题（4 颗豆）；
3. 算对 3 道题（3 颗豆）；
4. 算对 2 道题（2 颗豆）；
5. 算对 1 道题（1 颗豆）。

评价形式及主体：

此项目采取卷面测试的方式，由教师进行评价。

图形面积我会求

1.计算下面图形的面积

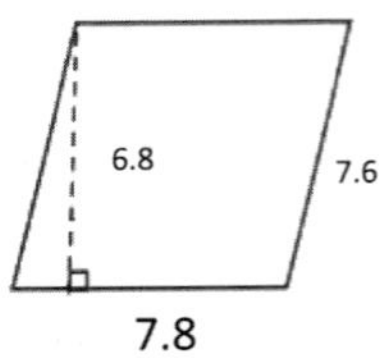

2. 图中梯形的面积为 27.5cm²，求它的高

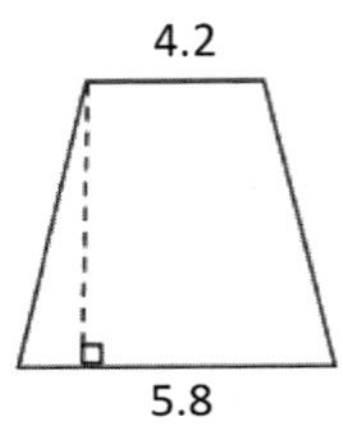

3. 量一量，计算出图形的面积

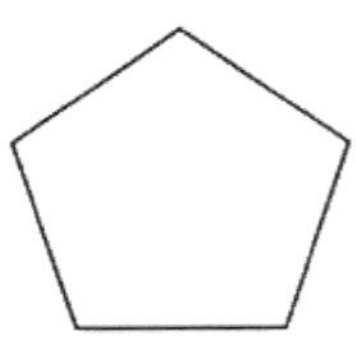

4.长方形的长为 40cm，宽为 20cm，图形①的面积为 380cm²，求图形②的面积

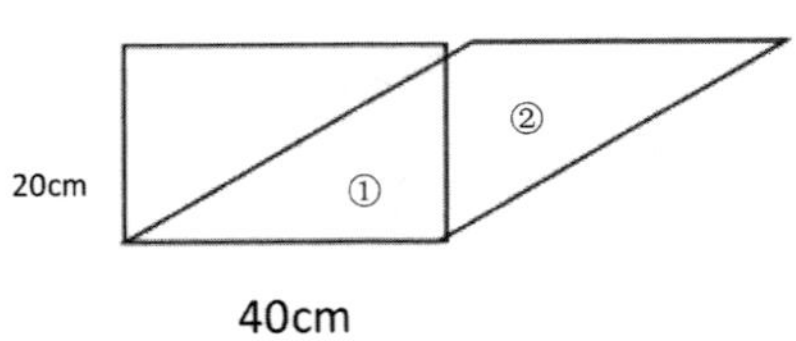

5.估一估下面图形的面积

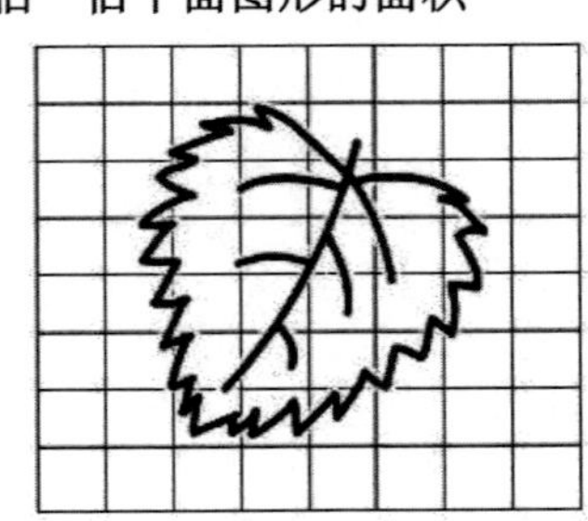

图 2 - 15 “图形面积我会求 ” 测评单

【五年级评价项目 2】

计算比赛

设计理念：

本项目旨在培养学生良好的书写习惯，强化学生的思维能力，使学生形成初步的数感，激发学生学习数学的兴趣。

评价要求：

1. 正确计算小数的乘除法；
2. 正确计算有关因数与倍数的题；
3. 正确计算分数的除法。

评价内容及标准：

每小题 2 分，共 100 分。

1. 第一个层级：85—100 分为优秀（4 颗豆）；
2. 第二个层级：70—84 分为良好（3 颗豆）；
3. 第三个层级：60—69 分为合格（2 颗豆）；
4. 第四个层级：60 分以下为不合格（1 颗豆）；
5. 卷面整洁美观多得 1 颗豆。

评价形式及主体：

此项目采取卷面测试的方式，由教师进行评价。

【五年级评价项目 3】

我是定位小达人

设计理念：

本项目旨在使学生学会用方向和距离确定位置，通过游戏闯关的方式让学生积累探索物体位置的活动经验，发展学生的推理能力和解决问题的能力。

评价要求：

1. 根据指示绘制出路线图；
2. 画出方向标与参照点。

评价内容及标准：

1. 闯过 5 关（5 颗豆）；
2. 闯过 4 关（4 颗豆）；
3. 闯过 3 关（3 颗豆）；

4. 闯过 2 关（2 颗豆）；
5. 闯过 1 关（1 颗豆）。

评价形式及主体：

此项目采取卷面测试的方式，由教师进行评价。

【五年级评价项目 4】

我是小小设计师

设计理念：

本项目旨在考核学生对长方体和正方体的特征、体积及表面积的理解，让学生积累探索立体图形特征的活动经验，使学生树立空间观念。

评价要求：

完成测评单。

评价内容及标准：

1. 单选题全部正确（1 颗豆）；
2. 判断题全部正确（1 颗豆）；
3. 填空题全部正确（1 颗豆）。
4. 应用题全部正确（1 颗豆）。

评价形式及主体：

此项目采取卷面测试的方式，由教师进行评价。

我是小小设计师

一、单选题

1. 一个长方体的长为12cm，宽为8cm，高为7cm，如果我们把它切成一个尽可能大的正方体，那么这个正方体的棱长是（　　）cm。

A．12　　　　B．8　　　　C．7

2. 用同样的小正方体拼成一个较大的正方体，至少需要（　　）个小正方体。

A．4　　　　B．8　　　　C．10

3. 下面展开图中，（　　）沿虚线折叠后不能围成正方体。

A. 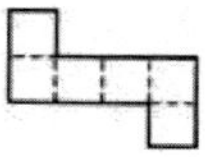　B. 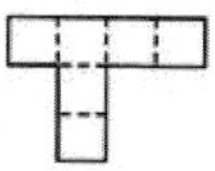　C. 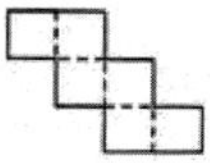　D. 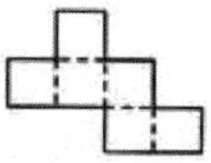

4. 蓝天小区用 24 m^3 的沙子铺一条宽 4 m 的道路，沙子铺 12 cm 厚，这条道路长（　　）m。

A．50　　　　B．5　　　　C．500　　　　D．0.5

二、判断题

5. 体积是 1m^3 的物体一定是棱长为 1m 的正方体。（　　）

6. 体积单位比面积单位大。（　　）

7. 相交于同一顶点的三条棱长相等的长方体是正方体。（　　）

三、填空题

8. 正方体的表面积是它底面积的________倍。

9. 正方体有________个面，________条棱，________个顶点。

10. 在横线上填上“>”“<”或“=”

350 dm^3 ________3.5 m^3　　　　1700cm^3 ________1.7m^3

6.4 dm^2 ________640 cm^2　　　　1.01m^3 ________ 1m^3 100 dm^3

四、应用题

11. 一个正方体的棱长是 13 厘米，这个正方体的表面积和体积各是多少？

12. 某小区新建一个游泳池，长是 50 米，宽 30 米，深 2.5 米。

（1）这个游泳池的占地面积是多少？

（2）如果给这个游泳池的底面和四周贴上瓷砖，一共需要贴多少平方米的瓷砖？

图 2 - 16　“我是小小设计师”测评单

【六年级评价项目 1】

观察物体

设计理念：

本项目基于学生的认知发展规律和实际生活经验设计出了测评单，使学生通过观察、想象和推理等活动树立空间观念，提高解决问题的能力，培养学生的数学思维能力和创新精神。

评价要求：

学生能正确画出物体的三视图。

评价内容及标准：

1. 第一个层级：85—100 分为优秀（5 颗豆）；
2. 第二个层级：70—84 分为良好（4 颗豆）；
3. 第三个层级：60—69 分为合格（3 颗豆）；
4. 第四个层级：60 分以下为不合格（2 颗豆）。

评价形式及主体：

此项目采取卷面测试的方式，由教师进行评价。

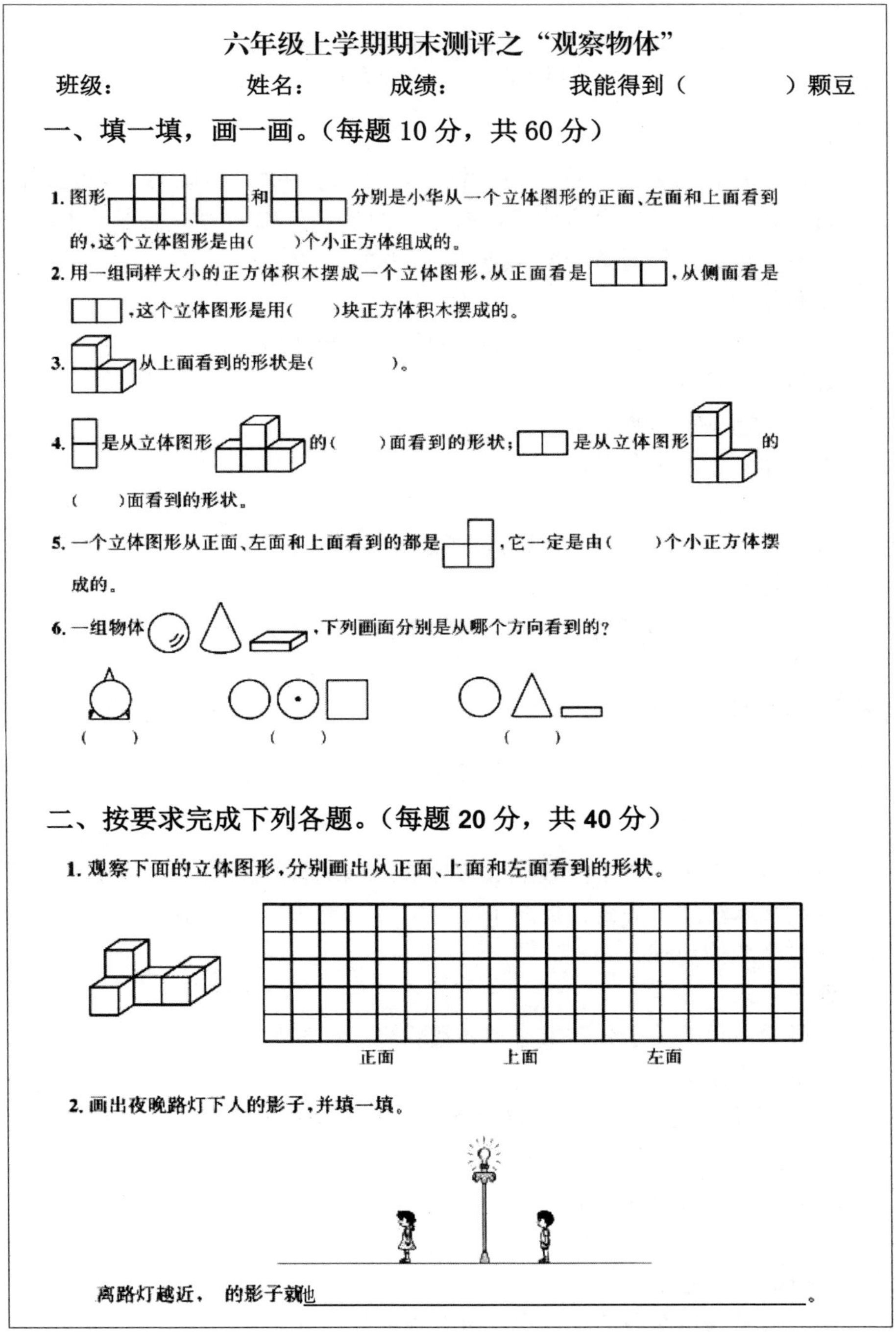

六年级上学期期末测评之“观察物体”

班级：　　　　　姓名：　　　　成绩：　　　　　我能得到（　　　　）颗豆

一、填一填，画一画。（每题 10 分，共 60 分）

1. 图形　　、　　和　　分别是小华从一个立体图形的正面、左面和上面看到的，这个立体图形是由（　　）个小正方体组成的。

2. 用一组同样大小的正方体积木摆成一个立体图形，从正面看是　　，从侧面看是　　，这个立体图形是用（　　）块正方体积木摆成的。

3. 　　从上面看到的形状是（　　　　）。

4. 　　是从立体图形　　的（　　）面看到的形状；　　是从立体图形　　的（　　）面看到的形状。

5. 一个立体图形从正面、左面和上面看到的都是　　，它一定是由（　　）个小正方体摆成的。

6. 一组物体　　，下列画面分别是从哪个方向看到的？

（　　）　　　　（　　）　　　　（　　）

二、按要求完成下列各题。（每题 20 分，共 40 分）

1. 观察下面的立体图形，分别画出从正面、上面和左面看到的形状。

正面　　　　上面　　　　左面

2. 画出夜晚路灯下人的影子，并填一填。

离路灯越近，的影子就越＿＿＿＿＿＿＿＿＿＿＿＿＿＿。

图 2 - 17　“观察物体”测评单

【六年级评价项目 2】

最强记忆乐成长

设计理念：

本项目旨在引导学生快速地掌握基础知识，更好地理解图形的特征，从而逐步提高数学的综合素质，提高学生的数学应用能力，加深学生对数学概念的理解，增强对数学的兴趣和探索欲望。

评价要求：

背诵小学阶段学过的平面图形的周长与面积计算公式。

评价内容及标准：

1. 全部正确（5 颗豆）；
2. 1 个错误（4 颗豆）；
3. 2 个错误（3 颗豆）；
4. 3 个错误及以上（2 颗豆）。

评价形式及主体：

此项目采取现场测试的方式，由学生、教师进行评价。

【六年级评价项目 3】

计算比赛

设计理念：

本项目旨在考核学生分数乘法和分数除法的计算能力，使学生掌握基本的分数乘除法运算规则，提升了学生的计算能力，进一步巩固和深化学生对分数概念的理解。

评价要求：

完成学习单上关于分数乘法和分数除法的计算题。

评价内容及标准：

1. 能够准确无误地完成所有计算题（5 颗豆）；
2. 错 1 道题（4 颗豆）；
3. 错 2 道题（3 颗豆）；
4. 错 3 道及以上（2 颗豆）。

评价形式及主体：

此项目采取卷面测试的方式，由教师进行评价。

【六年级评价项目 4】

立体图形我来做

设计理念：

本项目旨在考核学生对圆柱和圆锥的特征、体积及表面积的理解，让学生积累探索立体图形特征的活动经验，发展学生的应用能力。

评价要求：

完成学习单上关于圆柱、圆锥的表面积与体积的计算题。

评价内容及标准：

1. 7 项数据计算正确（5 颗豆）；
2. 6 项数据计算正确（4 颗豆）；
3. 5 项数据计算正确（3 颗豆）；
4. 4 项数据计算正确（2 颗豆）。

评价形式及主体：

此项目采取卷面测试的方式，由教师进行评价。

【六年级评价项目 5】

比例尺的应用

设计理念：

本项目旨在考核学生对比例与比例尺的概念的理解，让学生积累绘制平面图的活动经验，发展学生的应用能力。

评价要求：

学生整合比例尺的相关知识，并按一定的比例尺绘制校园平面图。

评价内容及标准：

1. 制作精美且符合实际（5 颗豆）；
2. 制作较粗糙但符合实际（4 颗豆）；
3. 制作粗糙且不太符合实际（3 颗豆）。

评价形式及主体：

此项目采取卷面测试的方式，由教师进行评价。

【一至六年级评价项目】

综合答辩

设计理念：

本项目依据北师大版小学数学教材和当下社会热点，设计了五个答辩题目，意在激发学生的数学学习兴趣，使学生在用数学语言表达现实世界的过程中逐步提升数学核心素养。

评价要求：

学生从五道答辩题目中抽取一道进行现场答辩。

评价内容及标准：

教师根据答辩情况进行等级评定：

1. A 等级（优秀）：85—100 分（5 颗豆）；
2. B 等级（良好）：70—84 分（4 颗豆）；
3. C 等级（及格）：60—69 分（3 颗豆）。

评价形式及主体：

此项目采取现场答辩的方式，由学生、教师两方进行评价。

英语学科激励性学业评价

《义务教育英语课程标准（2022 年版）》指出："评价与考试旨在评测学生核心素养的发展水平，促进学生全面、健康而有个性地发展。通过形成性评价与终结性评价相结合的多元评价方式，检测和衡量学生在相关学段的学业成就。"教学评价需要贯穿英语课程教学的全过程，基于评价的目标选择评价的内容和方式。

英语学科激励性学业评价项目围绕培养学生的英语核心素养开展，旨在发展学生的语言能力，树立学生的文化意识，提升学生的思维品质，提高学生的学习能力。教师根据不同学段学生的学习特点和学习内容设计了不同的评价项目，多维度考查和培养学生的英语核心素养。

英语学科激励性学业评价体系立足于国家课程，以校本课程作为辅助，贯穿英语教与学的全过程。过程性评价包含学生的每日课堂、每日作业及成长记录。每日课堂观察和记录学生的课前准备情况、上课听讲情况、朗读情况、举手发言情况以及小组合作情况。每日作业考查学生的预习复习情况、口语练习情况以及三至六年级学生的书面作业完成情况。成长记录主要考查学生的每日听写以及每日朗读打卡情况，鼓励学生养成良好的词汇积累以及英语阅读的习惯。

教师根据不同年级的学习内容设置了多元化的终结性评价项目，一至六年级的评价项目有单词大王、综合答辩和伊索星剧场，这些项目既涵盖了每个学段对于学生学习的基本要求，又帮助学生在小组合作、口语表达以及故事表演中展示自己。此外，一年级以游戏化测评项目为主，"歌曲大串烧”考查学生的英文演唱能力，“荔湾百老汇”考查学生的口语交际能力。二年级以简单化测评项目为主，“我是歌王”利用课本里的歌曲或自制 chant，考查学生的模仿及演唱能力，“句子猎手”考查学生对重点句型的认读情况。三年级以基础性测评项目为主，“书写大王”锻炼和考查学生的英文书写能力，“句子猎手”考查学生的口语交际和问答能力。四年级以能力型测评项目为主，“句子猎手”考查学生对重点句式的重组和书写能力，“超级作家”考查学生的英文作文书写能力。五年级以拓展性测评项目为主，“句子猎手”考查学生重点句型的书写能力。六年级以迁移性测评项目为主，“超级作家”考查学生的知识迁移能力以及英语书写能力，“英语达人秀”考查学生将所学知识迁移到生活场景的能力、进行英语口语交际的能力。

英语学科的过程性和展示性评价项目，既包含一定的科学性，又蕴含一定的趣味性。从个人挑战项目到小组合作项目，学生能够在项目中收获快乐、收获友谊、收获自信。

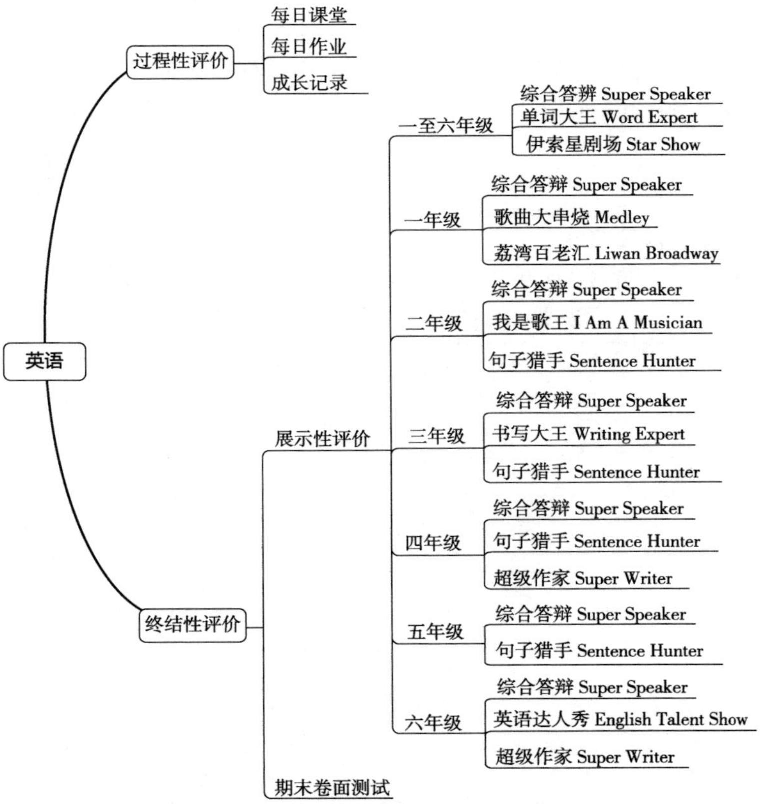

图 2 - 18　英语学科激励性学业评价项目思维导图

【一至六年级评价项目 1】

单词大王 Word Expert

设计理念：

《义务教育英语课程标准（2022 年版）》指出，小学学段语言能力的目标为能感知单词、短语，模仿单词发音，并理解单词的意思。教师从教材及《伊索寓言》中提炼重点单词或短语，供学生指读。

评价要求：

1. 1—3 年级学生根据测评表依次朗读 100 个重点词汇，教师根据读音对错进行标记，学生正确认读该词即得 T，反之则得 F；

2. 4—6 年级学生准确拼写测评表中 50 个高频词汇，学生正确拼写该词即得 T，反之则得 F。

评价内容及标准：

1—3 年级评价标准

1. 0—19 个 F（5 颗豆）；
2. 20—39 个 F（4 颗豆）；
3. 40—59 个 F（3 颗豆）；
4. 60—79 个 F（2 颗豆）；
5. 80—100 个 F（1 颗豆）。

4—6 年级评价标准

1. 0—9 个 F（5 颗豆）；
2. 10—19 个 F（4 颗豆）；
3. 20—29 个 F（3 颗豆）；
4. 30—39 个 F（2 颗豆）；
5. 40—50 个 F（1 颗豆）。

评价形式及主体：

此项目采取现场测评的方式，由教师、学生两方进行评价。

表 2 - 20　三年级“单词大王”测评表

姓名：		班级：		学号：	错误总个数：			
序号	单词	T/F	序号	单词	T/F	序号	单词	T/F
1	Alice		2	Joe		3	Kitty	
4	Peter		5	Miss		6	Mrs.	
7	Mr.		8	hello		9	Good morning.	
10	Good		11	Good evening.		12	Good night.	
13	apple		14	bag		15	Ben	
16	cat		17	dog		18	boy	
19	girl		20	egg		21	fan	
22	wolf		23	sheep		24	tall	
25	short		26	fat		27	thin	
28	friend		29	hand		30	father	
31	mother		32	sister		33	me	

续　表

34	brother		35	ice cream		36	juice	
37	eye		38	ear		39	face	
40	mouth		41	nose		42	hair	
43	mum		44	kite		45	lion	
46	blackboard		47	door		48	window	
49	close		50	open		51	clean	
52	look at		53	please		54	X-ray	
55	come in		56	sorry		57	late	
58	how much		59	they		60	banana	
61	orange		62	pear		63	pig	
64	queen		65	good		66	chair	
67	desk		68	pen		69	pencil	
70	ruler		71	schoolbag		72	bed	
73	book		74	this		75	these	
76	rabbit		77	nice		78	table	
79	autumn		80	summer		81	three	
82	four		83	five		84	warm	
85	seven		86	eight		87	winter	
88	spring		89	number		90	how many	
91	generous		92	crowded		93	step on	
94	swiftly		95	pretend		96	fantastic	
97	taste		98	strange		99	voice	
100	goodness							

温馨提示：在 T/F 栏中，学生认读正确填 T（True），错误填 F（False）

【一至六年级评价项目 2】

伊索星剧场 Star Show

设计理念：

《义务教育英语课程标准（2022 年版）》指出，英语课程总目标包含树立学生文化意识，了解不同国家的优秀文化成果，形成健康向上的审美情趣和正确的价值观，等等。因此，为拓展 1—6 年级学生的英语阅读范围，增强学生对英语学习的兴趣，我校选择《伊索寓言》作为拓展阅读的书目。学生通过一学期的拓展阅读能够有所感悟，有所表达。

评价要求：

1. 学生以小组或个人形式表演本学期所学习的《伊索寓言》中的片段（自选，不少于3页文本内容）；

2. 学生能流利、准确、生动地表演出片段的内容。

评价内容及标准：

1. 表演过程中英语发音准确（1颗豆）；

2. 表演过程中无卡顿，整体流畅（1颗豆）；

3. 表演过程中声音洪亮，吐字清晰（1颗豆）；

4. 表演过程中有肢体动作，且动作自然（1颗豆）；

5. 自选的片段不少于3页文本内容且表演生动（1颗豆）。

评价形式及主体：

此项目采取现场展示的方式，由教师进行评价。

【一年级特色评价项目1】

综合答辩 Super Speaker

设计理念：

《义务教育英语课程标准（2022年版）》提出，英语课程要围绕培养学生的核心素养进行，培养学生的语言能力、文化素养、思维品质和学习能力。该测评项目让学生进行充分的准备后向全班同学介绍自己，树立他们融入集体的意识，使其能够提高人际交往能力，并增强安全自护的意识。

评价要求：

1. 学生借助PPT或图片准确、流利地向同学和教师介绍自己；

2. 学生自我介绍的时间不少于2分钟；

3. 学生能够回答教师2个问题。

评价内容及标准：

1. 表达清晰流畅（1颗豆）；

2. 介绍时间不少于2分钟（1颗豆）；

3. 用PPT或图片辅助介绍（1颗豆）；

4. 能够回答教师的2个问题（1颗豆）；

5. 感情真挚饱满（1颗豆）。

评价形式及主体：

此项目采取现场展示的方式，由教师进行评价。

【一年级特色评价项目 2】

歌曲大串烧 Medley

设计理念：

《义务教育英语课程标准（2022 年版）》提出，要发展学生的语言能力，使学生能够在多种形式的语言活动中积累语言经验，树立语言意识。本项目以一年级学生的性格及行为特点为依据，通过唱歌跳舞的方式释放他们活泼的天性，让学生在有趣的测评活动中感受英语，喜爱英语。

评价要求：

1. 学生从沪教版牛津教材一年级上册的“Let’s sing”栏目中随机抽取一首歌曲；
2. 学生即兴演唱抽取的歌曲，演唱节奏正确，发音准确。

评价内容及标准：

1. 发音准确（1 颗豆）；
2. 节奏正确（1 颗豆）；
3. 声音响亮（1 颗豆）；
4. 语调自然（1 颗豆）；
5. 仪表大方（1 颗豆）。

评价形式及主体：

此项目采取现场展示和提交视频相结合的方式，由教师、学生两方进行评价。

【一年级特色评价项目 3】

荔湾百老汇 Liwan Broadway

设计理念：

《义务教育英语课程标准（2022 年版）》提出，要培养学生的英语核心素养。核心素养的内涵之一为语言能力，即运用语言和非语言知识及各种策略，参与特定情景下相关主题的语言活动时表现出来的表达能力和理解能力。本测评项目考查学生在不同情景下的语言表达和口语交际能力。

评价要求：

1. 学生自选沪教版牛津教材一年级中的一篇课文进行朗读或背诵；
2. 学生能够发音准确，表达流畅并加入动作。

评价内容及标准：

1. 发音准确（1 颗豆）；

2. 朗读流利（1 颗豆）；
3. 声音响亮（1 颗豆）；
4. 动作自然（1 颗豆）；
5. 仪表大方（1 颗豆）。

评价形式及主体：

此项目采取现场展示的方式，由教师进行评价。

【二年级特色评价项目 1】

综合答辩 Super Speaker

设计理念：

《义务教育英语课程标准（2022 年版）》提出，英语课程要培养学生的核心素养，包括语言能力、文化意识、思维品质和学习能力等方面。在该测评项目中，教师根据沪教版牛津教材二年级课本的内容及寓言故事 *The Wind And The Sun* 提出问题：Which one do you like? The sun or the wind? Why? 学生用英语阐述。项目主要考查学生的英语表达能力及思辨能力。

评价要求：

1. 学生能够用英文表达自己的观点，且思路清晰；
2. 演讲时间不少于 2 分钟，建议脱稿演讲；
3. 学生能够回答教师的 2 个问题。

评价内容及标准：

1. 演讲时语言清晰流畅且思路清晰（1 颗豆）；
2. 演讲时间不少于 2 分钟（1 颗豆）；
3. 演讲时能够脱稿，与观众进行眼神交流（1 颗豆）；
4. 能够回答教师的 2 个问题（1 颗豆）；
5. 感情真挚饱满（1 颗豆）。

评价形式及主体：

此项目采取现场展示的方式，由教师进行评价。

【二年级特色评价项目 2】

我是歌王 I Am A Musician

设计理念：

《义务教育英语课程标准（2022 年版）》提出，要发展学生的语言能力，使学生能够在多种形式的语言活动中积累语言经验，树立语言意识。本项目以二年级学生的性格及行为特点为依据，通过唱歌跳舞的方式释放他们活泼的天性，让学生在有趣的测评活动中感受英语，喜爱英语。

评价要求：

1. 学生从沪教版牛津教材二年级上册课本的“Let's sing”栏目中随机抽取一首歌曲；
2. 学生即兴演唱抽取的歌曲，演唱节奏正确，发音准确。

评价内容及标准：

1. 演唱过程中英语发音准确（1 颗豆）；
2. 演唱过程中无卡顿，整体流畅（1 颗豆）；
3. 演唱过程中声音洪亮，吐字清晰（1 颗豆）；
4. 演唱过程中有表演动作，且动作自然（1 颗豆）；
5. 演唱节奏正确（1 颗豆）。

评价形式及主体：

此项目采取现场展示和提交视频相结合的方式，由教师、学生两方进行评价。

【二年级特色评价项目 3】

句子猎手 Sentence Hunter

设计理念：

《义务教育英语课程标准（2022 年版）》提出，要培养学生的英语核心素养。核心素养的基础要素是语言能力，即运用语言和非语言知识及各种策略，参与特定情景下相关主题的语言活动时表现出来的表达能力和理解能力。本测评项目考查学生在不同情景下的语言表达和口语交际能力。

评价要求：

1. 学生正确认读教材中 12 个单元的重点句型；
2. 学生正确认读该句即得 T，反之则得 F。

评价内容及标准：

1. 获得 T 的数量为 30 个以上（5 颗豆）；
2. 获得 T 的数量为 20—30 个（4 颗豆）；
3. 获得 T 的数量为 15—19 个（3 颗豆）；
4. 获得 T 的数量为 10—14 个（2 颗豆）；
5. 获得 T 的数量为 10 个以内（1 颗豆）。

评价形式及主体:

此项目采取现场展示的方式，由教师、学生两方进行评价。

表 2 - 21 二年级“句子猎手”测评表

姓名:	班级:	日期:	正确总个数:

序号		T/F
1	Good afternoon.	
2	Good morning.	
3	Good evening.	
4	Good night.	
5	How are you today?	
6	I'm very well, thank you.	
7	You're tall and thin.	
8	You're tall. I'm short.	
9	I'm small. You're big.	
10	Who am I? You're Alice!	
11	Are you Alice? No, I'm Kitty.	
12	Are you a boy? No, I'm a girl.	
13	I'm Tom. I'm nine.	
14	Can you swim? No, I can write.	
15	What can you do?	
16	I can ride a bicycle.	
17	I can read and I can write.	
18	Is he your brother? Yes, he's my brother.	
19	Is she your sister? No, she's my friend.	
20	She's my sister, nice to all.	
21	My head is big. / My head is small.	
22	My hair is short. / My hair is long.	
23	My eyes are big. / My eyes are small.	
24	You're a giant. Your head is big.	
25	What can you see?	
26	I can see a swing. / I can see a seesaw. / I can see a slide.	
27	I can see a bee. It's yellow.	
28	Put the box on the desk, please.	
29	Put the apple in the bag, please.	
30	Chopsticks? Yes, please. / No, thanks. (thank you.)	
31	How many spoons do you need? Four spoons, please.	

续 表

32	How many bowls do you need? Five bowls, please.	
33	Can you see the moon? Yes, it's big and bright.	
34	How many stars can you see? One, two, three…	
35	Look at me. I'm a fox. I'm small. I like meat.	
36	Look at me. I'm a hippo. I'm big. I like grass.	
37	Don't pick the flowers.	
38	Don't climb the trees.	
39	Don't walk on the grass.	
40	Don't cry.	

【三年级特色评价项目 1】

综合答辩 Super Speaker

设计理念：

《义务教育英语课程标准（2022 年版）》提出，英语课程要培养学生的核心素养，包括语言能力、文化意识、思维品质和学习能力等方面。在该测评项目中，教师提供了多个与生活实际相关的话题：My friends、My family、Me、My classroom、My favorite fruit、My room。本项目通过英语与美术学科相融合的方式，让学生绘制演讲的思维导图，再用英语讲述出来，主要考查学生的英语表达能力及思辨能力。

评价要求：

1. 学生选择其中一个话题绘制英文版思维导图；
2. 学生根据思维导图进行不少于 2 分钟的英语演讲；
3. 演讲后，教师根据学生的演讲内容提 1—2 个问题，学生进行回答。

评价内容及标准：

1. 思维导图清晰美观（1 颗豆）；
2. 答辩内容紧扣主题且准确无误（1 颗豆）；
3. 演讲时间不少于 2 分钟，并能够回答教师提出的 1 至 2 个问题（1 颗豆）；
4. 语言表达清晰流利（1 颗豆）；
5. 显示出较强的逻辑思维能力（1 颗豆）。

评价形式及主体：

此项目采取现场展示的方式，由教师进行评价。

【三年级特色评价项目 2】

书写大王 Writing Expert

设计理念：

《义务教育英语课程标准（2022 年版）》要求，三年级学生能正确书写字母、单词和句子。本测评项目旨在帮助学生规范英文书写，使学生养成良好的书写习惯。

评价要求：

1. 教师给出样例，学生正确抄写单词及句子；
2. 学生工整美观地书写英文。

评价内容及标准：

1. 书写整齐（1 颗豆）；
2. 书写美观（1 颗豆）；
3. 没有拼写错误（1 颗豆）；
4. 没有语法错误（1 颗豆）；
5. 卷面整洁，无明显涂改（1 颗豆）。

评价形式及主体：

此项目采取现场书写的方式，由教师进行评价。

图 2 - 19　三年级“书写大王”优秀作品展示

【三年级特色评价项目 3】

句子猎手 Sentence Hunter

设计理念：

《义务教育英语课程标准（2022 年版）》提出，要培养学生的英语核心素养。核心素养的基础要素是语言能力，即运用语言和非语言知识及各种策略，参与特定情景下相关主题的语言活动时表现出来的表达能力和理解能力。本测评项目考查学生在不同情景下的语言表达和口语交际能力。

评价要求：

1. 学生正确认读教材中 12 个单元的重点句型；
2. 学生正确认读该句即得 T，反之则得 F。

评价内容及标准：

1. 获得 T 的数量为 30 个以上（5 颗豆）；
2. 获得 T 的数量为 20—30 个（4 颗豆）；
3. 获得 T 的数量为 15—19 个（3 颗豆）；
4. 获得 T 的数量为 10—14 个（2 颗豆）；
5. 获得 T 的数量为 10 个以内（1 颗豆）。

评价形式及主体：

此项目采取现场展示的方式，由教师、学生两方进行评价。

表 2 - 22　三年级“句子猎手”测评表

姓名：	班级：	日期：	错误总个数：
序号			T/F
1	Hello, I'm Peter.		
2	How are you? I'm fine, thank you.		
3	Are you Alice? No, I'm Kitty.		
4	Are you a boy? Yes, I am.		
5	You are a girl.		
6	He's my friend. He's tall.		
7	This is Alice. She's thin.		
8	Is he Joe? Yes, he is.		
9	Is she Mary? No, she isn't.		
10	Are you my mum?		
11	Who is he? He's my father.		
12	Who is she? She's my sister.		
13	Look at the blackboard, please.		
14	Please clean the blackboard.		
15	Close the door, please.		

续 表

16	You're late, Kitty.	
17	I'm sorry, Miss Fang.	
18	How much is it? Five yuan.	
19	How much are they?	
20	This is a small pear. It's for me.	
21	My hair is long. My ears are small.	
22	This is my bed.	
23	These are my books.	
24	How many boys? Three boys.	
25	Are these your rulers? No, they aren't.	
26	What is it? It is a rabbit.	
27	Its eyes are small. Its tail is short.	
28	Well done!	
29	In spring, it is warm.	
30	Let's make a snowman, Peter.	
31	The fox runs towards the well.	
32	The water tastes so fresh and cold.	
33	My paws can't reach the top.	
34	This is the best water I've ever tasted.	
35	The goat also jumps into the well and makes a big splash.	

【四年级特色评价项目 1】

综合答辩 Super Speaker

设计理念：

《义务教育英语课程标准（2022 年版）》提出，英语课程要培养学生的核心素养，包括语言能力、文化意识、思维品质和学习能力等方面。在该测评项目中，学生需要用英语介绍一位自己的家人，主要考查学生的英语表达能力及思辨能力。

评价要求：

1. 学生用英语详细地介绍自己的家人，时间不少于 3 分钟；
2. 演讲后，学生能够准确回答教师的 2 个问题。

评价内容及标准：

1. 介绍时间不少于 3 分钟，并能够准确回答教师的 2 个问题（1 颗豆）；
2. 答辩内容准确无误且紧扣主题（1 颗豆）；
3. 语言表达生动流利（1 颗豆）；

4. 形象气质端庄大方（1 颗豆）；
5. 显示出较强的逻辑思维能力（1 颗豆）。

评价形式及主体：

此项目采取现场展示的方式，由教师进行评价。

【四年级特色评价项目 2】

句子猎手 Sentence Hunter

设计理念：

《义务教育英语课程标准（2022 年版）》提出，要培养学生的英语核心素养。核心素养的基础要素是语言能力，即运用语言和非语言知识及各种策略，参与特定情景下相关主题的语言活动时表现出来的表达能力和理解能力。本测评项目考查学生在不同情景下的口语交际能力及单词拼写能力。

评价要求：

1. 学生完成教材中 12 个单元的重点句型的拼写测试；
2. 学生正确拼写该句即得 T，反之则得 F。

评价内容及标准：

1. 获得 T 的数量为 30 个以上（5 颗豆）；
2. 获得 T 的数量为 20—30 个（4 颗豆）；
3. 获得 T 的数量为 15—19 个（3 颗豆）；
4. 获得 T 的数量为 10—14 个（2 颗豆）；
5. 获得 T 的数量为 10 个以内（1 颗豆）。

评价形式及主体：

此项目采取现场书写的方式，由教师、学生两方进行评价。

【四年级特色评价项目 3】

超级作家 Super Writer

设计理念：

《义务教育英语课程标准（2022 年版）》要求，四年级学生能够围绕相关主题，运用所学语言，与他人进行简单的交流，并写出连贯的句子。教师根据四年级的教学内容，提炼 1 个写作主题，要求学生介绍自己出游的经历。本项目旨在考查学生的英语写作水平。

评价要求：

1. 写作由学生独立完成，限时 20 分钟（至少写出 10 句）；
2. 内容紧扣主题；
3. 字迹清楚整洁，语句通顺完整。

评价内容及标准：

1. 一个句子正确无误得 1 分，卷面书写干净整洁再得 5 分，总分不超过 15 分；

2. 15 分（5 颗豆）；
12—14 分（4 颗豆）；
8—11 分（3 颗豆）；
4—7 分（2 颗豆）；
0—3 分（1 颗豆）；

3. 获得少于 2 颗豆的学生进行二次考核。

评价形式及主体：

此项目采取现场书写的方式，由教师进行评价。

【五年级特色评价项目 1】

综合答辩 Super Speaker

设计理念：

《义务教育英语课程标准（2022 年版）》提出，英语课程要培养学生的核心素养，包括语言能力、文化意识、思维品质和学习能力等方面。在该测评项目中，教师根据沪教版牛津教材五年级上册第十一单元的学习内容，引导学生制作有关水循环的英文海报，并要求学生用英语讲述水循环的过程。教师根据学生的演讲情况进行评价。

评价要求：

1. 学生制作水循环的英文海报；
2. 学生用英语讲述水循环的过程；
3. 学生回答教师的 2 个问题。

评价内容及标准：

1. 发音准确（1 颗豆）；
2. 朗读流利（1 颗豆）；
3. 声音响亮（1 颗豆）；
4. 语调自然（1 颗豆）；

5. 能够回答教师提出的 2 个问题（1 颗豆）。

评价形式及主体：

此项目采取现场展示的方式，由教师进行评价。

【五年级特色评价项目 2】

句子猎手 Sentence Hunter

设计理念：

《义务教育英语课程标准（2022 年版）》提出，要培养学生的英语核心素养。核心素养的基础要素是语言能力，即运用语言和非语言知识及各种策略，参与特定情景下相关主题的语言活动时表现出来的表达能力和理解能力。本测评项目考查学生在不同情景下的口语交际能力及单词拼写能力。

评价要求：

1. 学生完成教材中 12 个单元的重点句型的书写测试；
2. 语句通顺流畅，语法正确，书写工整；
3. 学生正确书写该句即得 T，反之则得 F。

评价内容及标准：

1. 30 个以上 T（5 颗豆）；
2. 20—30 个 T（4 颗豆）；
3. 15—19 个 T（3 颗豆）；
4. 10—14 个 T（2 颗豆）；
5. 10 个以内 T（1 颗豆）。

评价形式及主体：

此项目采取现场测试的方式，由教师进行评价。

1. fly a plane/wants/in the sky/who/to(?)

2. do/to/how/you/come/school(?)

3. an/underground station/is/near/my/there/home(?)

4. birthday/my/on/is/26th/January(.)

5. want/go/shopping/this/you/with/do/to/me/Sunday(?)

6. in the evening/watch TV/usually/parents/I/ with/my(.)

7. shells/Mrs. brown/are/Paul/collecting/and(.)

8. know/I/ who/you/am(.)

图 2 - 20 五年级“句子猎手”测评单

【六年级特色评价项目 1】

综合答辩 Super Speaker

设计理念：

《义务教育英语课程标准（2022 年版）》提出，英语课程要培养学生的核心素养，包括语言能力、文化意识、思维品质和学习能力等方面。在该测评项目中，教师根据沪教版牛津教材六年级 12 个单元的学习内容提出几个演讲主题，学生任选一个主题进行演讲。本项目考查了学生的语言表达及思辨能力。

评价要求：

1. 学生围绕自选主题进行英语演讲，时间不少于 3 分钟；
2. 演讲后，学生能够准确回答教师的 2 个问题。

评价内容及标准：

1. 发音准确（1 颗豆）；
2. 朗读流利（1 颗豆）；
3. 声音响亮（1 颗豆）；
4. 语调自然（1 颗豆）；
5. 演讲时间不少于三分钟，并能够准确回答教师的两个问题（1 颗豆）。

评价形式及主体：

此项目采取现场展示的方式，由教师进行评价。

【六年级特色评价项目 2】

英语达人秀 English Talent Show

设计理念：

《义务教育英语课程标准（2022 年版）》提出，要培养学生的英语核心素养。核心素养的基础要素是语言能力，即运用语言和非语言知识及各种策略，参与特定情景下相关主题的语言活动时表现出来的表达能力和理解能力。本测评项目考查学生在不同情景下的语言表达和口语交际能力。

评价要求：

1. 学生自选教材中的 2 篇课文进行背诵；
2. 学生背诵时发音准确，表达流畅并加入动作。

评价内容及标准：

1. 发音准确（1 颗豆）；
2. 朗读流利（1 颗豆）；
3. 声音响亮（1 颗豆）；
4. 动作自然（1 颗豆）；
5. 仪表大方（1 颗豆）。

评价形式及主体：

此项目采取现场展示的方式，由教师和学生两方进行评价。

【六年级特色评价项目 3】

超级作家 Super Writer

设计理念：

《义务教育英语课程标准（2022 年版）》要求，六年级学生能够围绕相关主题，运用所学语言，与他人进行简单的交流，写出几句意思连贯的话。教师根据沪教版牛津教材六年级上册的教学内容，提炼 1 个写作主题，学生根据主题进行写作。本项目旨在考查学生的英语写作水平。

评价要求：

1. 写作由学生独立完成，限时 20 分钟（至少写出 10 句）；
2. 写作内容紧扣主题；
3. 字迹清楚整洁，语句通顺完整。

评价内容及标准：

1. 一个句子正确无误得 1 分，卷面书写干净整洁再得 5 分，总分不超过 15 分；

2. 15 分（5 颗豆）；

12—14 分（4 颗豆）；

8—11 分（3 颗豆）；

4—7 分（2 颗豆）；

0—3 分（1 颗豆）；

3. 获得少于 2 颗豆的学生进行二次考核。

评价形式及主体：

此项目采取现场测试的方式，由教师进行评价。

2023—2024学年六年级上“超级作家”

姓名：__________　班级：__________　得分：__________

请给你的 e-friend Gary 回一封邮件，向他介绍你以及你上个暑假和家人出游的经历。

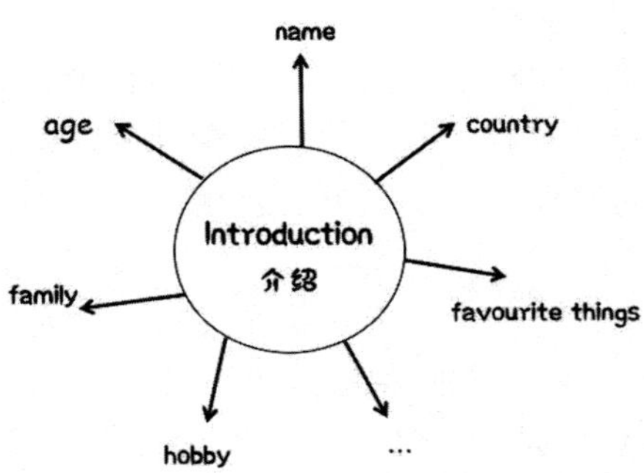

Dear Gary,

Thank you for your email. I'd like to be your e-friend too.

____

____

____

____

____

____

____

____

____

____

Best wishes!

Yours

图 2 - 21　六年级“超级作家”测评单

科学学科激励性学业评价

《义务教育科学课程标准（2022 年版）》指出：科学学科的教学应重视“教—学—评”一体化，关注学生在探究和实践过程中的真实表现与思维活动，构建以素养为导向的综合评价体系，发挥评价的诊断、导向和发展功能，为学生的终身学习和发展打下基础。

激励性学业评价不仅能够提高学生对科学的兴趣和对科学知识的求知欲，引领他们形成科学的认知方式和自然观，丰富他们的精神生活，而且促进了学生潜能、个性、创造能力的发挥，并使之具有自信心和持续发展的能力。

科学学科的激励性学业评价体系立足于学生学习的全过程，旨在促进学生科学素养的形成与发展，实现评价主体的多元化和评价内容的多元化。评价内容包括过程性评价和终结性评价，过程性评价包含每日课堂、课堂练习、小组合作，主要考查学生在实践活动中的思维活动和真实表现。终结性评价根据各年级学生的学情设置了特色项目，一年级测评项目以观察身边物体为主，分别设置了“火眼金睛”“小小植物家”“创作小能手”“蜗牛小行家”“物体特征我知道”“给动物造个家”；二年级测评项目不仅要求学生能够认识生活中常见的材料，而且要求学生能够描述事物的外在特征，因此，我们设置了“美丽的地球家园”“椅子不简单”“自制一顶帽子”“磁极我会判”“身体结构我能辨”“知识大爆炸”等项目；三年级测评项目以动手实践为主，教师设置了“知识大爆炸”“空气压缩我探究”“设计雨量器”“养蚕日记”“云霄飞车”“影子的秘密”等项目；四年级测评项目以实验设计和探究实践为主，我们设置了“食之周记”“小车赛跑”“制作小乐器”“植物观察日记”“点亮小灯泡”“岩石土壤我了解”等测评活动；五年级测评项目以考查学生的工程实践能力和小组合作能力为主，我们设置了“制作水钟”“科学大闯关”“地形我来辨”“绿豆发芽记”“船舶工程师”“知识大爆炸”等测评活动；六年级测评项目以主动探究实验为主，设置了“制作草履虫装片”“知识闯关我能行”“知识总结我最棒”“塔台模型我来建”“校园探索我在行”“科学实验我能行”等项目。终结性评价项目让学生在玩中学，学中玩，促进学生全面发展。

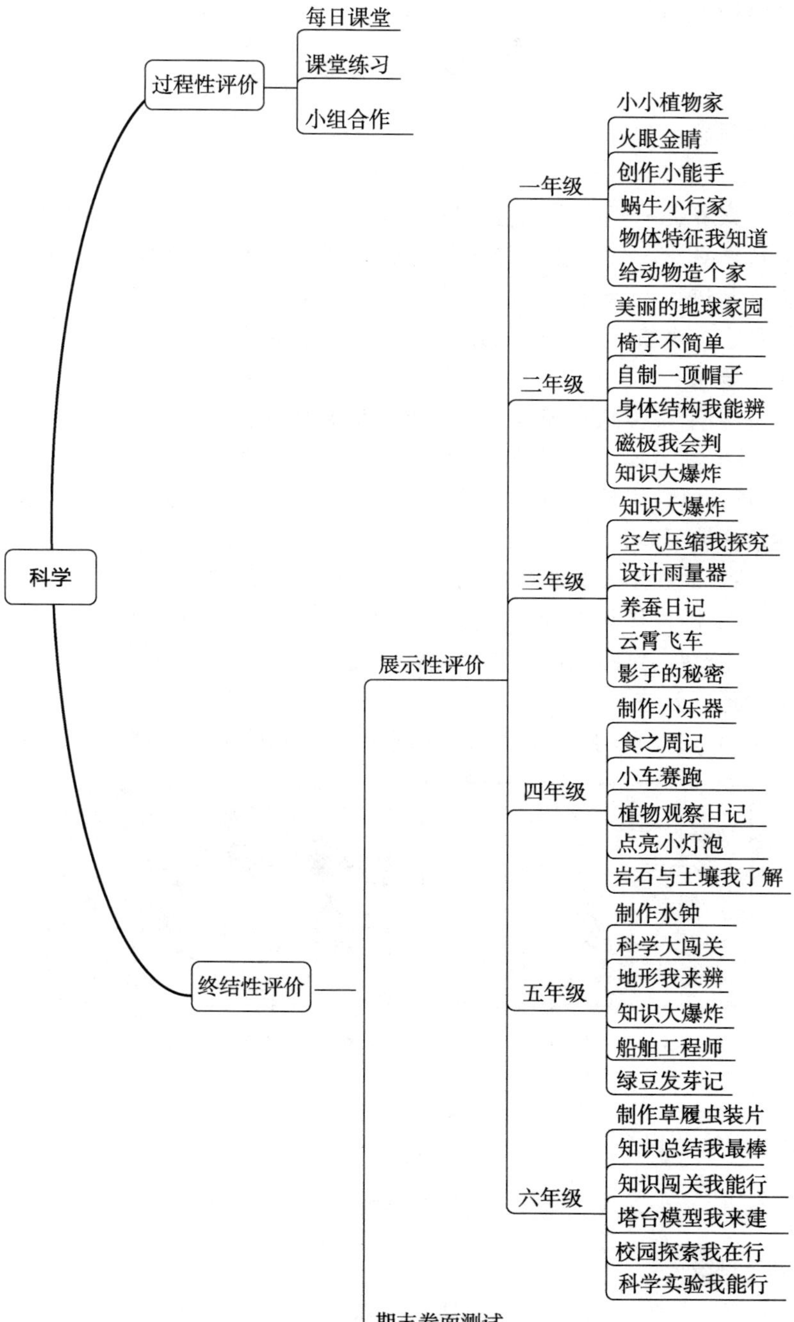

图 2 - 22　科学学科激励性学业评价项目思维导图

【一年级评价项目 1】

小小植物家

设计理念：

《义务教育科学课程标准（2022 年版）》指出：科学课程旨在培养学生的核心素养，一年级学生应掌握与自身认知水平相符合的科学知识，初步形成科学观念，并能够解释简单的自然现象。本项目让学生独立种植一棵植物，并进行一个为期六周的植物生长观察记录，将植物生长过程制作成生长日志，考查了学生的观察、分析与综合能力。

评价要求：

1. 能利用多种感官观察植物的外部形态特征；
2. 对植物生长全过程进行记录。
3. 完成植物生长日志

评价内容及标准：

1. 科学性：生长日志中的内容具有科学性（2 颗豆）；
2. 艺术性：作品在设计、制作、绘画上具有美观性（2 颗豆）；
3. 严谨性：作品能够体现严谨性，记录真实（1 颗豆）。

评价形式及主体：

此项目采取现场制作的方式，由学生、教师两方进行评价。

图 2 - 23　“小小植物家”学生作品

【一年级评价项目 2】

火眼金睛

设计理念：

《义务教育科学课程标准（2022 年版）》指出，科学课程旨在让学生掌握观察、实验、测量等基本的科学方法，形成科学探究意识。本项目要求学生运用多种测量工具和测量单位，使学生体会到测量工具给生产生活带来的便利，主要考查了学生的科学思维能力。

评价要求：

1. 学会观察与描述；
2. 能够运用比较与分类的方法得出结论。

评价内容及标准：

学生能利用身边的材料和简单工具动手完成简单的任务。（教师根据具体情况进行评价，学生最多可得 5 颗豆）

评价形式及主体：

此项目采取现场测试的方式，由学生、教师两方进行评价。

【一年级评价项目 3】

创作小能手

设计理念：

《义务教育科学课程标准（2022 年版）》指出，科学课程旨在让学生观察具体事物的构成要素，通过口述、画图的方式描述事物的外部特征。本项目让学生观察叶子的外部形态特征，体会植物的叶子是多种多样的，项目还以跨学科融合的方式，让学生创作一幅叶贴画或叶拓画，考查学生的观察、设计和想象能力。

评价要求：

1. 利用多种感官观察植物叶子的外部形态特征；
2. 用记录或者创作的方式进行展示。

评价内容及标准：

1. 科学性：能够按正确的操作方法制作（2 颗豆）；
2. 艺术性：作品在设计、制作、手工方面具有美观性（2 颗豆）；
3. 创新性：作品能够体现创新性和想象力（1 颗豆）。

评价形式及主体：

此项目采取现场测试的方式，由学生、教师两方进行评价。

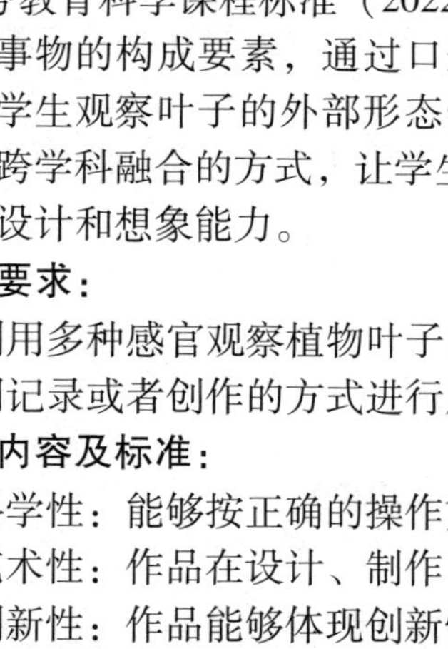

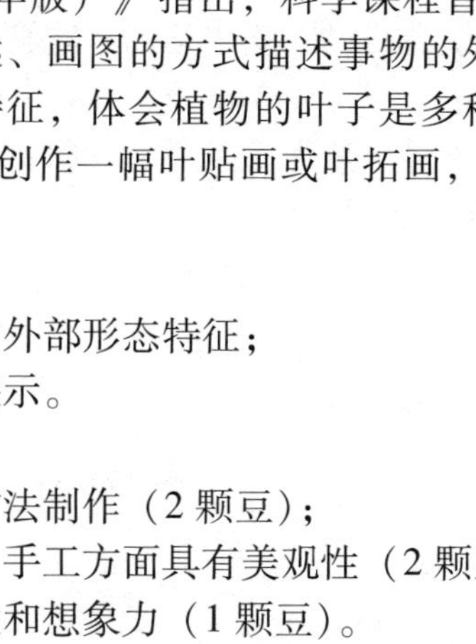

图 2 - 24　“创作小能手”学生作品

【一年级评价项目 4】

蜗牛小行家

设计理念：

《义务教育科学课程标准（2022 年版）》指出：学生应掌握基本的科学知识，形成初步的科学观念。因此，教师在授课过程中，要强调蜗牛的外部主要特征，供学生学习。本测评项目旨在引领学生形成科学的自然观。

评价要求：

1. 学生观察蜗牛，并指出蜗牛的口、触角、眼和腹足的位置；

2. 请说说自己在蜗牛运动、进食、产卵、排便、呼吸等方面的发现。

评价内容及标准：

1. 学生正确指出蜗牛的口、触角、眼和腹足的位置。（正确指出 2—3 处得 1 颗豆，正确指出 4 处得 2 颗豆）；

2. 请说说自己在蜗牛运动、吃食、产卵等方面的发现（答对一方面可得 1 颗豆）；

3. 每人最多获得 5 颗豆，获得低于 3 颗豆的学生需重新测试。

评价形式及主体：

此项目采取现场测试的方式，由学生、教师两方进行评价。

【一年级评价项目 5】

物体特征我知道

设计理念：

《义务教育科学课程标准（2022 年版）》指出：学生应掌握观察、实验、测量、推理、解释等基本的科学方法。因此，教师在授课过程中，应提供多种实验材料，供学生观察学习。本测评项目旨在引领学生形成科学的认知方式。

评价要求：

1. 学生根据教师的口令抽取螺母、木块、橡皮、乒乓球、洗发液和水等物品；

2. 了解观察物体特征的方法，并描述物体的特征。

评价内容及标准：

1. 学会观察物体特征的 3 个方法（2 颗豆）；

2. 能够全面地描述物体的颜色、大小、轻重、糙度、形状、气味等特征，学生正确描述一个特征就能得到 1 颗豆（最多获得 3 颗豆）；

3. 获得低于 3 颗豆的学生需重新测试。

评价形式及主体：

此项目采取现场测试的方式，由学生、教师两方进行评价。

【一年级评价项目 6】

给动物造个家

设计理念：

《义务教育科学课程标准（2022 年版）》指出：学生应掌握基本的科学知识，形成初步的科学观念。因此，教师在授课过程中，应拓展很多蜗牛的相关知识，提升学生对科学的兴趣。本项目旨在促进学生潜能、个性、创造能力的发挥，进一步丰富学生的精神生活。

评价要求：

学生根据在课堂中学习到的知识，了解蜗牛生活具体需要什么，给蜗牛设计一个家。

评价内容及标准：

教师根据作品的完成度和美观度进行评价：

1. 具备完整性（1 颗豆）；

2. 具备科学性（2 颗豆）；

3. 具备美观性（1 颗豆）；

4. 按时上交作品（1 颗豆）。

评价形式及主体：

此项目采取现场测试的方式，由学生、教师两方进行评价。

【二年级评价项目 1】

美丽的地球家园

设计理念：

《义务教育科学课程标准（2022 年版）》指出，科学课程旨在让学生树立科学态度，具有正确的价值观和社会责任感，保持对自然现象的好奇心和探究热情。本项目激发了学生观察世界的兴趣，使他们关心地球生态环境，热爱自然，热爱美丽的地球家园，增强了学生的社会责任感和保护环境、节约资源的意识。

评价要求：

1. 观察地球家园中有什么；
2. 画出你眼中的地球家园。

评价内容及标准：

教师根据作品的完成度和美观度进行评价：

1. 具备完整性（1 颗豆）；
2. 具备科学性（2 颗豆）；
3. 具备美观性（1 颗豆）；
4. 按时上交作品（1 颗豆）。

评价形式及主体：

此项目采取现场制作的方式，由学生、教师两方进行评价。

图 2 - 25 “美丽的地球家园”学生作品

【二年级评价项目 2】

椅子不简单

设计理念：

《义务教育科学课程标准（2022 年版）》指出，二年级学生应当认识生活中常见的材料，并能够通过口述的方式描述事物的外部特征。本项目旨在让学生运用所学知识，观察并描述椅子各组成部分的名称以及所用材料的特点，考查学生观察与比较的能力。

评价要求：

1. 学生现场观察教师指定的椅子；
2. 学生能正确作答椅子各组成部分的名称以及所用材料的特点，共 5 道大题。

评价内容及标准：

每答对 1 道大题得 1 颗豆。

评价形式及主体：

此项目采取现场测试的方式，由学生、教师两方进行评价。

【二年级评价项目 3】

自制一顶帽子

设计理念：

《义务教育科学课程标准（2022 年版）》指出，科学课程旨在让学生掌握科学方法，具有初步的探究实践能力，能够设计方案并进行制作和改进。本项目要求学生能够根据课堂所学知识进行简单的设计，利用合适的材料和工具进行制作，运用图文展示设计过程，考查了学生的团队合作能力及交流能力。

评价要求：

1. 小组合作完成设计图；
2. 根据设计图制作一顶帽子。

评价内容及标准：

1. 能够制作出一顶帽子（2 颗豆）；
2. 小组合作有序（1 颗豆）；
3. 能够详细讲解帽子的制作过程（1 颗豆）；
4. 作品美观（1 颗豆）。

评价形式及主体：

此项目采取现场测试的方式，由学生、教师两方进行评价。

【二年级评价项目 4】

身体结构我能辨

设计理念：

《义务教育科学课程标准（2022 年版）》提出，科学课程应以科学思维能力、科学探究能力、科学态度和社会责任感的培养为重点。教师在课程教学的过程中，应引导学生对人体结构进行观察记录，进一步促进学生潜能、个性、创造能力的发挥，丰富学生的精神生活。

评价要求：

1. 学生观察人体结构图，并说出人体是由哪几部分组成的。
2. 利用多种感官或简单的工具了解人体的外部形态特征。

评价内容及标准：

测试共有五道大道，学生每正确回答一道大题得 1 颗豆。

评价形式及主体：

此项目采取现场测试的方式，由学生、教师两方进行评价。

【二年级评价项目 5】

磁极我会判

设计理念：

《义务教育科学课程标准（2022 年版）》提出，科学课程应以科学思维能力、科学探究能力、科学态度和社会责任感的培养为重点。教师应在项目进行前提醒学生设计磁铁实验和准备材料。本项目由学生进行相应实验活动，并展示学习成果。

评价要求：

1. 学生用白纸包裹一个条形磁铁，在包裹后的磁铁两端分别标上数字 1 和 2，再根据自己设计的实验判断 1 和 2 分别代表什么磁极，并用字母表示。
2. 能够说明判断磁极的方法。

评价内容及标准：

1. 能正确判断数字 1 代表什么磁极（1 颗豆）；
2. 能正确判断数字 2 代表什么磁极（1 颗豆）；
3. 能够用字母“N”表示北极（1 颗豆）；
4. 能够用字母“S”表示南极（1 颗豆）；
5. 能够说明判断磁极的方法（1 颗豆）。

评价形式及主体：

此项目采取现场测试的方式，由学生、教师两方进行评价。

【二年级评价项目 6】

知识大爆炸

设计理念：

《义务教育科学课程标准（2022 年版）》提出，科学课程应以科学思维能力、科学探究能力、科学态度和社会责任感的培养为重点。因此，教师在授课过程中，应拓展相关知识，促进学生对科学的兴趣。本项目旨在促进学生潜能、个性、创造能力的发挥，丰富学生的精神生活。

评价要求：

1. 学生用绘画或思维导图的形式，将任意一个单元的所学知识画出来；
2. 能用语言和文字初步描述信息。

评价内容及标准：

1. 作品具备完整性（1 颗豆）；
2. 作品具备科学性（2 颗豆）；
3. 作品具备美观性（1 颗豆）；
4. 作品按时提交（1 颗豆）。

评价形式及主体：

此项目采取现场绘制的方式，由学生、教师两方进行评价。

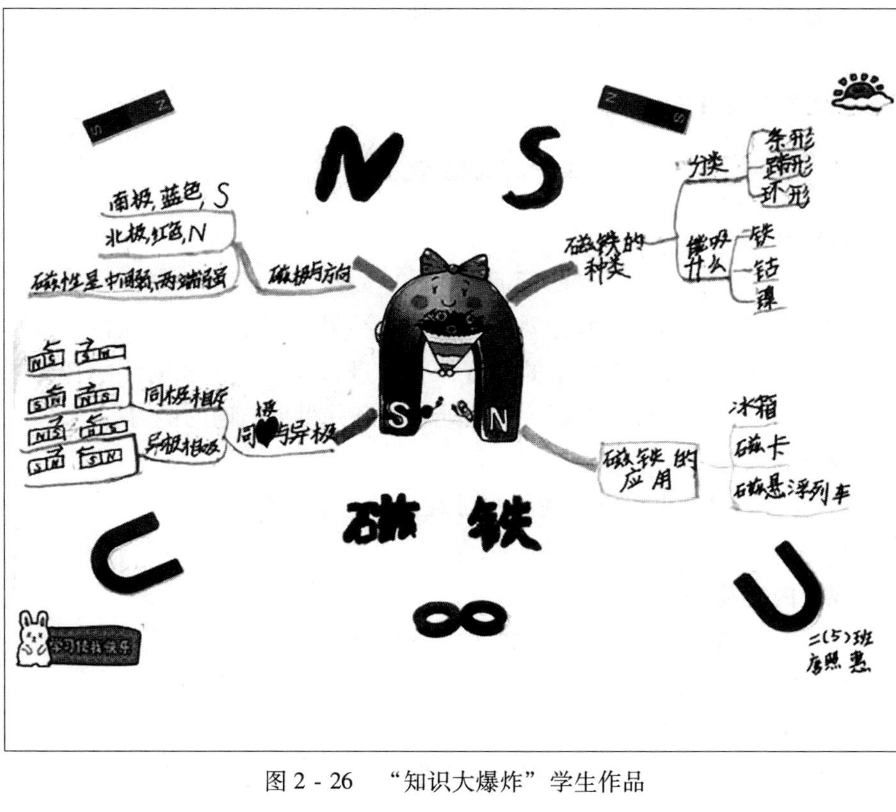

图 2 - 26　“知识大爆炸”学生作品

【三年级评价项目 1】

知识大爆炸

设计理念：

《义务教育科学课程标准（2022 年版）》指出，科学课程旨在帮助学生掌握基本的思维方法。本项目通过思维导图的方式使学生了解有关水的知识，考查学生的逻辑思维能力和概括总结能力。

评价要求：

绘制完整的思维导图。

评价内容及标准：

1. 完整性（3 颗豆）；
2. 科学性（2 颗豆）。

评价形式及主体：

采取现场测试的方式，由学生、教师两方进行评价。

【三年级评价项目 2】

空气压缩我探究

设计理念：

《义务教育科学课程标准（2022 年版）》指出，三年级学生应基于已有经验和知识初步制订实验计划，并对实验结果进行解释。本项目希望学生应用所学科学原理制作简单的装置，并能进行模拟演示和简要解释，考查学生运用分析、推理、模拟等方法处理信息并得出结论的能力。

评价要求：

1. 六人一组，小组成员利用注射器和水设计实验；
2. 观察并对比空气和水的压缩情况。

评价内容及标准：

1. 小组能够设计出一个对比实验（3 颗豆）；
2. 实验过程能够体现小组合理分工以及团结合作（2 颗豆）。

评价形式及主体：

此项目采取现场实验的方式，由学生、教师两方进行评价。

【三年级评价项目 3】

设计雨量器

设计理念：

《义务教育科学课程标准（2022 年版）》指出，三年级学生应基于已有的经验和知识，制订简单的探究计划。本项目让学生自主设计雨量器，了解雨量器的设计和使用原理，体会到科技能改善人类的生活，考查学生科学探究和反思学习过程的意识。

评价要求：

1. 了解雨量器的使用原理；
2. 根据所学的知识设计雨量器。

评价内容及标准：

1. 能设计出标准的雨量器（3 颗豆）；
2. 作品美观（2 颗豆）。

评价形式及主体：

此项目采取作品展示的方式，由学生、教师两方进行评价。

【三年级评价项目 4】

养蚕日记

设计理念：

《义务教育科学课程标准（2022 年版）》指出：科学学科的教学不仅要考查学生对知识的掌握程度，还要重视学生学习的过程和体验。教师在授课过程中，要引导学生了解生命科学的基础知识，使学生初步形成基本的科学观念，培养学生的感知能力和洞察能力，引导学生用科学词汇、统计图表等记录和整理信息，并运用分析、比较等方法，得出结论。

评价要求：

1. 总结自己的养蚕经验；
2. 以“我的养蚕日记”为主题绘制手抄报。

评价内容及标准：

1. 有细致的养蚕记录（1 颗豆）；
2. 日记能够体现蚕的某一阶段性特征（1 颗豆）；
3. 对蚕的某项知识点进行简要讲解（1 颗豆）；

4. 有自己的养蚕心得（1 颗豆）；
5. 手抄报整体美观（1 颗豆）。

评价形式及主体：

此项目采取作品展示的方式，由学生、教师两方进行评价。

【三年级评价项目 5】

云霄飞车

设计理念：

《义务教育科学课程标准（2022 年版）》指出：教师不仅要考查学生对知识的掌握程度，还要重视学生学习的过程和体验，对学生发展的各个方面都给予关注。教师在组织活动的过程中，要重点引导学生了解技术产品包含的科学概念、原理，能够利用模型解释简单的科学现象，并在活动过程中发现作品的不足，进行改进，培养学生参与技术与工程实践的意识及使用常见工具的技能。

评价要求：

1. 能够设计出自己的过山车图纸；
2. 制作、测试自己的过山车；
3. 对过山车设计图进行改进。

评价内容及标准：

1. 设计的过山车轨道总长在两米以上（1 颗豆）；
2. 制作的过山车有直线轨道和曲线轨道（1 颗豆）；
3. 过山车轨道的坡度有变化（1 颗豆）；
4. 能正确测量过山车轨道的长度（1 颗豆）；
5. 能对自己制作的过山车和设计图进行改进和评价（1 颗豆）。

评价形式及主体：

此项目采取作品展示的方式，由学生、教师两方进行评价。

【三年级评价项目 6】

影子的秘密

设计理念：

《义务教育科学课程标准（2022 年版）》指出：教师不仅要考查学生

对知识的掌握，还要重视学生学习的过程和体验，对学生发展的各个方面都给予关注。教师在活动过程中，要重点培养学生如实记录和观察实验的能力，培养学生基于事实表达观点的意识，使学生能有依据地质疑别人的观点，尝试运用不同思路和方法完成探究和实践，并利用模型解释简单的科学现象。

评价要求：

1. 探究影子的变化规律；
2. 完成实验报告单。

评价内容及标准：

1. 能够设计探究实验（1 颗豆）；
2. 实验操作正确（1 颗豆）；
3. 实验数据无错误（1 颗豆）；
4. 能够准确描述结论（1 颗豆）；
5. 实验中体现小组的合理分工以及团结合作（1 颗豆）。

评价形式及主体：

此项目采取实验展示的方式，由学生、教师两方进行评价。

【四年级评价项目 1】

制作小乐器

设计理念：

《义务教育科学课程标准（2022 年版）》指出，科学课程旨在让学生掌握科学方法，形成初步的探究实践能力，设计方案并制作和改进物品。本项目让学生设计一个简单的小乐器，用合适的材料和工具进行制作，运用图文展示设计过程，并能够改进作品，考查了学生的动手能力、小组合作意识和设计创新能力。

评价要求：

1. 学生合作完成设计方案；
2. 学生能够动手制作小乐器；
3. 学生能够对作品进行改进。

评价内容及标准：

1. 能够规范地绘制出乐器设计图（1 颗豆）；
2. 能完成小乐器的制作（2 颗豆）；

3. 能够根据尝试的结果改进作品（1 颗豆）；

4. 作品美观、大方（1 颗豆）。

评价形式及主体：

此项目采取现场测试的方式，由学生、教师两方进行评价。

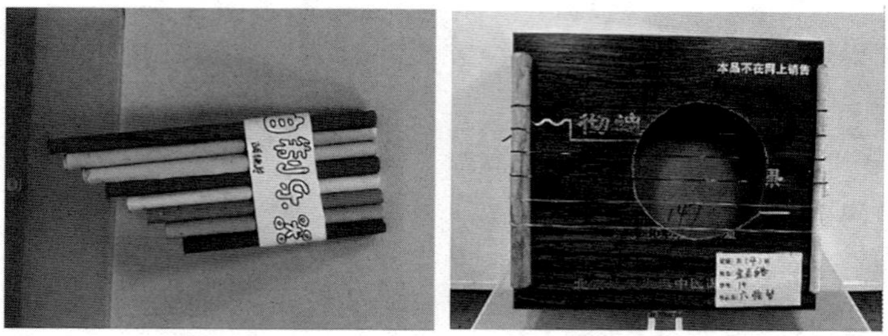

图 2 - 27 “制作小乐器”学生作品

【四年级评价项目 2】

食之周记

设计理念：

《义务教育科学课程标准（2022 年版）》指出，四年级学生应基于已有的经验和知识，制订简单的设计和探究计划。本项目让学生了解人类饮食结构和营养学知识，了解均衡膳食的意义，要求学生基于已有经验和知识制订简单的饮食计划，用科学的方式记录和整理食物摄入信息，考查了学生的自主探究意识。

评价要求：

1. 详细记录在一周（七天）内吃的所有食物；

2. 根据记录写一份一周的饮食报告。

评价内容及标准：

1. 能够清晰记录一日三餐的摄入（1 颗豆）；

2. 能对一周摄入的食物进行分类（2 颗豆）；

3. 能够总结自己这一周摄入的营养是否均衡，分析自己的饮食是否健康，判断是否需要改进自己和家人的饮食习惯（2 颗豆）。

评价形式及主体：

此项目采取提交报告的方式，由学生、家长、教师两方进行评价。

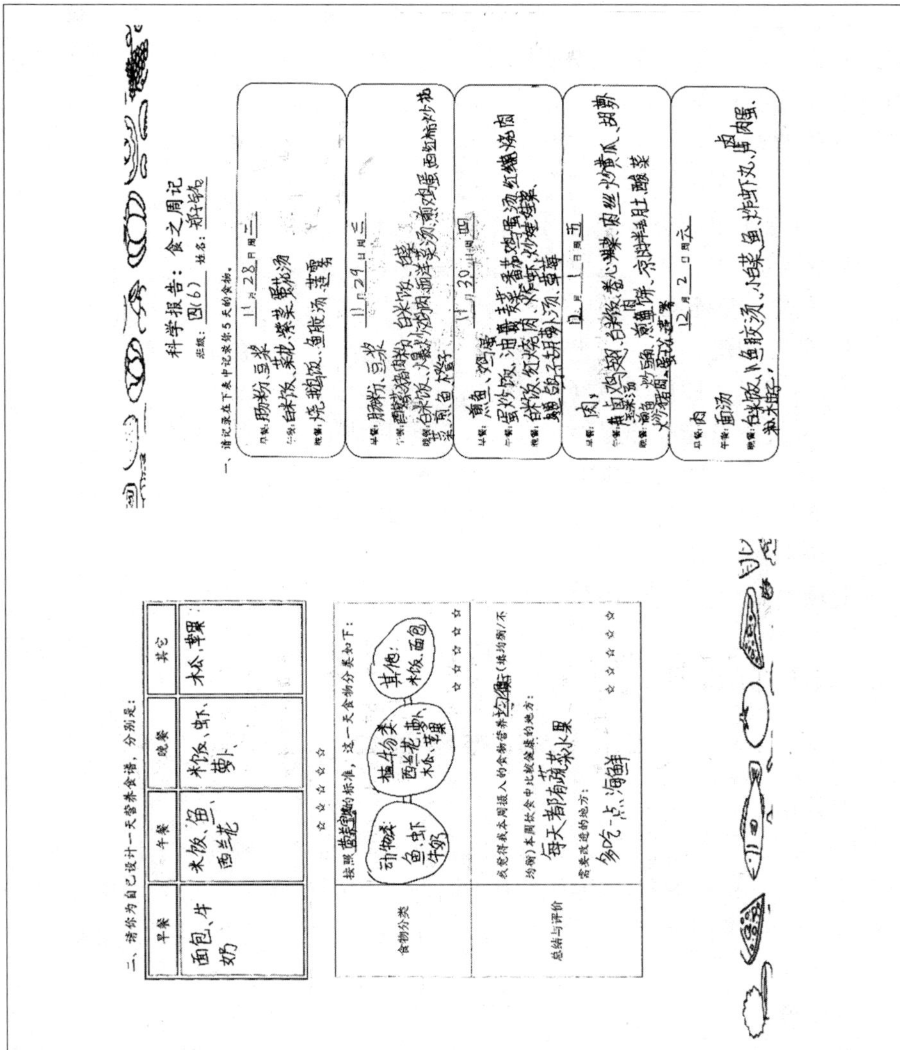

图 2 - 28　“食之周记”学生报告

【四年级评价项目 3】

小车赛跑

设计理念：

《义务教育科学课程标准（2022 年版）》指出，科学课程需让学生具备初步的探究能力，理解技术与工程涉及设计方案、实施计划、检验作品、改进完善等要素。本项目将科学与工程领域相结合，进一步发展学生对工程设计的认识、理解和应用，使学生具备物理设计能力、组合布局能力以及小组合作意识。

评价要求：

1. 进行小车的设计、制作；
2. 对制作出的小车进行讨论、评估、反思和改进；
3. 小组分工合作，运用力学知识完成小车赛跑比赛。

评价内容及标准：

1. 分工明确，有一位组长管理和安排工作（1 颗豆）；
2. 小车组装操作正确（1 颗豆）；
3. 小组成员能够详尽地记录实验数据和结论（1 颗豆）；
4. 在规定时间内完成实验并整理材料（1 颗豆）；
5. 实验过程体现小组合理分工以及团结合作（1 颗豆）。

评价形式及主体：

此项目采取现场展示的方式，由学生、教师两方进行评价。

【四年级评价项目 4】

植物观察日记

设计理念：

《义务教育科学课程标准（2022 年版）》指出：学生应掌握基本的思维方法，具有初步的科学思维能力。因此，教师在课程教学活动中，应引导学生进行科学记录，促进学生潜能、个性、创造能力的发挥，丰富学生的精神生活。

评价要求：

学生总结种植经验，对凤仙花的种植过程进行详细的记录，了解凤仙花的主要结构及生长过程，完成一份植物生长观察记录。

评价内容及标准：

1. 能对凤仙花生长变化的各个阶段进行详细观察和记录（2 颗豆）；
2. 了解凤仙花主要结构的名称（2 颗豆）；
3. 记录表清晰美观（1 颗豆）。

评价形式及主体：

此项目采取作品展示的方式，由学生、教师两方进行评价。

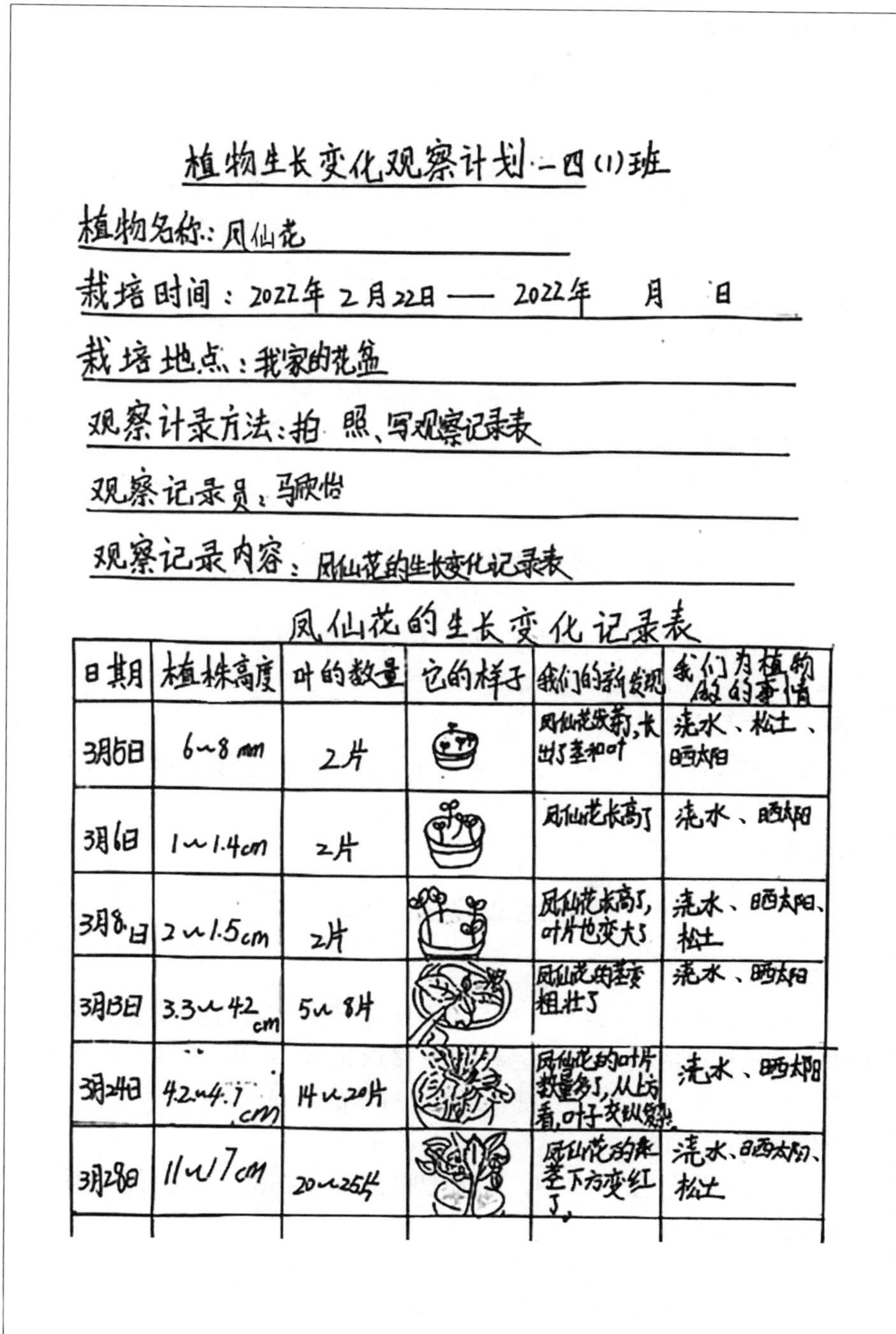

植物生长变化观察计划 一四(1)班

植物名称：凤仙花

栽培时间：2022年2月22日——2022年　月　日

栽培地点：我家的花盆

观察计录方法：拍照、写观察记录表

观察记录员：马欣怡

观察记录内容：凤仙花的生长变化记录表

凤仙花的生长变化记录表

日期	植株高度	叶的数量	它的样子	我们的新发现	我们为植物做的事情
3月5日	6~8mm	2片		凤仙花发芽，长出了茎和叶	浇水、松土、晒太阳
3月6日	1~1.4cm	2片		凤仙花长高了	浇水、晒太阳
3月8日	2~1.5cm	2片		凤仙花长高了，叶片也变大了	浇水、晒太阳、松土
3月13日	3.3~4.2cm	5~8片		凤仙花的茎变粗壮了	浇水、晒太阳
3月24日	4.2~4.7cm	14~20片		凤仙花的叶片数量多了，从上方看，叶子交叉[illegible]	浇水、晒太阳
3月28日	11~17cm	20~25片		凤仙花的根茎下方变红了	浇水、晒太阳、松土

图 2-29　“植物观察日记”学生作品

【四年级评价项目 5】

点亮小灯泡

设计理念：

《义务教育科学课程标准（2022 年版）》指出：学生应掌握基本的科学方法，具有初步的探究实践能力。教师在课前应提醒学生设计实验和准备材料，课上由学生进行相应实验活动，并展示学习成果。

评价要求：

1. 小组成员根据给定材料，合作设计一幅电路图；
2. 能对照电路图准确连接电路，使所有小灯泡正常工作。

评价内容及标准：

1. 能够设计探究实验（1 颗豆）；
2. 电路设计正确、美观（1 颗豆）；
3. 能够对照电路图正确连接电路（1 颗豆）；
4. 小灯泡均可以正常工作（1 颗豆）；
5. 实验过程体现小组合理分工以及团结合作（1 颗豆）；
6. 获得低于 3 颗豆的学生需重新测试。

评价形式及主体：

此项目采取现场测试的方式，由学生、教师两方进行评价。

【四年级评价项目 6】

岩石土壤我了解

设计理念：

《义务教育科学课程标准（2022 年版）》指出：学生应掌握基本的科学知识，形成初步的科学观念。教师在授课过程中，应提供多种实验材料，供学生观察学习，旨在引领学生形成科学的认知方式。

评价要求：

学生能够根据给定的剖面图，正确梳理岩石、矿物和土壤之间的关系。

评价内容及标准：

1. 一共十个填空题，每正确完成两道题可获得 1 颗豆；
2. 获得低于 3 颗豆的学生需重新测试。

评价形式及主体：

此项目采取卷面测试的方式，由学生、教师两方进行评价。

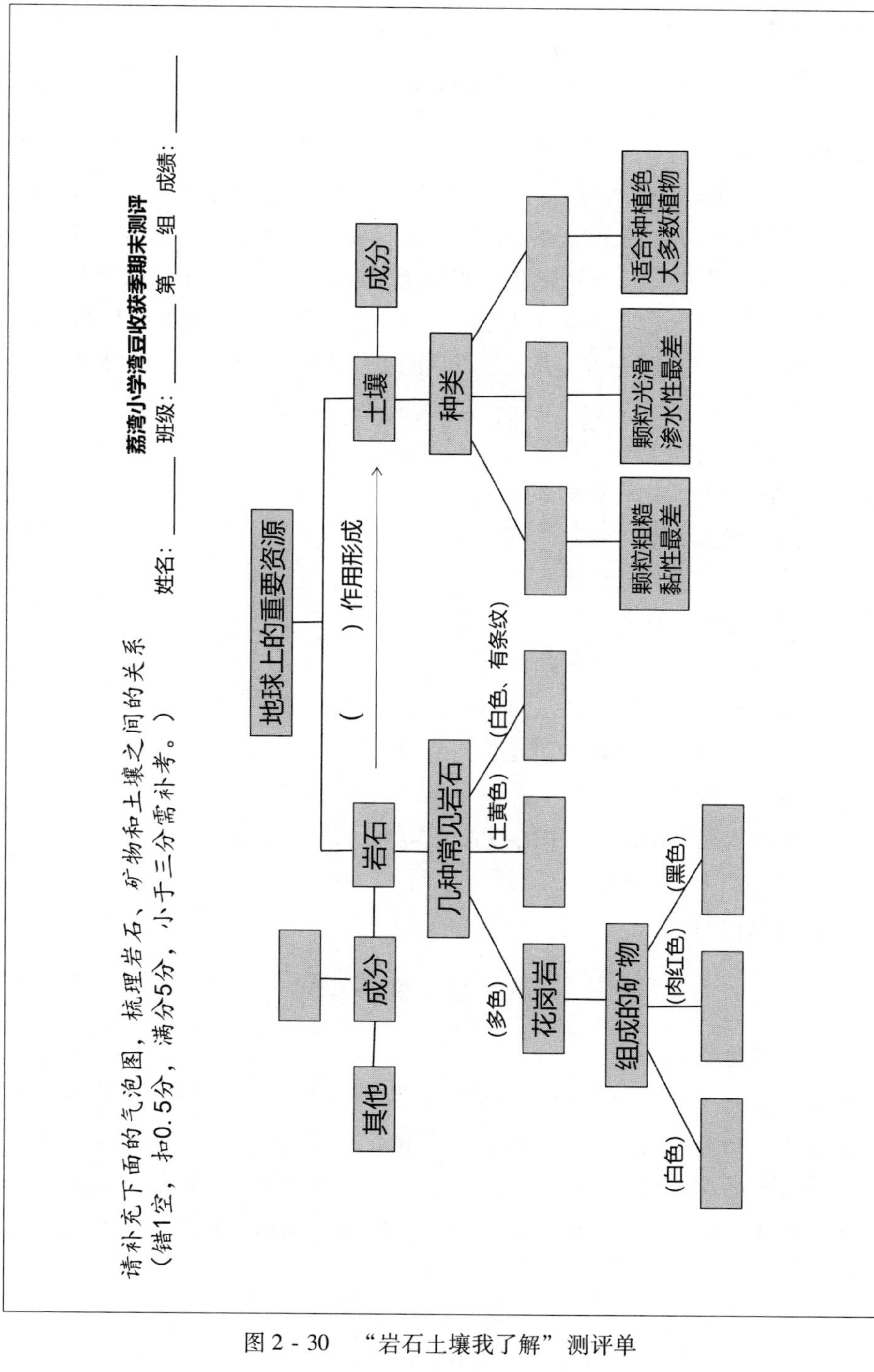

图 2 - 30 “岩石土壤我了解”测评单

【五年级评价项目1】

制作水钟

设计理念：

《义务教育科学课程标准（2022年版）》指出，五年级学生应基于已有经验和知识初步制定实验计划，并对实验结果及现象进行解释。本项目将科学与工程学进行跨学科融合，使学生了解工程技术，了解技术提高对生产效率的影响，要求学生尝试应用所学科学原理设计并制作简单的装置，能进行模拟演示并简要解释，考查了学生的工程实践能力与小组合作意识。

评价要求：

1. 六人一组，讨论并自主设计水钟；
2. 制作可以计时1分钟的水钟。

评价内容及标准：

1. 小组分工明确（1颗豆）；
2. 组装水钟的操作正确（1颗豆）；
3. 设计完整、美观（1颗豆）；
4. 水钟可以准确计时1分钟（1颗豆）；
5. 学生能对水钟提出改进措施（1颗豆）。

评价形式及主体：

采取现场制作的方式，由学生、教师两方进行评价。

【五年级评价项目2】

科学大闯关

设计理念：

《义务教育科学课程标准（2022年版）》指出，科学课程旨在让学生掌握基本的科学方法，能运用观察、实验等方式获取信息，用科学语言记录信息，并运用分析、比较、推理、概况等方法得出科学探究的结论。本项目将科学与数学跨学科融合，考查学生的信息提取、推理分析和自主学习能力。

评价要求：

学生完成科学知识问答，一共10道填空题。

评价内容及标准：

1. 答对 1—2 道填空题（1 颗豆）；
2. 答对 3—4 道填空题（2 颗豆）；
3. 答对 5—6 道填空题（3 颗豆）；
4. 答对 7—8 道填空题（4 颗豆）；
5. 答对 9—10 道填空题（5 颗豆）。

评价形式及主体：

采取现场测试的方式，由学生、教师两方进行评价。

【五年级评价项目 3】

地形我来辨

设计理念：

《义务教育科学课程标准（2022 年版）》指出，科学课程旨在让学生掌握观察、推理、解释等基本的科学方法。本项目将科学与语文、数学学科进行跨学科融合，让学生了解地球上各种自然现象，考查学生搜集信息、处理信息的能力。

评价要求：

1. 学生根据给出的图片准确判断地形；
2. 能够准确说明地形形成的原因。

评价内容及标准：

1. 答对 1—2 题（1 颗豆）；
2. 答对 3—4 题（2 颗豆）；
3. 答对 5—6 题（3 颗豆）；
4. 答对 7—8 题（4 颗豆）；
5. 答对 9—10 题（5 颗豆）；

评价形式及主体：

采取现场测试的方式，由学生、教师两方进行评价。

【五年级评价项目 4】

知识大爆炸

设计理念：

《义务教育科学课程标准（2022 年版）》指出：学生应该掌握基本的

科学方法，具体初步的探究实践能力。教师在课程教学的过程中，应引导学生进行多种实践探究，进行科学记录，能促进学生潜能、个性、创造能力的发挥，丰富学生的精神生活。

评价要求：

学生自选题材，进行实验活动后形成记录。

评价内容及标准：

教师根据实验的完成度和科学性、记录的美观度进行评价：

1. 完成实验 1 颗豆；
2. 实验具备科学性 2 颗豆；
3. 记录美观 1 颗豆；
4. 按时上交作品 1 颗豆；
5. 获得低于 3 颗豆的学生需重新测试。

评价形式及主体：

采取现场实验和提交记录的方式，由学生、教师两方进行评价。

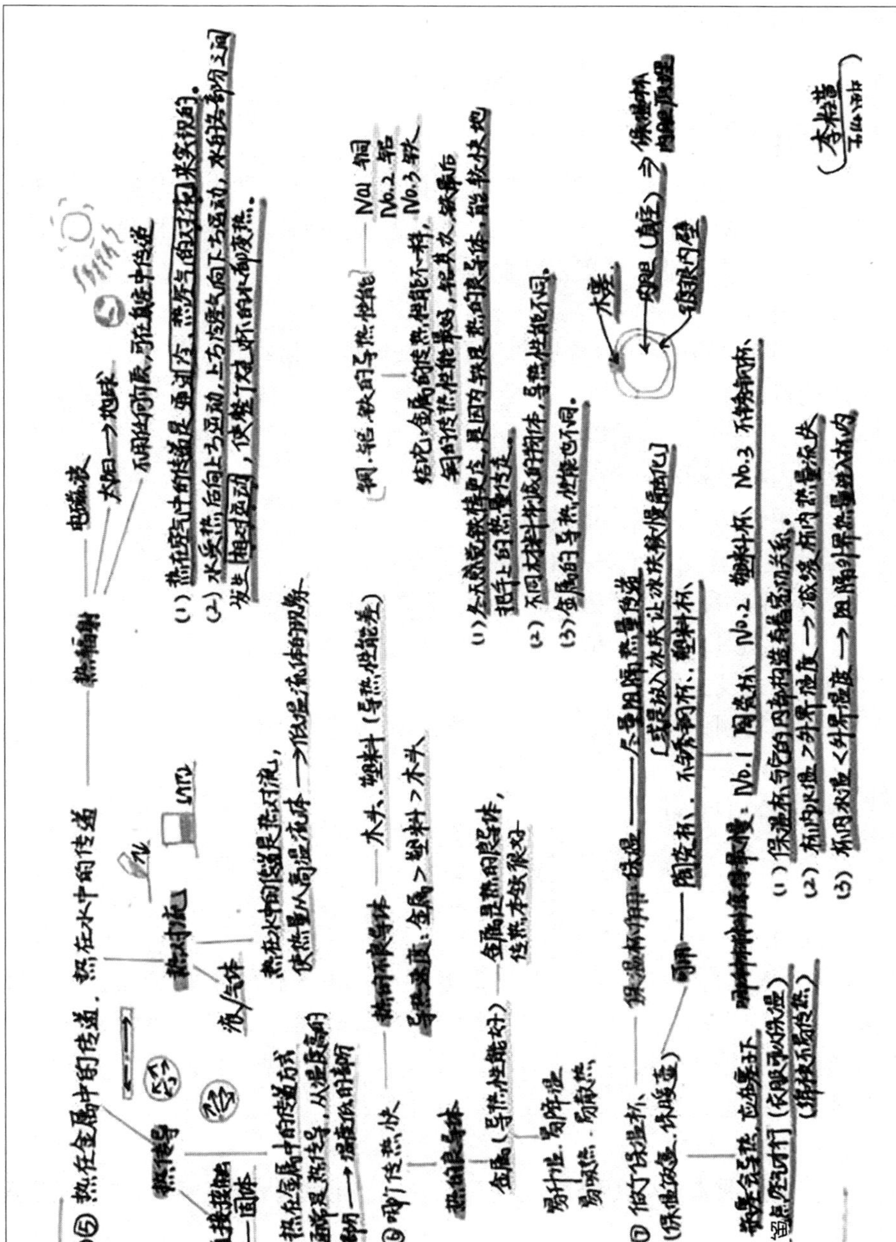

图 2 - 31　“知识大爆炸”学生实验活动记录

【五年级评价项目 5】

船舶工程师

设计理念：

《义务教育科学课程标准（2022 年版）》指出：学生应掌握基本的科学方法，具有初步的探究实践能力。教师应提供必要的实验材料，由学生进行相应的实验活动，并展示实验成果。

评价要求：

1. 学生准备好生活中常见的材料（塑料瓶，易拉罐，布料等），并画出小船的设计图；

2. 按照设计图，制作并测试小船。

评价内容及标准：

学生用铁垫片测试小船的承重能力和浮力。

1. 小船能承受 5 个垫片的重量（1 颗豆）；

2. 小船能承受 10 个垫片的重量（2 颗豆）；

3. 小船能承受 15 个垫片及以上的重量（2 颗豆）。

评价形式及主体：

采取现场制作的方式，由学生、教师两方进行评价。

【五年级评价项目 6】

绿豆发芽记

设计理念：

《义务教育科学课程标准（2022 年版）》指出：学生应掌握基本的科学法，具有初步的探究实践能力。教师在授课过程中，要拓展绿豆发芽生长的知识，引导学生进行实践活动，要求学生及时观察和记录，使学生保持对科学的兴趣，引领学生形成科学的自然观。

评价要求：

学生根据课堂中学习的绿豆发芽条件，自行设计对比实验，完成完整的实践记录。

评价内容及标准：

根据完成度、科学性、美观度进行评价：

1. 记录表完整可得 1 颗豆；

2. 记录内容科学可得 2 颗豆；

3. 记录表美观可得 1 颗豆；
4. 按时上交作品可得 1 颗豆；
5. 获得低于 3 颗豆的学生需重新测试。

评价形式及主体：

采取作品提交的方式，由学生、教师两方进行评价。

【六年级评价项目 1】

制作草履虫装片

设计理念：

《义务教育科学课程标准（2022 年版）》指出，科学课程旨在帮助学生保持对自然现象的好奇心和探究热情。本项目将科学与美术学科融合，要求学生正确制作草履虫装片以及在显微镜下观察活着的草履虫，培养学生研究微小生物的兴趣，使学生认识到观察工具能够帮助我们更好地认识世界，培养学生热爱自然、主动实践探究的意识。

评价要求：

1. 六人一组，制作草履虫装片；
2. 能够使用显微镜观察草履虫。

评价内容及标准：

1. 能够正确制作草履虫装片（3 颗豆）；
2. 正确操作显微镜（1 颗豆）；
3. 能够在显微镜下清楚地看到活着的草履虫（1 颗豆）。

评价形式及主体：

采取现场制作的方式，由学生、教师两方进行评价。

【六年级评价项目 2】

知识总结我最棒

设计理念：

《义务教育科学课程标准（2022 年版）》指出，科学课程旨在使学生掌握基本的科学知识和信息提取能力。本项目将科学与美术学科融合，要求学生通过绘画或思维导图的形式了解本学期单元知识的结构和重难点，考查学生的逻辑思维能力和概括总结能力。

评价要求：

1. 梳理本学期的重点知识；
2. 用绘画或思维导图的形式梳理知识。

评价内容及标准：

根据作品的完成度和美观度进行评价：

1. 作品完整（1 颗豆）；
2. 作品具备科学性（2 颗豆）；
3. 作品美观（1 颗豆）；
4. 按时上交作品（1 颗豆）。

评价形式及主体：

采取作品展示的方式，由学生、教师两方进行评价。

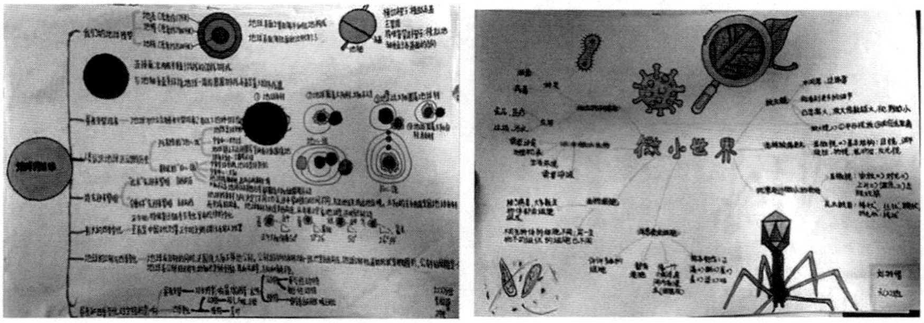

图 2 - 32　“知识总结我最棒”学生思维导图作品

【六年级评价项目 3】

知识闯关我能行

设计理念：

《义务教育科学课程标准（2022 年版）》指出，科学课程旨在帮助学生掌握基本的科学方法，使学生能运用观察、实验等方式获取信息，用科学语言记录信息，并运用分析、比较、推理、概括等方法得出科学探究的结论。本项目让学生依据已有的经验和知识去解决问题，考查学生的自主学习能力。

评价要求：

学生完成科学知识问答，一共 5 道大题。

评价内容及标准：

1. 答对 1 道大题（1 颗豆）；

2. 答对 2 道大题（2 颗豆）；
3. 答对 3 道大题（3 颗豆）；
4. 答对 4 道大题（4 颗豆）；
5. 答对 5 道大题（5 颗豆）。

评价形式及主体：

采取现场测试的方式，由学生、教师两方进行评价。

【六年级评价项目 4】

塔台模型我来建

设计理念：

《义务教育科学课程标准（2022 年版）》指出，学生应当理解技术与工程涉及明确问题、设计方案、实施计划、改进完善等要素，具有初步的工程与实践能力，了解技术与工程对科学发展具有促进作用。本项目要求学生利用实验器材搭建塔台模型，考查学生的设计能力、分析与动手能力。

评价要求：

1. 六人一组，合作讨论塔台建造的过程与步骤；
2. 利用教师提供的材料，根据要求搭建塔台模型。

评价内容及标准：

1. 设计图美观且准确（1 颗豆）；
2. 搭建过程合理且有序（2 颗豆）；
3. 塔台模型稳固（1 颗豆）；
4. 能对搭建完成的塔台模型进行改进（1 颗豆）。

评价形式及主体：

采取现场制作的方式，由学生、教师两方进行评价。

【六年级评价项目 5】

校园探索我在行

设计理念：

《义务教育科学课程标准（2022 年版）》指出，科学课程旨在培养学生的科学核心素养，要求学生能基于所学知识提出可探究的问题并提出假设，能对数据进行整理。本项目要求学生记录校园内的生物，并绘制校园平面图，完成校园生物分布图，考查学生的观察能力、实验探究能力。

评价要求：

1. 学生根据所学知识，以小组为单位查找并记录校园内的生物；
2. 绘制校园平面图和校园生物分布图。

评价内容及标准：

1. 小组分工合理（1 颗豆）；
2. 校园生物的记录准确（2 颗豆）；
3. 校园生物分布图准确，美观，排版合理（2 颗豆）。

评价形式及主体：

采取现场制作的方式，由学生、教师两方进行评价。

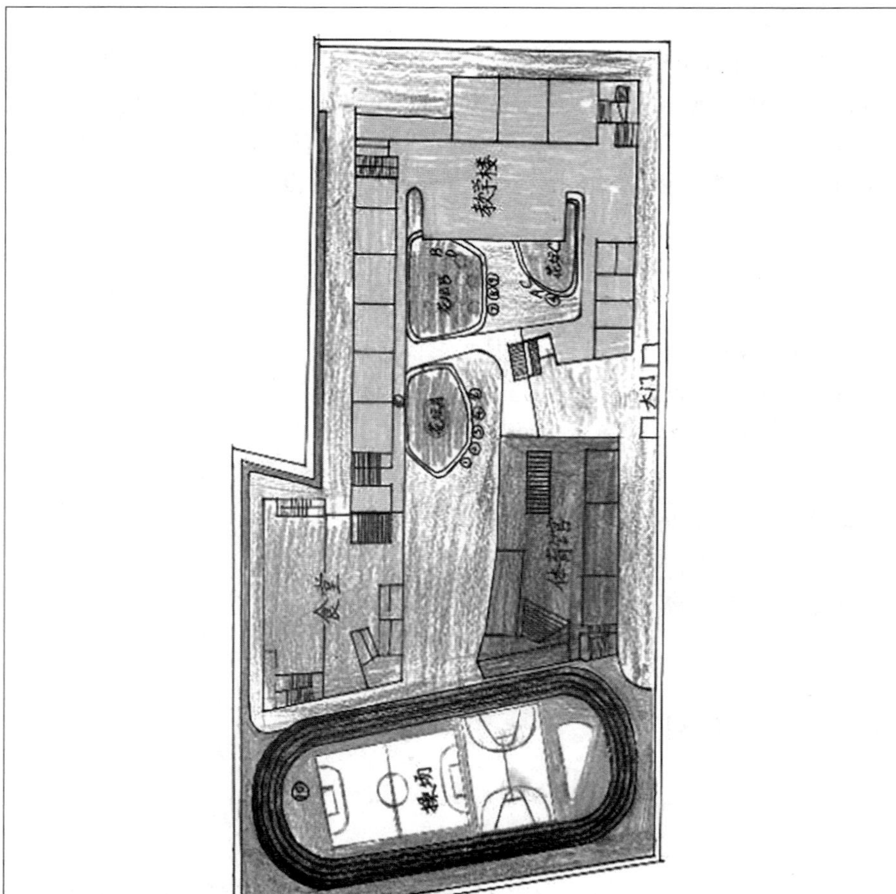

图 2 - 33 “校园探索我在行”学生作品

【六年级评价项目 6】

科学实验我能行

设计理念：

《义务教育科学课程标准（2022 年版）》指出，科学课程旨在培养学生的核心素养，使学生能表现出对事物结构、功能、变化等相互关系进行科学研究的兴趣。本项目要求学生完成科学小实验，物理、化学、生物、地理实验均可，考查学生的动手实验能力、学科综合能力。

评价要求：

1. 根据平时所学的课内外知识，完成科学小实验；
2. 将实验以视频、图片或者笔记的形式进行记录；
3. 完成实验报告，报告包括实验原理、实验现象和实验结论。

评价内容及标准：

1. 实验记录合理（1 颗豆）；
2. 实验过程准确（2 颗豆）；
3. 实验原理正确（2 颗豆）。

评价形式及主体：

采取报告展示的方式，由学生、教师两方进行评价。

小小实验家

——科学实验我能行

姓名：代若楠 班级：六（4）班 日期：2023年6月11日

实验名称	模拟日食和月食实验
实验材料	 玻璃球一个  乒乓球一个  手电筒一支
实验步骤	①手电筒代表太阳，乒乓球是地球，玻璃球是月亮 ②用玻璃球环绕乒乓球一周，表示月亮绕地球一周 ③“太阳”不动，“地球”和“月亮”在支行时，我记录阴影光线分别在“月球”表面和“地球”表面形成的景象
实验现象	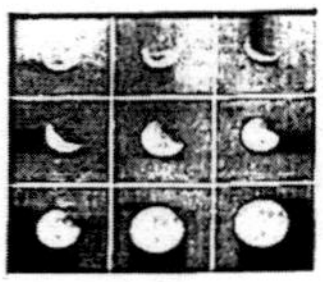 月食 当"地球挡住太阳射向月球的光线时，就是月食. 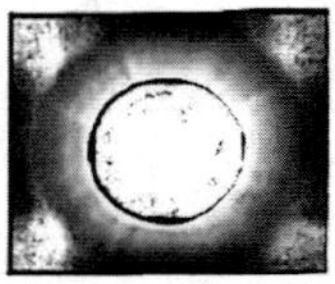 日食 当"月亮"挡住太阳射向"地球"的光线时，就是日食.
实验结论	日食与月食是太阳.地球和月球三个球体,在运动过程中处于不同位置,产生的光线互相遮挡的现象.
备注	日食一般出现于农历初一,月食一般出现于农历十五左右.

注：

实验时并未拍摄照片。

图2-34 “科学实验我能行”学生实验报告

体育学科激励性学业评价

《义务教育体育与健康课程标准（2022 年版）》指出：体育与健康课程学习的评价与考试是通过系统收集学生的课内体育学习态度与表现、课外体育锻炼情况与成效、健康行为等信息进行的。

荔湾小学设置了多样化的评价方式，为不同水平的学生设置了不同的评价项目与标准，促进学生达成学习目标，发展其核心素养。同时，多样化的评价方式可以给教师和学生提供即时、多元的有效反馈，进而，教师可以系统地观察、诊断、反馈、引导和激励学生，在一定程度上使得学生能够更积极地学，使教师更有效地教。体育学科激励性学业评价体系立足于《国家学生体质健康标准》，将评价划分为过程性评价与终结性评价。

过程性评价包含学生的每日课堂、每日练习及小组合作。每日课堂主要考查学生参与课堂活动的积极性，包括主动参与、听从指导、遵守规则等。每日练习旨在提高学生对体育课的兴趣，培养学生对待成功和失败的正确态度。小组合作考查学生在小组中的行为习惯，如守时、有责任心、帮助他人等。

终结性评价包含多元化的测评项目，具体有风驰电掣（体育与健康之50 米跑）、绳彩飞扬（体育与健康之跳绳）、广播体操（体育与健康之广播操）、坐位体前屈、荔湾力弯（体育与健康之仰卧起坐）、体育与健康之50 米×8 折返跑。

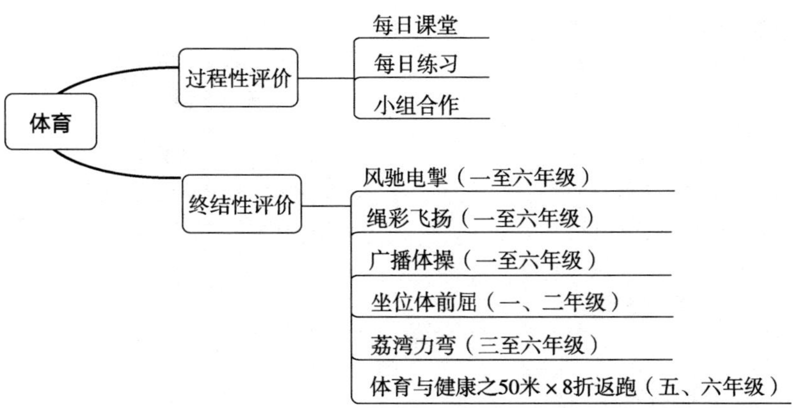

图 2 - 35　体育学科激励性学业评价项目思维导图

【一至六年级评价项目1】

风驰电掣（体育与健康之50米跑）

设计理念：

跑步是《义务教育体育与健康课程标准（2022年版）》水平目标一中的移动性技能，主要发展学生的身体活动能力，这一移动性技能可以为学生发展体能和专项运动技能奠定良好的基础。50米跑是《国家学生体质健康标准》中的测试内容之一，也是评价学生身体素质的重要指标，它可以有效地反映学生的移动速度、反应速度、灵敏素质及神经系统的灵活性。通过测试，教师可以初步得出被测试者的身体素质和运动能力，以及被测试群体的体质平均水平，测试有助于教师了解和评估学生的身体健康状况。

评价要求：

1. 测评时四人一组，采用站立式起跑的方式。教师以秒为单位记录测试成绩，四舍五入到小数点后1位；

2. 测评时应穿着运动鞋和运动服，发现有抢跑者，当即召回重跑。

评价内容及标准：

	男生	女生
一年级	大于13.6秒（1颗豆） 13.6—12.6秒（2颗豆） 12.5—10.6秒（3颗豆） 10.5—10.4秒（4颗豆） 小于10.4秒（5颗豆）	大于14.8秒（1颗豆） 14.8—13.8秒（2颗豆） 13.7—11.8秒（3颗豆） 11.7—11.3秒（4颗豆） 小于11.3秒（5颗豆）
二年级	大于13秒（1颗豆） 13—12秒（2颗豆） 11.9—10秒（3颗豆） 9.9—9.5秒（4颗豆） 小于9.5秒（5颗豆）	大于13.8秒（1颗豆） 13.8—12.8秒（2颗豆） 12.7—10.8秒（3颗豆） 10.7—10.2秒（4颗豆） 小于10.2秒（5颗豆）
三年级	大于12.5秒（1颗豆） 12.5—11.5秒（2颗豆） 11.4—9.5秒（3颗豆） 9.4—9.3秒（4颗豆） 小于9.3秒（5颗豆）	大于13秒（1颗豆） 13—12秒（2颗豆） 11.9—10秒（3颗豆） 9.9—9.4秒（4颗豆） 小于9.4秒（5颗豆）

续　表

	男生	女生
四年级	大于 12.1 秒（1 颗豆） 12.1—11.1 秒（2 颗豆） 11—9.1 秒（3 颗豆） 9—8.9 秒（4 颗豆） 小于 8.9 秒（5 颗豆）	大于 12.5 秒（1 颗豆） 12.5—11.5 秒（2 颗豆） 11.4—9.5 秒（3 颗豆） 9.4—8.9 秒（4 颗豆） 小于 8.9 秒（5 颗豆）
五年级	大于 11.8 秒（1 颗豆） 11.8—10.8 秒（2 颗豆） 10.7—8.8 秒（3 颗豆） 8.7—8.6 秒（4 颗豆） 小于 8.6 秒（5 颗豆）	大于 12.1 秒（1 颗豆） 12.1—11.1 秒（2 颗豆） 11—9.1 秒（3 颗豆） 9—8.5 秒（4 颗豆） 小于 8.5 秒（5 颗豆）
六年级	大于 11.6 秒（1 颗豆） 11.6—10.6 秒（2 颗豆） 10.5—8.6 秒（3 颗豆） 8.5—8.4 秒（4 颗豆） 小于 8.4 秒（5 颗豆）	大于 12 秒（1 颗豆） 12—11 秒（2 颗豆） 10.9—9 秒（3 颗豆） 8.9—8.4 秒（4 颗豆） 小于 8.4 秒（5 颗豆）

评价形式及主体：

采取现场考核的方式，由教师进行评价。

【一至六年级评价项目 2】

绳彩飞扬（体育与健康之跳绳）

设计理念：

《义务教育体育与健康课程标准（2022 年版）》指出，教师要引导学生参与课外体能练习。跳绳作为《国家学生体质健康标准》中规定的测试内容，不受时间和空间的限制，是一项集健康、趣味、全面发展和安全等方面为一体的运动，有助于锻炼学生的心肺功能和身体素质，培养学生参与课外体能锻炼的意识。

评价要求：

1. 在跳绳测试前，需要进行充分的热身运动，以避免拉伤、扭伤或其他身体不适；
2. 应穿着宽松舒适的运动服装进行跳绳测试；
3. 在跳绳过程中，绊脚断绳的次数不计入总跳绳数；
4. 应选择软硬适中，长度适宜的跳绳；

5. 应保持稳定的跳绳速度。

评价内容及标准：

测试时间为一分钟，测试单位为次，动作规格为正摇双脚跳绳，每跳跃一次且摇绳一回环（一周圈），计为一次。

	男生	女生
一年级	小于 2 次（1 颗豆） 2—17 次（2 颗豆） 18—87 次（3 颗豆） 88—98 次（4 颗豆） 大于等于 99 次（5 颗豆）	小于 2 次（1 颗豆） 2—17 次（2 颗豆） 18—87 次（3 颗豆） 88—102 次（4 颗豆） 大于 102 次（5 颗豆）
二年级	小于 10 次（1 颗豆） 10—25 次（2 颗豆） 26—95 次（3 颗豆） 96—106 次（4 颗豆） 大于等于 107 次（5 颗豆）	小于 12 次（1 颗豆） 12—27 次（2 颗豆） 28—97 次（3 颗豆） 98—112 次（4 颗豆） 大于 112 次（5 颗豆）
三年级	小于 19 次（1 颗豆） 19—30 次（2 颗豆） 31—104 次（3 颗豆） 105—115 次（4 颗豆） 大于 115 次（5 颗豆）	小于 24 次（1 颗豆） 24—39 次（2 颗豆） 40—109 次（3 颗豆） 110—124 次（4 颗豆） 大于 124 次（5 颗豆）
四年级	小于 30 次（1 颗豆） 30—45 次（2 颗豆） 46—115 次（3 颗豆） 116—126 次（4 颗豆） 大于 126 次（5 颗豆）	小于 34 次（1 颗豆） 34—49 次（2 颗豆） 50—119 次（3 颗豆） 120—134 次（4 颗豆） 大于 134 次（5 颗豆）
五年级	小于 41 次（1 颗豆） 41—56 次（2 颗豆） 57—126 次（3 颗豆） 127—137 次（4 颗豆） 大于 137 次（5 颗豆）	小于 43 次（1 颗豆） 43—58 次（2 颗豆） 59—128 次（3 颗豆） 129—143 次（4 颗豆） 大于 143 次（5 颗豆）
六年级	小于 50 次（1 颗豆） 50—65 次（2 颗豆） 66—135 次（3 颗豆） 136—147 次（4 颗豆） 大于等于 147 次（5 颗豆）	小于 51 次（1 颗豆） 51—66 次（2 颗豆） 67—136 次（3 颗豆） 137—152 次（4 颗豆） 大于等于 152 次（5 颗豆）

评价形式及主体：

采取现场考核的方式，由教师进行评价。

【一至六年级评价项目 3】

广播体操

设计理念：

广播体操不仅是一种基础的体育活动，还是促进学生身心健康，培养学生良好习惯和团队精神的重要手段，能够评估学生身体的协调性、节奏感。本测评项目以全面性、规范性、易操作性、激励性和安全性为原则，引导学生不断提高运动水平，保障了学生的安全和健康。

评价要求：

1. 整体效果协调且统一，包括动作配合、队形变化等方面都要协调一致，展现出良好的整体效果；
2. 展现出广播体操的美感和力量感，表情自然，体现出良好的精神风貌；
3. 动作标准，协调，流畅，上下肢配合合理。

评价内容及标准：

根据熟练程度给 1—5 颗豆。

评价形式及主体：

采取现场考核的方式，由教师进行评价。

【一至二年级特色评价项目】

坐位体前屈

设计理念：

坐位体前屈不仅是评估学生柔韧性的一个工具，还是促进学生全面发展，提高健康意识和管理能力的重要手段。良好的柔韧性对于预防运动伤害、提高运动能力至关重要。家长可以通过坐位体前屈测试的结果，了解学生的柔韧素质发展状况，并采取相应的训练措施，提高学生的身体素质。

评价要求：

1. 听到开始口令后，双手伸直，掌心向下，双臂并拢平伸向前，用双手中指指尖推动游标，使其平滑前移，直到不能移动为止；
2. 在测试过程中，应保持两腿伸直，不可弯曲，膝关节和足跟不能离开地面；

3. 测试结果以游标在测试垫上停留的位置为最终结果；

评价内容及标准：

1. 游标数值大于-10 cm，小于-5 cm（1 颗豆）；
2. 游标数值大于等于-5 cm，小于 0 cm（2 颗豆）；
3. 游标数值大于等于 0 cm，小于 10 cm（3 颗豆）；
4. 游标数值大于等于 10 cm，小于 20 cm（4 颗豆）；
5. 游标数值大于等于 20 cm（5 颗豆）

评价形式及主体：

采取现场考核的方式，由教师进行评价。

【三至六年级特色评价项目】

荔湾力弯（体育与健康之仰卧起坐）

设计理念：

仰卧起坐不仅是评估学生核心力量的一个工具，还是促进学生全面发展，提高健康意识和管理能力的重要手段。教师通过本项目可以了解学生的体能状况、运动能力和锻炼效果，并评估学生核心肌肉群的力量和耐力。核心肌肉群在维持身体平衡、进行体育活动和体验日常生活等方面中起着重要的作用。

评价要求：

1. 全身仰卧于垫上，两脚稍分开，屈膝，大腿与小腿呈 90 度角左右，两手交叉于脑后；
2. 躺下时肩胛必须接触到测试台，坐起时双肘抱头且双肘触及或超过双膝；
3. 不标准的仰卧起坐动作不计入最终成绩；
4. 发出“开始”口令的同时开始计时。

评价内容及标准：

	男生	女生
三年级	小于 6 次（1 颗豆） 6—16 次（2 颗豆） 17—36 次（3 颗豆） 37—41 次（4 颗豆） 大于 41 次（5 颗豆）	小于 6 次（1 颗豆） 6—16 次（2 颗豆） 17—36 次（3 颗豆） 37—41 次（4 颗豆） 大于 41 次（5 颗豆）

续　表

	男生	女生
四年级	小于 7 次（1 颗豆） 7—17 次（2 颗豆） 18—37 次（3 颗豆） 38—42 次（4 颗豆） 大于 42 次（5 颗豆）	小于 7 次（1 颗豆） 7—17 次（2 颗豆） 18—37 次（3 颗豆） 38—42 次（4 颗豆） 大于 42 次（5 颗豆）
五年级	小于 8 次（1 颗豆） 8—18 次（2 颗豆） 19—38 次（3 颗豆） 39—43 次（4 颗豆） 大于 43 次（5 颗豆）	小于 8 次（1 颗豆） 8—18 次（2 颗豆） 19—38 次（3 颗豆） 39—43 次（4 颗豆） 大于 43 次（5 颗豆）
六年级	小于 9 次（1 颗豆） 9—19 次（2 颗豆） 20—39 次（3 颗豆） 40—44 次（4 颗豆） 大于 44 次（5 颗豆）	小于 9 次（1 颗豆） 9—19 次（2 颗豆） 20—37 次（3 颗豆） 38—42 次（4 颗豆） 大于 42 次（5 颗豆）

评价形式及主体：

采取现场考核的方式，由教师进行评价。

【五至六年级特色评价项目】

体育与健康之 50 米×8 折返跑

设计理念：

50 米×8 折返跑测试是一种重要的体育评估手段，可用于评估学生的灵敏度及耐力素质发展水平，能有效反映学生的有氧耐力水平，促进学生身心发展。同时，该测试能培养学生坚强的意志、顽强的毅力和勇于克服困难的精神。

评价要求：

1. 4 人一组，采用站立式起跑的方式，起跑后全力跑向折返线，到达折返线时，折返跑回起点线；

2. 共跑 4 圈，成绩以秒为单位，保留小数点后 1 位。测试完毕后不可立即坐卧休息，应慢走保持均匀呼吸。

评价内容及标准：

	男生	女生
五年级	大于 2′38″（1 颗豆） 2′38″—2′18″（2 颗豆） 2′17″—1′48″（3 颗豆） 1′47″—1′24″（4 颗豆） 小于 1′24″（5 颗豆）	大于 2′43″（1 颗豆） 2′43″—2′23″（2 颗豆） 2′22″—1′53″（3 颗豆） 1′52″—1′47″（4 颗豆） 小于 1′47″（5 颗豆）
六年级	大于 2′32″（1 颗豆） 2′32″—2′12″（2 颗豆） 2′11″—1′42″（3 颗豆） 1′41″—1′36″（4 颗豆） 小于 1′36″（5 颗豆）	大于 2′39″（1 颗豆） 2′39″—2′19″（2 颗豆） 2′18″—1′49″（3 颗豆） 1′48″—1′43″（4 颗豆） 小于 1′43″（5 颗豆）

评价形式及主体：

采取现场考核的方式，由教师进行评价。

美术学科激励性学业评价

《义务教育艺术课程标准（2022 年版）》指出："教师应面向全体学生进行评价，评价内容包括学生在学习过程中的行为表现、学习态度、课堂学习阶段目标的达成情况等方面。"教学评价应贯穿整个课程的教学过程，注重学生的主体地位，充分发挥学生在评价中的积极作用。

荔湾小学美术学科的评价目标全面贯彻教育部颁发的《义务教育艺术课程标准（2022 年版）》，旨在培养学生的创新精神和应用能力。荔湾小学激励性学业评价方案采用科学的评价体系、多元的评价主体、多维的评价内容和多样的评价方式，旨在培养学生的艺术素养，推动学生全面发展。

美术学科的评价体系在整个教学过程中贯穿始终。过程性评价项目包括"每日课堂"和"每日练习"两项，综合考量学生在美术课堂中的参与度、思考能力和艺术创造力。教师根据学生的不同阶段、能力和特点，设计了一些特色的终结性评价项目，学生能够在挑战中取得个人成就，增强学习美术的信心。

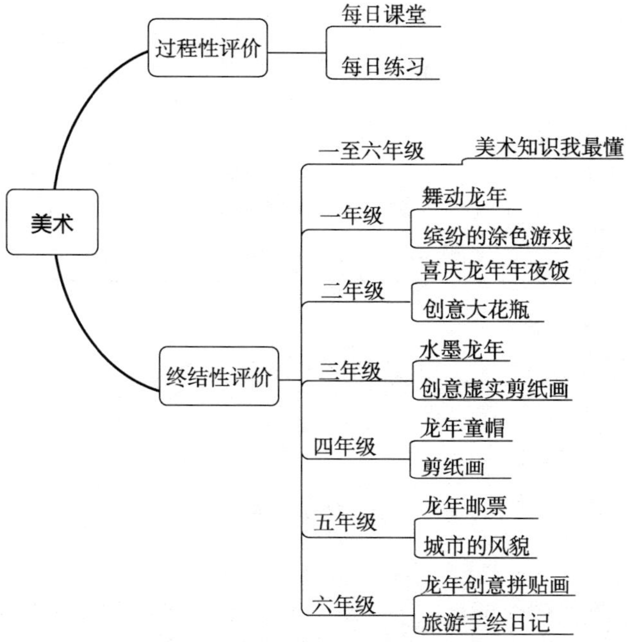

图 2 - 36　美术学科激励性学业评价项目思维导图

【一至六年级评价项目】

美术知识我最懂

设计理念：

“美术知识我最懂”测评项目以学生的听课质量和学生对课本中美术知识的掌握情况为考查目标。其中，一年级的测评项目通过互动的美术知识游戏展开，为学生提供了有趣且具有挑战性的游戏，要求学生展示对美术学科的理解和知识掌握情况。二至六年级的评价项目采用了单选、填空、连线、作图等形式，为学生提供了多样化的评估方式。项目旨在巩固学生在课堂上学到的美术知识，激发学生对美术的兴趣，培养学生的美术素养和审美能力。

评价要求：

1. 一年级学生从 10 道与本学期美术课相关的绘画作品和基础知识点的题目中抽取 5 道题进行答题闯关活动。

2. 二至六年级的学生根据本学期美术课所学的绘画作品和绘画流派，完成 20 道关于美术小知识的题目。

评价内容及标准：

一年级	二至六年级
1. 答对 5 题（5 颗豆）； 2. 答对 4 题（4 颗豆）； 3. 答对 3 题（3 颗豆）； 4. 答对 3 题以下需重新测试。	1. 答对 15 题以上（5 颗豆）； 2. 答对 11—15 题（4 颗豆）； 3. 答对 10—12 题以上（3 颗豆）； 4. 答对 10 题以下需重新测试。

评价形式及主体：

采取现场考核的方式，由教师进行评价。

【一年级特色评价项目 1】

舞动龙年

设计理念：

“舞动龙年”测评项目以《义务教育艺术课程标准（2022 年版）》为指导，旨在引导学生利用不同的工具、材料和媒介，学习和体验传统工艺，制作手工纸拉花作品。同时，项目融入龙年元素，推进了荔湾小学的中国传统文化理解课程的实施。学生在创作手工作品的过程中，深入了解了中国传统文化，增强了中华民族自豪感，加强了艺术创造能力，提升了艺术核心素养。

评价要求：

1. 理解纸拉花的基本概念和制作技巧；
2. 能够运用简单的折叠和剪裁技巧创作多变的纸拉花，并融入龙年元素；
3. 展示创造力和想象力，设计独特的纸拉花作品；
4. 具备耐心和细致的态度，完成纸拉花制作。

评价内容及标准：

1. 运用技巧制作纸拉花作品（1 颗豆）；
2. 色彩搭配和谐（1 颗豆）；
3. 主题突出（1 颗豆）；
4. 富有创意（1 颗豆）；
5. 完成过程中态度端正（1 颗豆）。

评价形式及主体：

采取现场制作的方式，由教师进行评价。

【一年级特色评价项目 2】

缤纷的涂色游戏

设计理念：

根据《义务教育艺术课程标准（2022 年版）》的要求，本项目着重发展学生的综合能力，培养一年级学生的创造力、色彩感知能力、想象力、审美能力和表达能力。学生在创作过程中将体验到美的乐趣，提高创造力，激发自身对美术的兴趣。

评价要求：

1. 能够运用流畅的线条将画面进行分割，并根据每个分割形状的特点，采用联想、添画等方法创造新的图像；

2. 具备识别颜色的深浅和冷暖的能力，在平涂色彩时表现出细致和耐心，能够实现色彩的和谐搭配；

3. 运用想象力创作一幅有主题的彩色作品，并为其起一个富有创意的名字。

评价内容及标准：

1. 线条流畅（1 颗豆）；
2. 色彩搭配和谐（1 颗豆）；
3. 主题突出（1 颗豆）；
4. 富有创意（1 颗豆）；
5. 完成过程中态度端正（1 颗豆）。

评价形式及主体：

采取现场制作的方式，并由教师综合评价学生在创意表达、艺术技巧、文化理解等方面的表现。

【二年级特色评价项目 1】

喜庆龙年年夜饭

设计理念：

“喜庆龙年年夜饭”以《义务教育艺术课程标准（2022 年版）》为指导，以中国传统的年夜饭为主题，将生活主题艺术化，旨在让学生发现生活中的美，并推进荔湾小学的中国传统文化理解课程的实施，使学生深入了解春节的传统文化。项目要求学生运用各种工具和材料创作生动的剪贴画作品，展现年夜饭的喜庆氛围和传统特色。通过参与这个测评项目，学生将加强艺术创造能力，提升审美素养，同时加深对春节传统文化的理解。

评价要求：

1. 学习剪贴画的基本概念和制作技巧；
2. 使用对称、重复、对比、变化、统一等方法绘制纹样，进行裁剪；
3. 作品构图完整，有想象力，色彩搭配和谐。

评价内容及标准：

1. 构图完整（1 颗豆）；
2. 色彩搭配和谐（1 颗豆）；
3. 主题突出（1 颗豆）；
4. 富有创意（1 颗豆）；
5. 完成过程中态度端正（1 颗豆）。

评价形式及主体：

采取现场制作的方式，并由教师综合评价学生在创意表达、艺术技巧、文化理解等方面的表现。

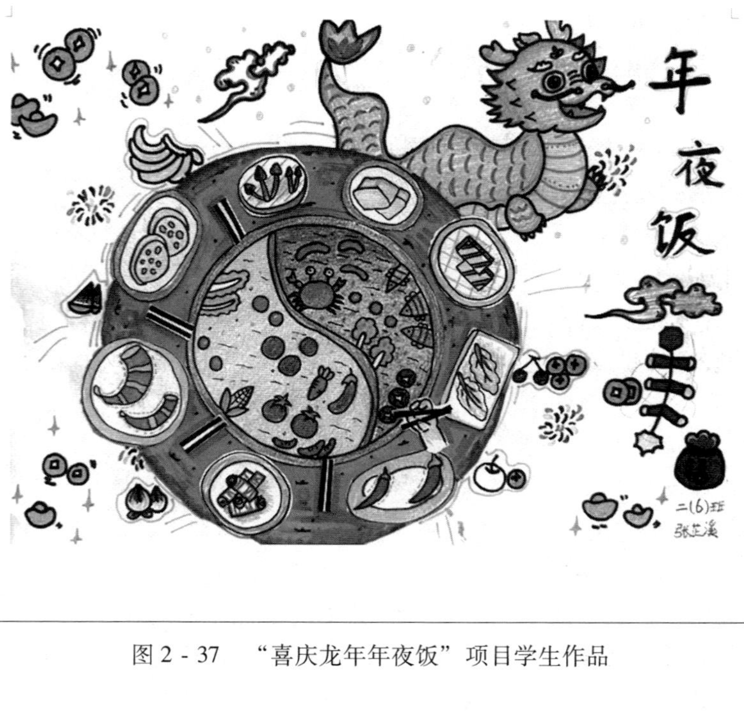

图 2 - 37　“喜庆龙年年夜饭”项目学生作品

【二年级特色评价项目 2】

创意大花瓶

设计理念：

根据《义务教育艺术课程标准（2022 年版）》的要求，本项目着重发展学生的综合能力，培养二年级学生的动手能力、构图能力、创造力、色彩感知能力、想象力、审美能力和表达能力。学生在动手剪贴的过程中，能够感受到沉浸式的快乐，并且在拼贴的过程中形成初步的构图意识和设计思维。

评价要求：

1. 学会剪贴画的基本概念和制作技巧。
2. 使用对称、重复、对比、变化、统一等方法绘制纹样，进行裁剪。
3. 作品构图完整，有想象力，色彩搭配和谐；
4. 能够与他人分享自己的作品，并表达制作剪贴画的经验和感受。

评价内容及标准：

1. 线条流畅（1 颗豆）；
2. 色彩搭配和谐（1 颗豆）；
3. 主题突出（1 颗豆）；
4. 富有创意（1 颗豆）；
5. 完成过程中态度端正（1 颗豆）。

评价形式及主体：

采取现场制作的方式，并由教师综合评价学生在创意表达、艺术技巧、文化理解等方面的表现。

【三年级特色评价项目 1】

水墨龙年

设计理念：

根据《义务教育艺术课程标准（2022 年版）》的要求，本项目让学生了解绘制中国画的材料工具，深入探索中国水墨画中蕴含的传统文化和美感，感受其中的意境。项目融入了荔湾小学的中国传统文化理解课程，结合龙年传统文化，要求学生创作带有龙年元素的水墨画。在创作过程中，教师要重点考查学生对水墨技法的运用和学生的构图能力、创意发挥能力。通过参与该项目，学生提高了对水墨画的兴趣，同时发展了创造力和观察力，提升了美术核心素养。

评价要求：

1. 掌握水墨画的绘制技法；
2. 色彩搭配具有协调性；
3. 作品的构图合理，画面完整；
4. 加强了学生对龙年传统文化的理解。

评价内容及标准：

1. 运用技巧绘制水墨画（1 颗豆）；
2. 色彩搭配和谐（1 颗豆）；
3. 主题突出（1 颗豆）；
4. 富有创意（1 颗豆）；
5. 完成过程中态度端正（1 颗豆）。

评价形式及主体：

采取作品展示的方式，并由教师综合评价学生在创意表达、艺术技巧、文化理解等方面的表现。

图 2 - 38 “水墨龙年”项目学生作品

【三年级特色评价项目 2】

创意虚实剪纸画

设计理念：

该项目旨在传承和发扬中国剪纸的精神。巧变虚形的创意性可以为作品带来独特魅力，而实形设计的实用性能确保作品真正为用户提供有意义的体验和功能。学生综合运用两种设计理念，可以创造出既具有创意又实用的设计作品，使剪纸画更加具有独特的魅力，为传统文化的传承和创新作出贡献。

评价要求：

1. 学会运用多层折剪和组合叠贴。
2. 感受正负形构成的艺术形式，能剪贴出对称的正负形画面。
3. 能掌握虚形与实形的构成规律，创造虚实结合、对称的生动画面。

评价内容及标准：

1. 线条流畅（1 颗豆）；
2. 色彩搭配和谐（1 颗豆）；
3. 主题突出（1 颗豆）；
4. 富有创意（1 颗豆）；
5. 完成过程中态度端正（1 颗豆）。

评价形式及主体：

采取现场制作的方式，并由教师综合评价学生在创意表达、艺术技巧、文化理解等方面的表现。

【四年级特色评价项目 1】

龙年童帽

设计理念：

“龙年童帽”结合《义务教育艺术课程标准（2022 年版）》的要求，旨在引导学生理解“实用与美观相结合”的设计原则。同时，本项目还结合了荔湾小学的中国传统文化理解课程，通过设计带有“中国龙”形象的童帽的活动，培养学生的艺术想象力。学生将通过手绘童帽的方式，了解民间童帽的设计艺术，并深入探索与龙相关的设计元素。学生通过绘制草图的形式，展示个人对童帽设计的想法，体会设计对我们生活的重要性。

通过这个项目，学生能够提高审美意识、创造力，同时深化了对中国传统文化的认识，体会到设计在日常生活中的应用价值。

评价要求：

1. 能运用点、线、色，手绘设计“龙”主题的童帽；
2. 能手绘设计出一顶款式独特，功能多样的童帽。

评价内容及标准：

1. 构图完整（1颗豆）；
2. 色彩搭配和谐（1颗豆）；
3. 主题突出（1颗豆）；
4. 富有创意（1颗豆）；
5. 完成过程中态度端正（1颗豆）。

评价形式及主体：

采取现场制作的方式，并由教师综合评价学生在创意表达、艺术技巧、文化理解等方面的表现。

【四年级特色评价项目2】

剪纸画

设计理念：

本项目旨在传承和发扬中国剪纸的精神，要求学生通过创新使剪纸艺术与现代生活相结合，使作品展现出独特的审美价值和艺术魅力。学生在制作剪纸画时，要注重突出主题和表达情感，注重材料的选择和处理，以及剪纸技术的研究和创新。这些理念可以使非遗剪纸画更加具有独特的魅力，为传统文化的传承和创新作出贡献。

评价要求：

1. 学会运用多层折剪和组合叠贴。
2. 学会配色，运用丰富的图案进行对比。
3. 以多层折剪和组合叠贴的方式制作一张完整的绘画。

评价内容及标准：

1. 线条流畅（1颗豆）；
2. 色彩搭配和谐（1颗豆）；
3. 主题突出（1颗豆）；
4. 富有创意（1颗豆）；

5. 完成过程中态度端正（1 颗豆）。

评价形式及主体：

采取现场制作的方式，并由教师综合评价学生在创意表达、艺术技巧、文化理解等方面的表现。

【五年级特色评价项目 1】

龙年邮票

设计理念：

“龙年邮票”项目结合《义务教育艺术课程标准（2022 年版）》的要求，以“美术与文化”为主题，旨在开展跨学科学习，要求学生深入了解邮票文化并设计带有“中国龙”形象的邮票。借助荔湾小学的中国传统文化理解课程，通过手绘邮票的方式，学生将深入探索邮票文化的背景和意义，进一步探寻中国传统文化的内涵，以迎接 2024 年的到来。学生通过设计邮票表达对龙年的期盼和对中国文化的尊重，展现个人独特的艺术见解和创意。

评价要求：

1. 了解龙的各部位形态特征，能够设计出独特的“中国龙”造型；
2. 了解邮票设计结构，合理地安排相关元素；
3. 选取与主题相关的风景元素进行装饰，使整体色调和谐。

评价内容及标准：

1. 构图完整（1 颗豆）；
2. 色彩搭配和谐（1 颗豆）；
3. 主题突出（1 颗豆）；
4. 富有创意（1 颗豆）；
5. 完成过程中态度端正（1 颗豆）。

评价形式及主体：

采取作品展示的方式，并由教师综合评价学生在创意表达、艺术技巧、文化理解等方面的表现。

图 2 - 39 “龙年邮票”项目学生作品

【五年级特色评价项目 2】

城市的风貌

设计理念：

根据《义务教育艺术课程标准（2022 年版）》的要求，五年级的学生在美术水平上有很大的提升空间，需要学习平行透视的相关知识，来营造作品的立体感。学生可以在创作中培养发现美、表现美、创作美的情趣，可以通过作品表达对生活的理解，提升自身绘画能力。

评价要求：

1. 能画出物体的立体感与画面的空间感。
2. 构图饱满，色彩和谐，富有表现力。
3. 透视关系合理，画面表现生动。

评价内容及标准：

1. 线条流畅（1 颗豆）；
2. 色彩搭配和谐（1 颗豆）；

3. 主题突出（1 颗豆）；

4. 富有创意（1 颗豆）；

5. 完成过程中态度端正（1 颗豆）。

评价形式及主体：

采取作品展示的方式，并由教师综合评价学生在创意表达、艺术技巧、文化理解等方面的表现。

【六年级特色评价项目 1】

龙年创意拼贴画

设计理念：

“龙年创意拼贴画”是六年级美术学科的激励性学业评价项目，结合《义务教育艺术课程标准（2022 年版）》的要求，旨在引导学生发挥创造力，运用不同材料和元素表达对龙年的祝福和对中国文化的尊重，展现出个人独特的艺术见解和创意。通过设计带有独特的“中国龙”形象的创意拼贴画，学生能够提升创造力，同时深入探索荔湾小学中国传统文化理解课程，加深对中国传统文化的理解，以迎接 2024 年的到来。这个项目将激发学生的艺术潜能，培养其审美意识和艺术表达能力，同时提升学生对中国传统文化的认知，为学生的美术学习和个人成长奠定坚实基础。

评价要求：

1. 了解适合用于拼贴画的材料，以及拼贴画的制作方法，确保作品的完整度和整体视觉效果良好；

2. 使用对称、均衡、重复、节奏、对比、变化、统一等方法绘制纹样，对画面进行装饰；

3. 了解美术与自然、美术与生活、美术与文化之间的关系，考查学生对龙年和中国传统文化的理解；

4.“中国龙”形象的设计有想象力和创造力。

评价内容及标准：

1. 构图完整（1 颗豆）；

2. 色彩搭配和谐（1 颗豆）；

3. 主题突出（1 颗豆）；

4. 富有创意（1 颗豆）；

5. 完成过程中态度端正（1 颗豆）。

评价形式及主体：

采取作品展示的方式，并由教师综合评价学生在创意表达、艺术技巧、文化理解等方面的表现。

图 2 - 40 “龙年创意拼贴画”项目学生作品

【六年级特色评价项目 2】

旅游手绘日记

设计理念：

根据《义务教育艺术课程标准（2022 年版）》的要求，六年级的学生应该从多角度欣赏与认识美术作品，逐步提高评述作品的能力，初步掌握欣赏作品的基本方法，能够在文化情境中理解美术的价值。本项目能够激发学生对美术学科的兴趣，使学生形成健康的审美情趣，珍视优秀的民族、民间美术与文化遗产，增强学生民族自豪感，养成尊重世界多元文化的意识。

评价要求：

1. 以“世界文化遗产”为主线，让学生发掘景物的自然美、社会美、艺术美。

2. 使用对称、均衡、重复、节奏、对比、变化、统一等方法绘制纹样，并对手账进行装饰。

3. 要求学生欣赏和珍惜各个民族的优秀艺术与文化遗产，以及尊重世界文化多元化。

评价内容及标准：

1. 线条流畅（1 颗豆）；
2. 色彩搭配和谐（1 颗豆）；
3. 主题突出（1 颗豆）；
4. 富有创意（1 颗豆）；
5. 完成过程中态度端正（1 颗豆）。

评价形式及主体：

采取作品展示的方式，并由教师综合评价学生在创意表达、艺术技巧、文化理解等方面的表现。

音乐学科激励性学业评价

《义务教育艺术课程标准（2022 年版）》指出：“围绕核心素养内涵、课程总目标和学段目标，依据课程的内容要求、学业要求和学业质量标准，进行全面、综合的评价，既要关注学生掌握艺术知识、技能的情况、更要重视对价值观、必备品格、关键能力的考查。现全面推进素质教育的精神，应以本标准中各教学领域的课程内容为基本依据，全面考查课程内容所涉及的情感态度与价值观、过程与方法、知识与技能方面的要求。”由此可见，评价的着力点为促进学生综合能力的提高。结合小学生各年龄阶段特点，以过程性评价、展示性评价相结合（四年级学生涉及期末试卷测评）作为评价改革的突破点，我们设计了小学全学段的音乐评价方案，旨在提高学生音乐素养，全面推进素质教育的发展。

音乐学科激励性学业评价体系全面贯彻《义务教育艺术课程标准（2022 年版）》的目标，落实学校“教育就是成就”的办学理念，关注学生的人格成长，以丰富的评价考核形式拓展音乐学科的深度。评价体系引导学生认识音乐与其他艺术学科的联系，感知不同艺术门类的主要表现手段和艺术特征，扩展音乐文化视野。

本学科的激励性学业评价分为两部分，分别是过程性评价和展示性评价。其中过程性评价分为每日课堂、每日练习、每日积累、每日拓展；展示性评价包含了表现性测评（声入人心与玩转口风琴）和期末卷面测评。

一、二年级的过程性评价与展示性评价占比为40%和60%，三、四年级占比为30%和70%，五、六年级展示性评价占比为100%。

过程性评价的内容包括课堂感受与欣赏、课堂表现、与音乐相关的文化、创造。展示性评价包含了表现性测评和期末卷面测评。其中一、二年级的表现性测评占60%，学生在湾豆收获季期末测评活动中展示考核项目；三、四年级的表现性测评占70%，学生在湾豆收获季期末测评活动中展示考核项目；五、六年级的展示性评价占100%，主要考查学生的课堂表现。

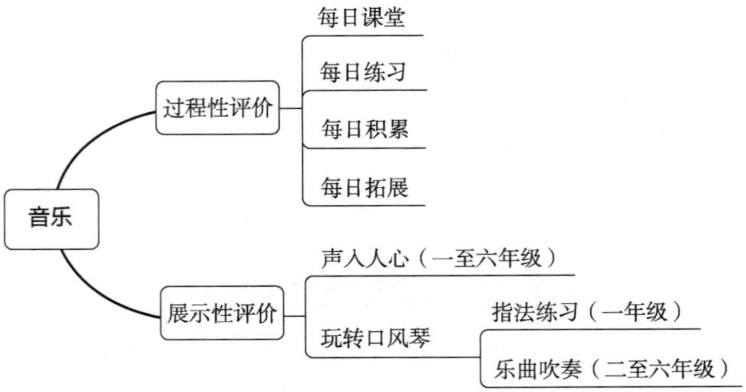

图 2 - 41　音乐学科激励性学业评价项目思维导图

【一至六年级评价项目 1】

声入人心

设计理念：

“声入人心”测评项目贯彻《义务教育艺术课程标准（2022 年版）》的理念，要求学生学习演唱儿歌、童谣及其他短小歌曲，旨在提升学生的演唱能力。

唱游是以歌唱为主，融合演奏、声势、律动、舞蹈、即兴表演等多种表现形式的活动，以趣味化游戏方式开展，是小学一二年级学生学习音乐的主要形式。趣味化的活动可以培养学生的节奏感、韵律感和初步的艺术表现力。

演唱是以唱的方式来表演歌曲，是小学三至六年级音乐课程的重要内容。教师用学生喜爱的方式激发学生对音乐的兴趣，发展其核心素养，使学生愉悦身心，陶冶情操。

评价要求：

1. 学生通过抛骰子的方式随机抽取一首本学期所学歌曲进行演唱；
2. 使用清晰的语言、适当的表情、饱满的情绪演唱该曲。

评价内容及标准：

1. 演唱流畅，音准节奏标准，表情丰富，有适当的动作（5颗豆）；
2. 演唱基本流畅，音准节奏标准，富有表情，无动作呈现（4颗豆）；
3. 演唱基本流畅，音准节奏标准，无表情、动作呈现（3颗豆）；
4. 演唱不流畅，音准节奏不符合标准，无表情、动作呈现（2颗豆，需要在课下练习后重新测评）。

评价形式及主体：

采取现场展示的方式，由教师进行评价。

表2-23　一至六年级“声入人心”测评曲目

	歌曲曲目（从其中选择一首）
一年级	上学期：《我今天上学喽》《国旗国旗真美丽》《雁群飞》《左手和右手》《小兔子乖乖》《在农场里》 下学期：《十个小印第安人》《小毛驴》《唐老伯有个小农场》《小小的船》《娃哈哈》《好孩子要诚实》
二年级	上学期：《小朋友，爱祖国》《五声歌》《海鸟的家园》《小花雀》《老爷爷赶鹅》《稻草里的火鸡》 下学期：《没有祖国哪里会有我》《音阶歌》《有个洋娃娃》《我们的小乐队》《大海》《学我做》
三年级	上学期：《我们爱老师》《我们的学校亚克西》《大海啊，故乡》《牧童之歌》《嘀哩嘀哩》《踢毽子》《小斑鸠对我说》 下学期：《中国梦，暖心怀》《春天来了》《送别》《梦中的额吉》《在北京的金山上》《木瓜恰恰恰》
四年级	上学期：《义勇军进行曲》《土风舞》《山》《大风车》《小小鲤鱼粉红鳃》《剪羊毛》 下学期：《茉莉花》《小小少年》《西风的话》《牧场上的家》《邮递员叔叔来了》《让我们荡起双桨》

续 表

	歌曲曲目（从其中选择一首）
五年级	上学期：《歌声与微笑》《采莲谣》《兰花草》《青春舞曲》《雪绒花》《春晓》 下学期：《红星歌》《蜗牛与黄鹂鸟》《夏日泛舟海上》《小鸟，小鸟》《哦，十分钟》《可爱的蓝精灵》
六年级	上学期：《月亮月光光》《放纸鹞》《当我们在广场上相遇》《哈哩噜》《乘着歌声的翅膀》《歌唱二小放牛郎》《海鸥》《斑鸠调》《童年》《盼红军》《欢乐颂》 下学期：《拉起手》《保卫黄河》《七色光之歌》《卖布谣》《多情的土地》《野玫瑰》

【一至六年级评价项目 2】

玩转口风琴

设计理念：

“玩转口风琴”测评项目贯彻《义务教育艺术课程标准（2022 年版）》的理念，让学生学习口风琴的基本弹奏技巧，能够用打击乐器或其他能发出声音的材料为歌曲伴奏。本项目能够提升学生的表达能力和合作能力，让学生乐于参与各种演奏活动，培养学生良好的演奏习惯且能够对自己和他人的演奏做简单评价。

评价要求：

1. 学生吹奏两首教材中的歌曲，并且通过班级或全校展演的方式进行演奏；

2. 使用正确的吹奏方式、适当的速度、饱满的情绪演奏该曲。

评价内容及标准：

1. 演奏流畅，节奏准确，演奏姿势正确，有适当的动作（5 颗豆）；

2. 演奏基本流畅，节奏准确，富有表情，无动作呈现（4 颗豆）；

3. 演奏基本流畅，节奏准确，无表情、动作呈现（3 颗豆）；

4. 演奏不流畅，节奏不准确，无表情、动作呈现（2 颗豆，需要在课下练习后重新测评）。

评价形式及主体：

采取现场展示的方式，由教师进行评价。

表 2 - 24　一至六年级“玩转口风琴”吹奏曲目

	吹奏曲目
一年级	上学期：五指练习 下学期：《小铃铛》《小毛驴》
二年级	上学期：《闪烁的小星》《恰利利恰利》《十只小猪过河》 下学期：《勇敢的鄂伦春》《野兔饿了》
三年级	上学期：《嘀哩嘀哩》 下学期：《中国梦，暖心怀》
四年级	上学期：《土风舞》《我和你》 下学期：《茉莉花》《西风的话》
五年级	上学期：《歌声与微笑》《青春舞曲》 下学期：《夏日泛舟海上》
六年级	上学期：《小白菜》《哈哩噜》《海鸥》 下学期：《七色光之歌》《野玫瑰》

信息科技学科激励性学业评价

《义务教育信息科技课程标准（2022 年版）》指出：核心素养是课程育人价值的集中体现，是学生通过课程学习逐步形成的正确价值观、必备品格和关键能力。信息科技课程要培养的核心素养，主要包括信息意识、计算思维、数字化学习与创新、信息社会责任。这四个方面相互支持，互相渗透，共同促进学生数字素养与技能的提升。

信息科技学科激励性学业评价围绕培养学生的信息核心素养展开，旨在培养学生的信息意识、计算思维、数字化学习与创新能力、信息社会责任。

信息科技学科激励性学业评价体系立足于国家课程，将省、市、区开展的人工智能课程贯穿教与学的全过程。过程性评价包括学生的课堂活动评价、课外活动表现。终结性评价包括展示性评价和综合测试卷，展示性评价中，三年级的测评项目包括我是编程小能手、计算思维我能行、指尖飞扬、数字画像；四年级的测评项目包括我是编程小达人、计算思维我能行、数据处理我能行、深圳印象我推荐；五年级的测评项目包括 AI 识花君、AI 小卫士、AI 客服、AI 店长；六年级的测评项目包括 AI 分类助手、AI 学习助手、AI 垃圾分类、AI 管家助手。这些项目能够让学生了解科技发展动向，尝试运用科学技术改变生活方式。

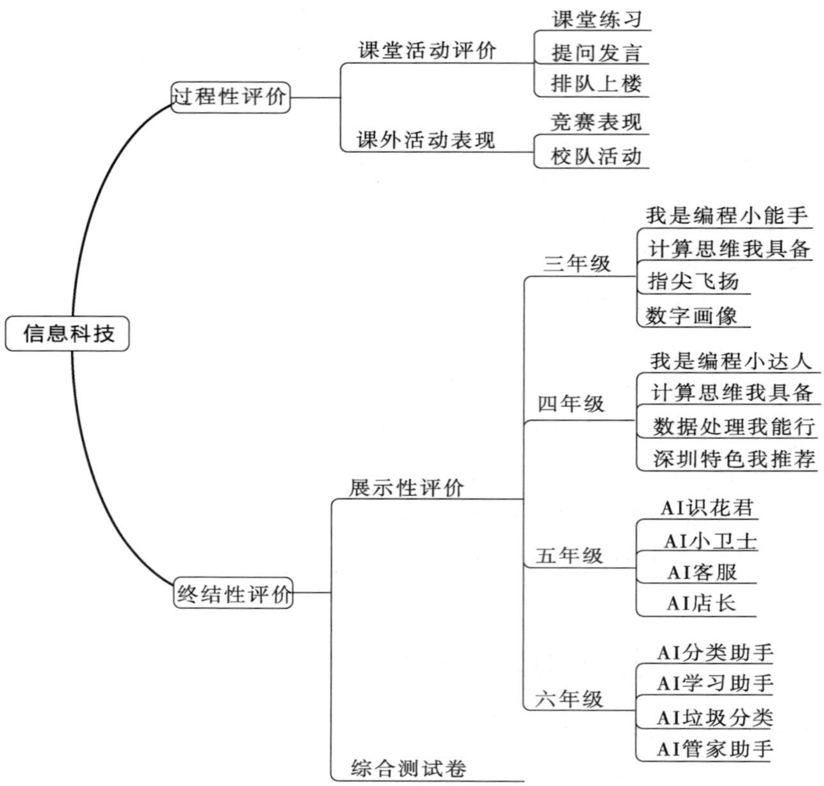

图 2 - 42　信息科技学科激励性学业评价项目思维导图

【三年级评价项目 1】

我是编程小能手

设计理念：

“我是编程小能手”测评项目以《义务教育信息科技课程标准（2022年版）》为出发点和落脚点，以项目式理念开展活动，以“生活中的机器人”为题，要求学生利用《腾讯扣叮》软件中的“创意实验室”进行创作，选择合适的“编程积木”，编写一个对生活有帮助的机器人，感受科技与生活的联系。本项目考查了学生的信息意识、数字化创新能力。本项目能够发展学生个性和创造精神，激发学生对学习的热情，扩展学生学习的视野，让学生感受信息科技知识的魅力。

评价要求：

1. 学生独立创作程序；
2. 程序设计完整，有操作提示和结果反馈。

评价内容及标准：

1. 作品美观且合理（1 颗豆）；
2. 主题贴切（1 颗豆）；
3. 运用多种类型的“积木块”（1 颗豆）；
4. 作品完整（1 颗豆）；
5. 富有创意（1 颗豆）。

评价形式及主体：

采取现场编程的方式，由学生、教师进行评价。

【三年级评价项目 2】

计算思维我具备

设计理念：

“计算思维我具备”测评项目以《义务教育信息科技课程标准（2022 年版）》为出发点和落脚点，选用 Bebras 国际计算思维挑战赛的题目，该题目是评价学生计算思维水平的有效工具。学生通过问卷星完成 5 道计算思维测试题（三年级版）。本项目重点考查了学生的计算思维能力，有助于学生提高计算思维水平，掌握分析新信息和处理新问题的方法，提升学生解决问题的能力和信息核心素养。

评价要求：

1. 学生独立完成测试；
2. 学生在测试中不能上网检索答案。

评价内容及标准：

1. 答对 5 题：5 颗豆；
2. 答对 4 题：4 颗豆；
3. 答对 3 题：3 颗豆；
4. 答对 2 题：2 颗豆；
5. 答对 1 题：1 颗豆。

评价形式及主体：

此项目采取现场测试的方式，由教师进行评价。

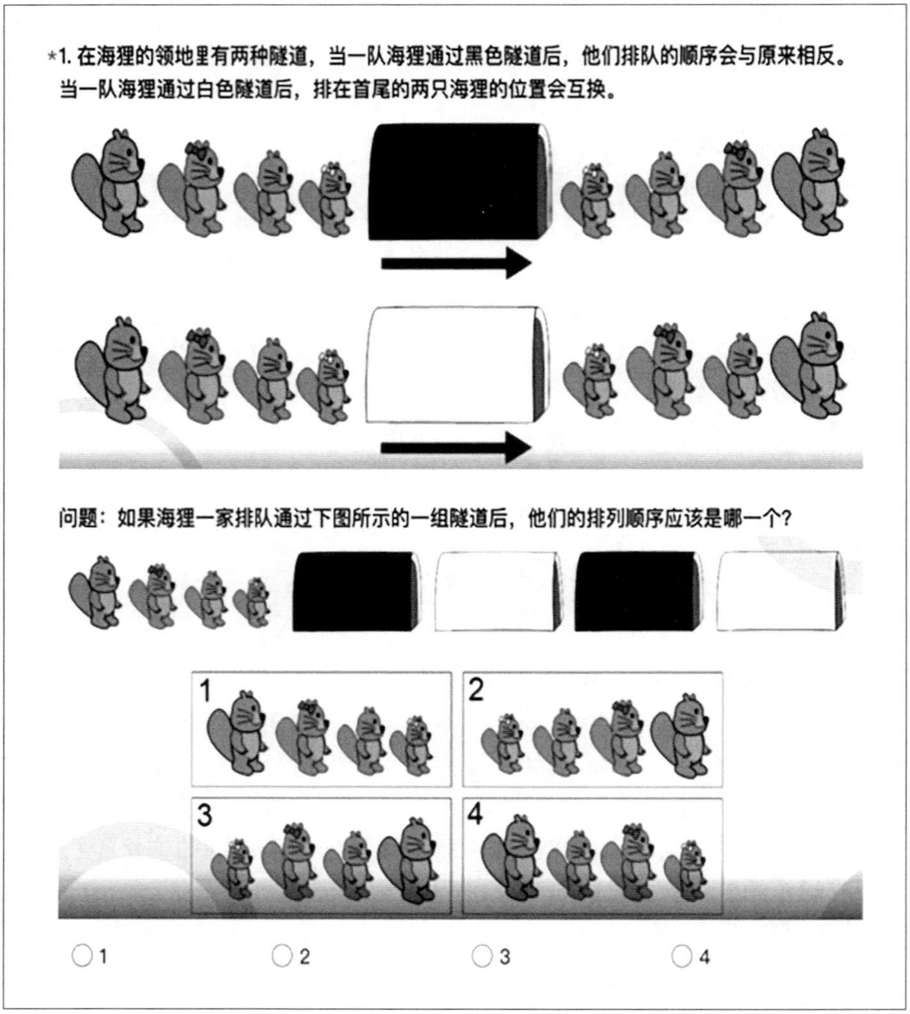

图 2 - 43 “计算思维我具备”测评题目

【三年级评价项目 3】

指尖飞扬

设计理念：

“指尖飞扬”测评项目以《义务教育信息科技课程标准（2022 年版）》为出发点和落脚点，以游戏化测评理念开展活动。教师提前利用图形化编程软件制作打字测试的游戏，要求学生通过游戏闯关的方式，完成打字水平的测试。游戏化测评可以提高评价过程的趣味性，减少学生完成测评项目时的紧张感，从而更能测试出学生的真实水平。本项目考查了学生的信息意识、数字化创新能力，让学生感受指尖飞扬的乐趣，体会掌握打字技巧的重要性，提升了学生对学习打字的兴趣。

评价要求：

1. 学生在打字时使用拼音输入法；
2. 学生在规定时间内将“指尖飞扬”游戏通关。

评价内容及标准：

1. 通过5关：5颗豆；
2. 通过4关：4颗豆；
3. 通过3关：3颗豆；
4. 通过2关：2颗豆；
5. 通过1关：1颗豆。

评价形式及主体：

此项目采取现场测试的方式，游戏会根据学生的闯关情况自动展示评价结果。

图2-44　“指尖飞扬”游戏截图

【三年级评价项目4】

数字画像

设计理念：

“数字画像”测评项目以《义务教育信息科技课程标准（2022年版）》为出发点和落脚点，以跨学科理念开展活动，以“数字画像”为题，要求学生利用 WPS 写一篇不少于 200 字的自我介绍，感受打字技能在学习和生活的应用，并利用在线工具生成词云图。本项目考查了学生的信息意识、数字化创新能力以及对于 WPS 软件的掌握情况，培养学生利用数字平台友善地表达自己，使学生养成利用信息技术开展数字化学习与交流的行为习惯。

评价要求：

1. 学生在打字时使用拼音输入法；
2. 学生使用 WPS 软件独立完成自我介绍；
3. 从姓名、星座、性格、爱好等方面介绍自己。

评价内容及标准：

1. 自我介绍中，无错别字（1 颗豆）；
2. 自我介绍中使用的标点符号正确（1 颗豆）；
3. 自我介绍的格式正确（1 颗豆）；
4. 自我介绍逻辑清晰（1 颗豆）；
5. 生成词云图（1 颗豆）。

评价形式及主体：

此项目采取现场编写的方式，由学生、教师进行评价。

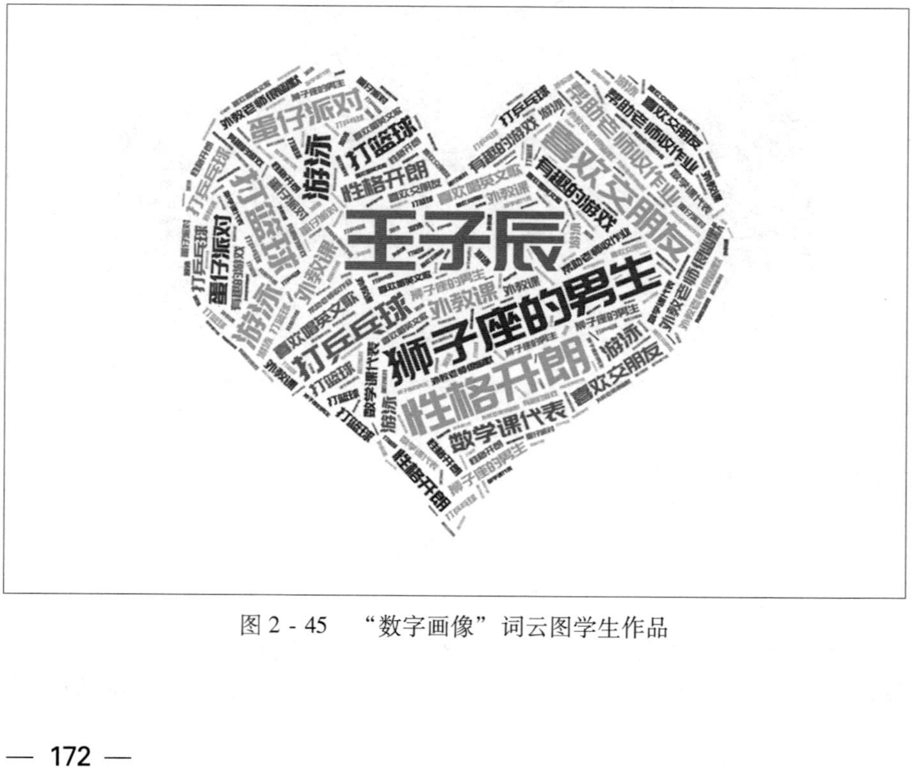

图 2 - 45 “数字画像”词云图学生作品

【四年级评价项目 1】

我是编程小达人

设计理念：

“我是编程小达人”测评项目以《义务教育信息科技课程标准（2022年版）》为出发点和落脚点，以项目式理念开展测评，以“智慧交通”为题，要求学生利用《腾讯扣叮》软件中的“创意实验室”进行创作，感受科技对交通的帮助。本项目考查了学生的信息意识、数字化创新能力。本项目旨在发展学生个性和创造精神，激发学生对学习的热情，扩展学生学习的视野，让学生感受信息科技知识的魅力。

评价要求：

1. 学生独立创作程序；
2. 程序设计完整，有操作提示和结果反馈。

评价内容及标准：

1. 作品美观且合理（1 颗豆）；
2. 主题贴切（1 颗豆）；
3. 运用多种类型的“积木块”（1 颗豆）；
4. 作品完整（1 颗豆）；
5. 富有创意（1 颗豆）。

评价形式及主体：

采取现场编程的方式，由学生、教师进行评价。

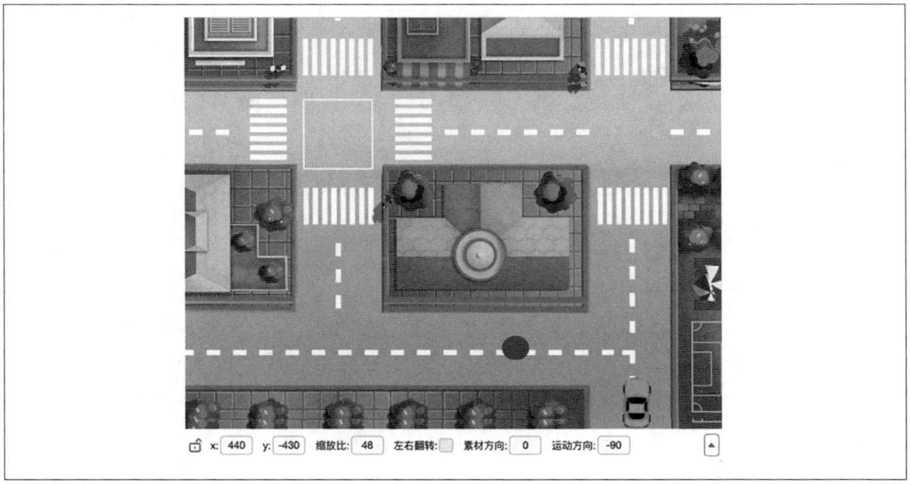

图 2 - 46　“我是编程小达人”学生作品

【四年级评价项目 2】

计算思维我具备

设计理念：

“计算思维我具备”测评项目以《义务教育信息科技课程标准（2022 年版）》为出发点和落脚点，选用 Bebras 国际计算思维挑战赛的题目，该题目是评价学生计算思维水平的有效工具。此项目要求学生通过问卷星完成 5 道计算思维测试题（四年级版），重点考查学生的计算思维能力，要求学生掌握分析新信息和处理新问题的方法，提升学生解决问题的能力和信息核心素养。

评价要求：

1. 学生独立完成测试；
2. 测试过程中不能上网检索答案。

评价内容及标准：

1. 答对 5 题：5 颗豆；
2. 答对 4 题：4 颗豆；
3. 答对 3 题：3 颗豆；
4. 答对 2 题：2 颗豆；
5. 答对 1 题：1 颗豆。

评价形式及主体：

本项目采取现场测试的方式，由教师进行评价。

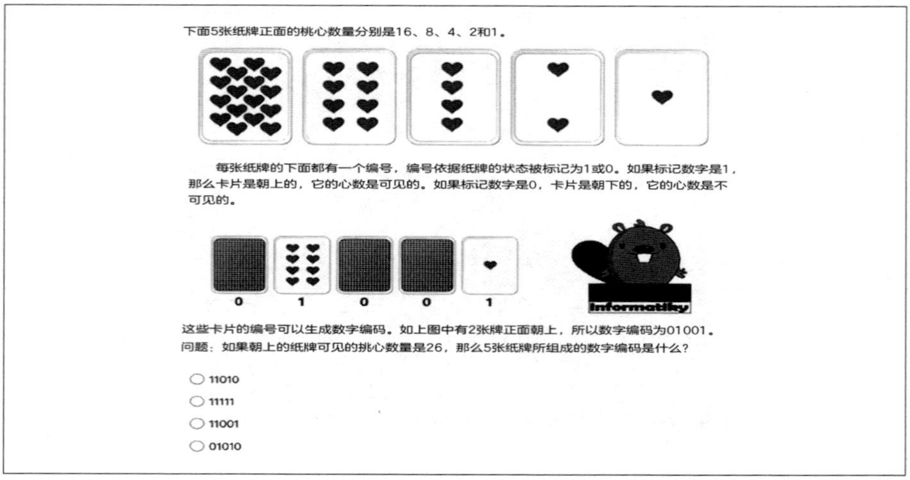

图 2 - 47 “计算思维我具备”测评题目

【四年级评价项目 3】

数据处理我能行

设计理念：

“数据处理我能行”测评项目以《义务教育信息科技课程标准（2022 年版）》为出发点和落脚点，以项目式理念开展测评。学生将自己每节课完成任务的情况形成一个具有较多数据的表格，再根据具体的需求处理表格，制作精美的图表，直观地展示数据。本项目考查了学生的计算思维、信息意识、数字化创新能力，能够让学生感受 WPS 处理表格数据的优势，体会到掌握 WPS 表格操作技巧的重要性，提升了学生用表格处理数据的兴趣。

评价要求：

1. 独立操作，根据需求找到相应数据；
2. 制作精美的图表，直观地展示数据。

评价内容及标准：

1. 表格完整（1 颗豆）；
2. 数据处理正确（1 颗豆）；
3. 选用合适的图表类型（1 颗豆）；
4. 图表美观（1 颗豆）；
5. 图表命名正确（1 颗豆）。

评价形式及主体：

此项目采取现场测试的方式，由学生、教师进行评价。

【四年级评价项目 4】

深圳特色我推荐

设计理念：

“深圳特色我推荐”测评项目以《义务教育信息科技课程标准（2022 年版）》为出发点和落脚点，以项目式理念开展活动。学生需要结合收集到的关于深圳的资料制作 WPS 演示文稿，推荐深圳的某个特色，可以推荐深圳的景点、美食、非遗等。本项目考查了学生的信息意识、数字化创新能力，使学生体会到了用 WPS 制作演示文稿的便利性，以及掌握文稿制作技巧的重要性，提升了学生用 WPS 制作演示文稿的兴趣。

评价要求：

1. 独立制作演示文稿来介绍深圳特色；
2. 图文一致，画面精美。

评价内容及标准：

1. 内容正确：1 颗豆；
2. 图文一致：1 颗豆；
3. 画面精美：1 颗豆；
4. 素材丰富：1 颗豆；
5. 命名正确：1 颗豆。

评价形式及主体：

此项目采取现场测试的方式，由学生、教师进行评价。

【五年级评价项目 1】

AI 识花君

设计理念：

“AI 识花君”测评项目以《义务教育信息科技课程标准（2022 年版）》为出发点和落脚点，以项目式理念为指导，让学生利用荔湾小学校园中的植物和软件《腾讯扣叮》，同时结合所学到的信息科技知识设计并开发“AI 识花君”。本项目考查了学生的信息意识、数字化创新能力，加深了学生对荔湾校园中的植物的认识，增强了学生的人工智能素养，提升了学生的信息核心素养。

评价要求：

1. 学生独立创作程序；
2. 程序设计完整，有操作提示和结果反馈。

评价内容及标准：

1. 运用“AI 拍照识图”模块（1 颗豆）；
2. 有程序使用指引（1 颗豆）；
3. 能正确识别植物（2 颗豆）；
4. 程序美观，运行流畅（1 颗豆）。

评价形式及主体：

采取现场编程的方式，由学生、教师进行评价。

图 2 - 48 “AI 识花君”学生作品

【五年级评价项目 2】

AI 小卫士

设计理念：

“AI 小卫士”测评项目以《义务教育信息科技课程标准（2022 年版）》为出发点和落脚点，以项目式理念为指导，让学生利用软件《腾讯扣叮》和学到的信息科技知识设计并开发“AI 小卫士”，利用人工智能中的“人脸搜索”，比较目标人脸和数据库中的人脸的关键特征，判定是否是同一个人，从而对进入本班级的人员进行检测和判别。本项目考查了学生的信息意识、数字化创新能力，增强了学生的人工智能感知能力、信息社会责任感、信息核心素养。

评价要求：

1. 学生独立创作程序；
2. 程序设计完整，有操作提示和结果反馈。

评价内容及标准：

1. 运用“AI 人脸搜索”模块（1 颗豆）；
2. 有程序使用指引（1 颗豆）；
3. 能正确检测目标人脸是否为本班同学（2 颗豆）；
4. 程序美观，运行流畅（1 颗豆）。

评价形式及主体：

采取现场编程的方式，由学生、教师进行评价。

【五年级评价项目 3】

AI 客服

设计理念：

“AI 客服”测评项目以《义务教育信息科技课程标准（2022 年版）》为出发点和落脚点，以项目式理念为指导，让学生了解人工智能客服的工作内容，利用软件《腾讯扣叮》并结合学到的信息科技知识设计并开发“AI 客服”。本项目考查了学生的信息意识、数字化创新能力、信息社会责任感，增强了学生的人工智能素养和信息核心素养。

评价要求：

1. 学生独立创作程序；
2. 程序设计完整，有操作提示和结果反馈。

评价内容及标准：

1. 完成任务一“打招呼”（1 颗豆）；
2. 完成任务二“回答固定问题”（1 颗豆）；
3. 完成任务三“转人工客服”（1 颗豆）；
4. 完成任务四“客服一直在线，等待回答问题”（1 颗豆）；
5. 程序美观，运行流畅（1 颗豆）。

评价形式及主体：

采取现场编程的方式，由学生、教师进行评价。

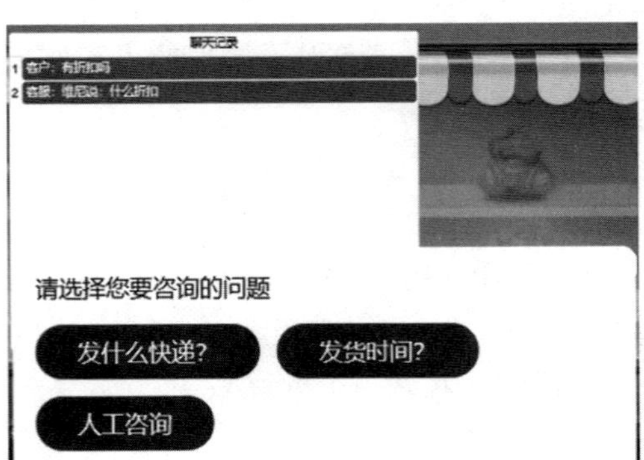

图 2 - 49　“AI 客服”学生作品

【五年级评价项目 4】

AI 店长

设计理念：

“AI 店长”测评项目以《义务教育信息科技课程标准（2022 年版）》为出发点和落脚点，以项目式理念为指导，以超市为项目情境，让学生利用《腾讯扣叮》软件并结合所学到的信息科技知识设计并开发“AI 店长”。本项目考查了学生的信息意识、数字化创新能力、信息社会责任感，增强了学生对技术改变生活的认识和学生的人工智能应用能力，提升了学生的信息核心素养。

评价要求：

1. 学生独立创作程序；
2. 程序设计完整，有操作提示和结果反馈。

评价内容及标准：

1. 完成任务一“语音请求帮忙”（1 颗豆）；
2. 完成任务二“记录相关数据”（1 颗豆）；
3. 完成任务三“拍照并识别文字”（1 颗豆）；
4. 完成任务四“分析文字识别结果”（1 颗豆）；
5. 程序美观，运行流畅（1 颗豆）。

评价形式及主体：

采取现场编程的方式，由学生、教师进行评价。

图 2 - 50 “AI 店长”学生作品

【六年级评价项目 1】

AI 分类助手

设计理念：

“AI 分类助手”测评项目以《义务教育信息科技课程标准（2022 年版）》为出发点和落脚点，以项目式理念为指导，让学生将某一 24 帧/秒的视频切成静帧图像，把这些图像作为分类数据集，对图像分类器进行模型训练，从而最终实现图像分类的效果。本项目考查了学生的信息意识、数字化创新能力，让学生了解并体验人工智能模型的训练过程，增强学生对人工智能的应用能力，提升了学生的信息核心素养。

评价要求：

1. 学生独立创作程序；
2. 程序设计完整，有操作提示和结果反馈。

评价内容及标准：

1. 运用了《腾讯扣叮》软件中的“AI 分类训练”模块（1 颗豆）；
2. 有程序使用指引（1 颗豆）；
3. 能正确检测并识别物品（2 颗豆）；
4. 程序美观，运行流畅（1 颗豆）；

评价形式及主体：

采取现场编程的方式，由学生、教师进行评价。

图 2 - 51 “AI 分类助手”学生作品

【六年级评价项目 2】

AI 学习助手

设计理念：

“AI 学习助手”测评项目以《义务教育信息科技课程标准（2022 年版）》为出发点和落脚点，以项目式理念为指导，让学生利用软件《腾讯扣叮》设计并开发“AI 学习助手”，其中应包含简单的数学计算器、英语单词翻译器、语文古诗朗读音频。本项目考查了学生的信息意识、数字化创新能力，促进学生多学科知识的融合，增强了学生对人工智能的运用能力，提升了学生的信息核心素养。

评价要求：

1. 学生独立创作程序；
2. 程序设计完整，有操作提示和结果反馈。

评价内容及标准：

1. 运用了软件中的图像识别、语音识别等人工智能模块（1 颗豆）；
2. “AI 学习助手”中有数学计算器（1 颗豆）；
3. “AI 学习助手”有英语单词翻译器（1 颗豆）；
4. “AI 学习助手”有语文古诗朗读音频（1 颗豆）；
5. 程序美观，运行流畅（1 颗豆）；

评价形式及主体：

采取现场编程的方式，由学生、教师进行评价。

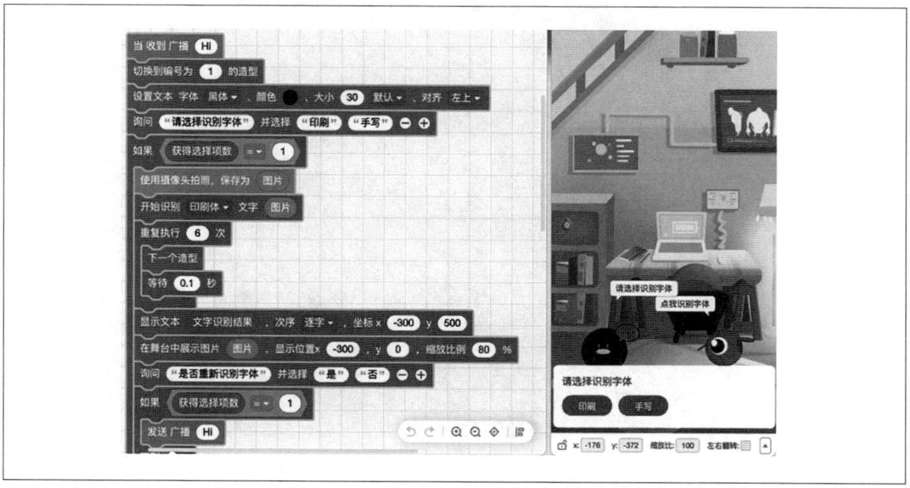

图 2 - 52　“AI 学习助手”学生作品

【六年级评价项目 3】

AI 垃圾分类

设计理念：

“AI 垃圾分类”测评项目以《义务教育信息科技课程标准（2022 年版）》为出发点和落脚点，以项目式理念为指导，让学生利用软件《腾讯扣叮》和学到的信息科技知识设计并开发“AI 垃圾分类”。本项目考查了学生的信息意识、数字化创新能力、信息社会责任感，促进了学生对垃圾分类的认识，增强了学生的人工智能应用能力，提升了学生的信息核心素养。

评价要求：

1. 学生独立创作程序；
2. 程序设计完整，有操作提示和结果反馈。

评价内容及标准：

1. 完成任务一“扔垃圾”（1 颗豆）；
2. 完成任务二“处理厨余垃圾”（1 颗豆）；
3. 完成任务三“可回收垃圾、有害垃圾、其他垃圾”（2 颗豆）；
4. 程序美观，运行流畅（1 颗豆）。

评价形式及主体：

采取现场编程的方式，由学生、教师进行评价。

图 2 - 53　“AI 垃圾分类”学生作品

【六年级评价项目 4】

AI 管家助手

设计理念：

“AI 管家助手”测评项目以《义务教育信息科技课程标准（2022 年版）》为出发点和落脚点，以项目式理念为指导，让学生了解智能家居的构成，同时利用软件《腾讯扣叮》和学到的信息科技知识设计并开发“AI 管家助手”。本项目考查了学生的信息意识、计算思维、数字化创新能力、信息社会责任感，进一步增强了学生对人工智能的认识，提升了学生的信息核心素养。

评价要求：

1. 学生独立创作程序；
2. 程序设计完整，有操作提示和结果反馈。

评价内容及标准：

1. 完成任务一“启动智能管家”（1 颗豆）；
2. 完成任务二“语音识别命令”（1 颗豆）；
3. 完成任务三“开启扫地机器人”（1 颗豆）；
4. 完成任务四“控制风扇”（1 颗豆）；
5. 程序美观，运行流畅（1 颗豆）。

评价形式及主体：

采取现场编程的方式，由学生、教师进行评价。

图 2 - 54 “AI 管家助手”学生作品

道德与法治学科激励性学业评价

《义务教育道德与法治课程标准（2022 年版）》中指出："各课程标准根据核心素养发展水平，结合课程内容，整体刻画不同学段学生学业成就的具体表现特征，形成学业质量标准，引导和帮助教师把握教学深度与广度，为教材编写、教学实施和考试评价等提供依据。"

基于此，道德与法治学科的激励性学业评价体系以"成长中的我"为原点，将学生不断扩大的生活和交往范围作为建构课程评价的基础。我校遵循学生身心发展特点和成长规律，按照大中小学德育一体化的思路，依据我与自身、自然、家庭、他人、社会、国家和人类文明的关系展开测评项目，强化了课程评价体系的整体性。

道德与法治学科的激励性学业评价体系立足于国家课程，贯穿教学的全过程。过程性评价包含学生的每日课堂、每日作业。每日课堂旨在观察和记录学生的上课状态，包括听讲状态、参与课堂的积极程度、小组活动的表现情况。每日作业则考查学生对课堂内容的掌握程度以及独立完成作业的情况。

在终结性评价方面，教师根据不同年级的学习内容、各年段学习目标设置了多元化项目。道德与法治学科一年级的教育主题是适应新生活，帮助儿童完成入学转变。教师结合学年安排和教材，针对儿童的需求，设计了"我会介绍我自己"和"我们一起去采风"项目，让学生尽快适应学校生活。二年级以"我与他人""我与自然"为主线，三至四年级以"我与社会"为主线，五至六年级以"我与国家""我与人类文明"为主线。学校设计了多个测评项目，以螺旋上升的方式构建评价体系。

道德与法治学科激励性学业评价体系旨在培养学生核心素养，发挥评价的引导作用，改进结果评价，强化过程评价，将过程性评价与终结性评价相结合，更加关注评价的激励和改进功能，关注学生思想品行的发展和进步，提升课程评价的科学性、专业性、客观性。

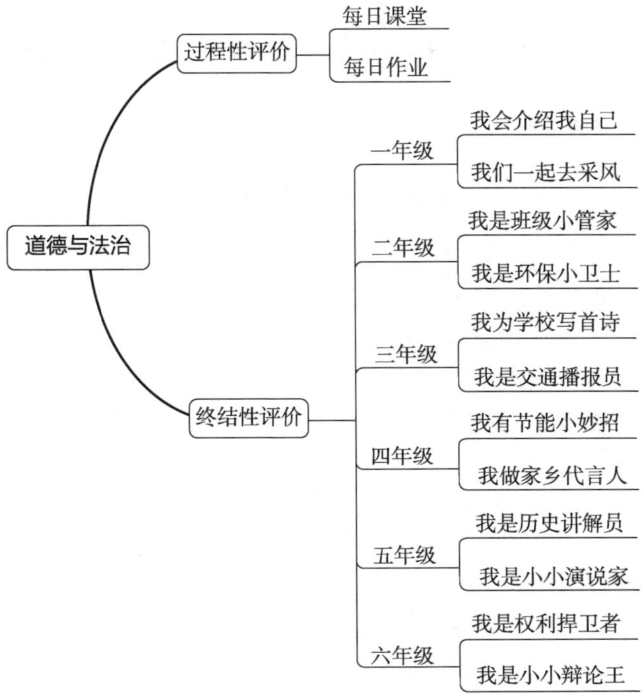

图 2 - 55　道德与法治学科激励性学业评价项目思维导图

【一年级评价项目 1】

我会介绍我自己

设计理念：

“我会介绍我自己”测评项目落实《义务教育道德与法治课程标准（2022 年版）》的理念，将道德与法治课程与美术课程、综合实践课程相结合，要求新生能认识到自己的特点，并敢于向新朋友展示自己，考查学生的人际交往能力，使学生积极地融入班级生活，建立良好的同伴关系。

评价要求：

1. 自制包含个人基本信息的名片；
2. 依据设计的名片，向班级同学介绍自己。

评价内容及标准：

1. 名片内容能涵盖自己的基本信息（2 颗豆）；
2. 名片设计美观，体现艺术性和创新性（2 颗豆）；
3. 自我介绍时声音响亮，肢体动作自然（1 颗豆）。

评价形式及主体：

此项目采取现场制作和展示的方式，由学生和教师两方进行评价。

【一年级评价项目 2】

我们一起去采风

设计理念：

“我们一起去采风”测评项目落实《义务教育道德与法治课程标准（2022 年版）》的理念，将道德与法治课程与科学课程、美术课程、综合实践课程相结合，要求学生学会观察和适应校园环境，选择合适的自然元素（树叶、花瓣等）进行创作，建立与自然的亲密关系。

评价要求：

学生在规定的时间内利用自然元素（如花瓣、叶片等）绘制校园景观。

评价内容及标准：

1. 利用自然元素完成整幅作品（2 颗豆）；
2. 作品在设计、制作上具有美观性和艺术性（2 颗豆）；
3. 作品体现创新性和想象力（1 颗豆）。

评价形式及主体：

此项目采取现场制作的方式，由学生和教师两方进行评价。

【二年级评价项目 1】

我是班级小管家

设计理念：

“我是班级小管家”测评项目落实《义务教育道德与法治课程标准（2022 年版）》的理念，将道德与法治课程与美术课程、综合实践课程相结合，考查学生是否了解并遵守班级纪律、是否具备小主人翁意识，要求学生通过手账、日记、手抄报等形式，介绍自己的班级，记录自己和班级的故事，表达对班级的热爱之情。

评价要求：

学生通过手账、日记、手抄报等形式，介绍自己班级的特点，记录自己和班级的故事。

评价内容及标准：

1. 作品能展现班级文化或记录班级生活（2 颗豆）；
2. 作品在设计、制作上具有美观性和艺术性（2 颗豆）；
3. 作品体现创新性和想象力（1 颗豆）。

评价形式及主体：

本项目采取现场制作的方式，由学生和教师两方进行评价。

图 2 - 56　二年级“我是班级小管家”学生作品

【二年级评价项目 2】

我是环保小卫士

设计理念：

“我是环保小卫士”测评项目落实《义务教育道德与法治课程标准（2022 年版）》的理念，将道德与法治课程与科学课程、美术课程、综合实践课程相结合，要求学生通过收集资料，聚焦某一自然资源问题，根据课堂学习内容和知识积累绘制环保宣传册，考查了学生的环保意识。

评价要求：

学生聚焦某一自然资源（如森林、水）问题，绘制环保宣传册。

评价内容及标准：

1. 作品能体现某一资源问题，价值观正确（2 颗豆）；
2. 作品在设计、制作上具有美观性和艺术性（2 颗豆）；
3. 作品体现创新性和想象力（1 颗豆）。

评价形式及主体：

此项目采取作品展示的方式，由教师和学生两方进行评价。

【三年级评价项目 1】

我为学校写首诗

设计理念：

“我为学校写首诗”测评项目落实《义务教育道德与法治课程标准（2022 年版）》的理念，将道德与法治课程与语文课程相结合，考查学生在学校生活中是否具备主人翁精神，要求学生能感知学校生活的魅力，以诗歌的形式表达对学校生活的热爱。

评价要求：

1. 学生创作诗歌，抒发在学校生活中的感受；
2. 为班级同学朗诵自己创作的诗歌。

评价内容及标准：

1. 作品描写具体，语句生动，书写工整（2 颗豆）；
2. 作品富有真情实感，体现创新性和想象力（2 颗豆）；
3. 朗诵时声音洪亮，肢体动作自然，感情充沛（1 颗豆）。

评价形式及主体：

采取作品展示的方式，由学生和教师进行评价。

【三年级评价项目 2】

我是交通播报员

设计理念：

“我是交通播报员”测评项目贯彻《义务教育道德与法治课程标准（2022 年版）》的理念，将道德与法治课程与语文、综合实践课程相结合，要求学生熟悉基本的交通规则，了解现代交通的发展历程，选择一条交通规则及相关案例进行介绍，树立学生的安全意识。

评价要求：

选择一条交通规则及相关案例进行介绍。

评价内容及标准：

1. 表述清晰，描述准确，内容符合要求（2 颗豆）；
2. 声音响亮，肢体动作自然（2 颗豆）；

3. 有自己的感悟，价值观正确（1 颗豆）。

评价形式及主体：

采取现场汇报的方式，由学生、教师进行评价。

【四年级评价项目 1】

我有节能小妙招

设计理念：

“我有节能小妙招”测评项目贯彻《义务教育道德与法治课程标准（2022 年版）》的理念，将道德与法治课程与科学课程、综合实践课程相结合，要求学生通过课堂学习认识到垃圾分类、回收、循环再利用的意义，树立环保观念，学会节约资源，对生活中产生的废品进行二次创作和利用。

评价要求：

对生活中收集的废品（如易拉罐、卷纸筒）进行二次创作。

评价内容及标准：

1. 小组分工明确，并由一位组长管理和安排工作（1 颗豆）；
2. 在规定时间内完成创作（2 颗豆）；
3. 作品在设计、制作上具有实用性和美观性（2 颗豆）。

评价形式及主体：

采取现场制作的方式，由学生、教师进行评价。

【四年级评价项目 2】

我做家乡代言人

设计理念：

“我做家乡代言人”测评项目贯彻《义务教育道德与法治课程标准（2022 年版）》的理念，将道德与法治课程与语文课程、美术课程、综合实践课程相结合，要求学生从不同角度了解地方的风俗文化和民间艺术，感受传统文化和传统工艺的魅力，并通过手抄报的形式介绍家乡的风俗文化和民间艺术。

评价要求：

绘制手抄报，展现家乡特色或记录家乡人的生活。

评价内容及标准：

1. 作品能体现家乡文化特色或记录家乡人的生活（2 颗豆）；

2. 作品在设计、制作上具有美观性和艺术性（2 颗豆）；
3. 作品能体现创新性和想象力（1 颗豆）。

评价形式及主体：

采取作品展示的方式，由学生、教师进行评价。

【五年级评价项目 1】

我是历史讲解员

设计理念：

“我是历史讲解员”测评项目贯彻《义务教育道德与法治课程标准（2022 年版）》的理念，将道德与法治课程与语文课程、科学课程、综合实践课程相结合，考查学生的资料收集能力和口语表达能力，要求学生通过课堂学习了解我国卓越的科技成就，并选择一项中国古代的科技成果进行介绍。

评价要求：

1. 收集我国古代科技成就的相关资料；
2. 现场介绍一项中国古代科技成果。

评价内容及标准：

1. 表述清晰，描述准确，内容符合要求（2 颗豆）；
2. 声音响亮，肢体动作自然（2 颗豆）；
3. 有自己的感悟，价值观正确（1 颗豆）。

评价形式及主体：

采取现场演讲的方式，由学生、教师进行评价。

【五年级评价项目 2】

我是小小演说家

设计理念：

“我是小小演说家”测评项目贯彻《义务教育道德与法治课程标准（2022 年版）》的理念，将道德与法治课程与语文课程、综合实践课程相结合，考查学生的资料收集能力和口语表达能力，要求学生了解革命历史和民族英雄，围绕一个或多个红色英雄人物或事件进行爱国主题的演讲，体会民族感情，自觉继承和弘扬民族精神。

评价要求：

1. 收集一个或多个红色英雄人物或事件的相关资料；
2. 现场进行爱国主题的演讲。

评价内容及标准：

1. 表述清晰，描述准确，内容符合要求（2 颗豆）；
2. 声音响亮，肢体动作自然（2 颗豆）；
3. 有自己的感悟，价值观正确（1 颗豆）。

评价形式及主体：

采取现场演讲的方式，由学生、教师进行评价。

【六年级评价项目 1】

我是权利捍卫者

设计理念：

“我是权利捍卫者”测评项目贯彻《义务教育道德与法治课程标准（2022 年版）》的理念，将道德与法治课程与语文课程、综合实践课程相结合，考查学生学法用法的能力和口语表达能力，要求学生选择一项公民权利进行介绍，并通过相关条文或案例对这一权利进行讲解。

评价要求：

介绍一项公民权利及相关条文或案例。

评价内容及标准：

1. 表述清晰，描述准确，内容符合要求（2 颗豆）；
2. 声音响亮，肢体动作自然（2 颗豆）；
3. 有自己的感悟，价值观正确，（1 颗豆）。

评价形式及主体：

采取现场汇报的方式，由学生、教师进行评价。

【六年级评价项目 2】

我是小小辩论王

设计理念：

“我是小小辩论王”测评项目贯彻《义务教育道德与法治课程标准（2022 年版）》的理念，将道德与法治课程与语文课程、综合实践课程相结合，考查学生学法用法的能力和口语表达能力，要求学生通过课堂学习，感受法律对个人生活和公共生活的重要性，确立尊法守法、学法用法的观念。

评价要求：

选取一个法治主题，围绕该主题展开辩论。

评价内容及标准：

1. 小组合作默契，分工合理（2 颗豆）；
2. 按顺序发言，能流利地表达自己的观点（2 颗豆）；
3. 辩论角度新颖，有自己的思考（1 颗豆）。

评价形式及主体：

采取现场辩论的方式，由学生、教师进行评价。

劳动学科激励性学业评价

《义务教育劳动课程标准（2022 年版）》（以下简称《课程标准》）明确指出，劳动教育评价既要考虑劳动素养的各个方面，又要考虑劳动素养的过程性表现和结果性表现。评价不仅要关注劳动工具选择的合理性、使用的规范性和熟练程度，关注劳动强度、劳动效率、劳动时长等劳动实践要素，而且要关注学生在劳动实践过程中的参与度、主动性、积极性和表现出来的规则意识、责任意识。

劳动学科的激励性学业评价旨在提高学生对劳动的兴趣，增强学生在劳动过程中的积极性和创造性，提高学生的劳动水平和实践能力，促进学生劳动意识的树立和劳动习惯的养成。

劳动学科的激励性学业评价体系以《课程标准》《关于全面加强新时代大中小学劳动教育的意见》和《大中小学劳动教育指导纲要（试行）》为指导，结合我校办学理念，有目的、有计划地组织学生参加日常生活劳动、生产劳动和服务性劳动。过程性评价包含学生的“每日课堂”及“小组合作”，“每日课堂”考查学生的课前准备情况、动手实践能力以及劳动观念，“小组合作”考查学生在动手实践环节中的团队合作意识。

在展示性评价中，我校各年级教师结合学生年龄特点，在不同年级设置了不同的考核内容。一年级测评项目为“我是整理小达人”和“自己动手包书皮”，以整理与收纳任务为考核重点，培养学生的自理能力。二年级测评项目有“纸巾筒芯巧变身”和“豆芽种植我在行为”，重点培养学生的劳动观念和劳动精神。三年级测评项目有“纽扣掉了我会缝”和“土豆成长我观察”，主要考查学生在实践过程中的劳动安全意识、劳动能力。

四年级评价项目是“自制创意零钱包”和“制作植物挂牌”，主要以农业生产劳动和传统工艺制作为实践抓手，观察学生在动手实践过程中的劳动能力。五年级评价项目是“美味的西红柿炒蛋”和“创意笔筒我设计”，主要观察学生在学习烹饪时的劳动能力，以及在学习传统工艺制作时的创新能力。六年级结合我国传统文化以及毕业班的特点，以“我做月饼迎中秋”和“设计毕业纪念册”为评价项目，综合考查学生的劳动能力、劳动观念、劳动习惯和劳动精神。

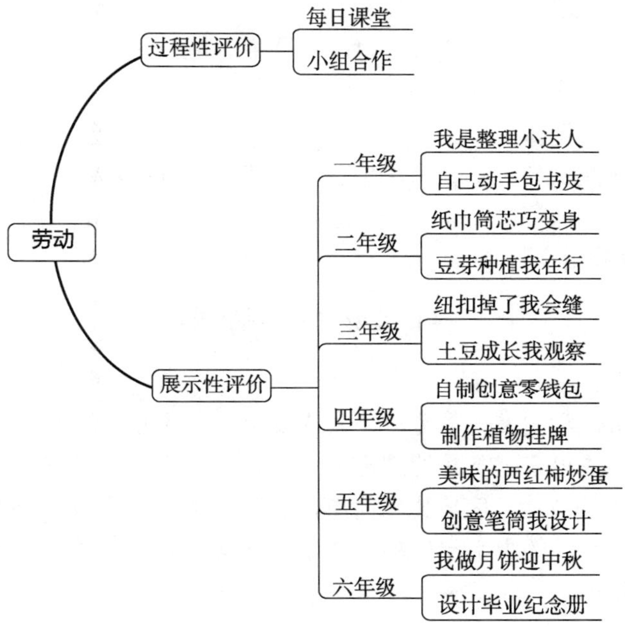

图 2 - 57　劳动学科激励性学业评价项目思维导图

【一年级评价项目 1】

我是整理小达人

设计理念：

课程教学使学生懂得，劳动是人人都需要掌握的一项生活技能，并让学生懂得劳动成果来之不易的道理。该项目让学生在一年级的入学适应期内学习并掌握“整理与归纳”的基本生活技能，使学生初步感知劳动的艰辛与乐趣，学会尊重他人的劳动付出，同时使学生树立积极参加劳动的意识。

评价要求：

1. 自行整理文具；
2. 分门别类地归纳；
3. 将文具整齐地放入书包。

评价内容及标准：

1. 能够将课本及练习册分类（1 颗豆）；
2. 将不同学科的资料装入对应的收纳袋（1 颗豆）；
3. 将收纳袋放入书包（1 颗豆）；
4. 将笔盒、水杯等用品放入书包（1 颗豆）；
5. 拉好书包拉链（1 颗豆）。

评价形式及主体：

采取现场测试的方式，由学生、教师两方进行评价。

【一年级评价项目 2】

自己动手包书皮

设计理念：

课程教学使学生懂得，劳动是人人都需要掌握的一项生活技能，并让学生懂得劳动成果来之不易的道理。该项目让学生学习并掌握“整理与归纳”的基本生活技能，完成比较简单的整理任务，学会规范使用相应的工具，初步感知劳动的艰辛与乐趣，使学生学会尊重他人的劳动付出，树立主动劳动的意识。

评价要求：

1. 根据书的尺寸选择合适的书皮；
2. 动手包书皮。

评价内容及标准：

1. 准备包书皮的材料和工具（1 颗豆）；
2. 根据书的尺寸选择合适的书皮（2 颗豆）；
3. 独立包书皮（1 颗豆）；
4. 书皮具有美观性和创意性（1 颗豆）。

评价形式及主体：

采取现场测试的方式，由学生、教师两方进行评价。

【二年级评价项目 1】

纸巾筒芯巧变身

设计理念：

课程教学使学生懂得，劳动是人人都需要掌握的一项生活技能，并让学生懂得劳动成果来之不易的道理。该项目让学生掌握简单的手工技巧，使学生初步感知劳动的艰辛与乐趣，同时使学生树立积极参加劳动的意识。

评价要求：

1. 利用纸巾筒芯制作一个笔筒；
2. 简要介绍自制笔筒的特点。

评价内容及标准：

1. 掌握了制作笔筒的步骤（1 颗豆）；
2. 能够独立、耐心地制作笔筒（1 颗豆）；
3. 笔筒兼具实用性、美观性和创意性（1 颗豆）；
4. 能够详细介绍自己的笔筒的特点（2 颗豆）。

评价形式及主体：

采取作品展示的方式，由学生、教师两方进行评价。

【二年级评价项目 2】

豆芽种植我在行

设计理念：

课程教学使学生懂得，劳动是人人都需要掌握的一项生活技能，并让学生懂得劳动成果来之不易的道理。该项目培养学生照顾身边常见动植物的习惯，使学生树立关爱生命、热爱自然的意识，并让学生初步感知劳动的艰辛与乐趣，学会尊重他人的劳动付出，同时使学生树立积极参加劳动的意识。

评价要求：

1. 使用正确的方法培育豆芽；
2. 坚持照顾和观察豆芽，并完成记录。

评价内容及标准：

1. 用正确的方法种植豆芽（2 颗豆）；
2. 坚持照顾和观察豆芽（2 颗豆）；
3. 观察记录单具有美观性、真实性（1 颗豆）。

评价形式及主体：

采取作品展示的方式，由学生、教师两方进行评价。

【三年级评价项目1】

纽扣掉了我会缝

设计理念：

课程教学使学生懂得，劳动是人人都需要掌握的一项生活技能，并让学生懂得劳动成果来之不易的道理。该项目让学生学习简单的家务劳动技能，规范地使用常用的劳动工具，使学生初步感知劳动的艰辛与乐趣，同时使学生树立积极参加劳动的意识。

评价要求：

1. 熟练掌握穿针引线的方法；
2. 熟练缝制双孔纽扣及四孔纽扣。

评价内容及标准：

1. 熟练穿线，学会打起针结和止针结（1颗豆）；
2. 掌握缝制双孔纽扣的方法（1颗豆）；
3. 掌握缝制四孔纽扣的方法（1颗豆）；
4. 将五颗纽扣缝制在一条直线上（1颗豆）；
5. 缝制的纽扣牢固，抖动不掉（1颗豆）。

评价形式及主体：

采取现场测试的方式，由学生、教师两方进行评价。

【三年级评价项目2】

土豆成长我观察

设计理念：

课程教学使学生懂得，劳动是人人都需要掌握的一项生活技能，并让学生懂得劳动成果来之不易的道理。该项目让学生体验种植等生产劳动，树立规范使用常见劳动工具的意识，激发学生对劳动过程中遇到的问题的好奇心，使学生初步感知劳动的艰辛与乐趣，让学生在劳动过程和日常生活中做到不怕困难。

评价要求：

1. 使用正确的方法种植土豆；

2. 坚持照顾和观察土豆，并完成记录。

评价内容及标准：

1. 用正确的方法种植土豆（2 颗豆）；
2. 坚持照顾和观察土豆（2 颗豆）；
3. 观察记录单具有美观性、真实性（1 颗豆）。

评价形式及主体：

采取作品展示的方式，由学生、教师两方进行评价。

【四年级评价项目 1】

自制创意零钱包

设计理念：

课程教学使学生懂得，劳动是人人都需要掌握的一项生活技能，并让学生懂得劳动成果来之不易的道理。该项目让学生学习简单的家务劳动技能，规范地使用常用的劳动工具，使学生初步感知劳动的艰辛与乐趣，同时使学生树立积极参加劳动的意识。

评价要求：

1. 熟练地进行穿针引线；
2. 设计并缝制一个精美的零钱包；
3. 使用平针、回针的缝制方法。

评价内容及标准：

1. 熟练穿线，学会打起针结和止针结（1 颗豆）；
2. 掌握平针、回针的缝制技能（1 颗豆）；
3. 能够设计并缝制一个创意零钱包（2 颗豆）；
4. 零钱包牢固，具有实用性（1 颗豆）。

评价形式及主体：

采取现场测试的方式，由学生、教师两方进行评价。

【四年级评价项目 2】

制作植物挂牌

设计理念：

测评项目使学生从目标和任务出发，系统分析可利用的劳动资源，使用常用工具，完成劳动任务，形成基本的动手能力。该项目让学生参与校园美化等劳动，使学生初步体验简单的现代服务业，树立公共服务意识，使学生学会与他人合作，初步养成有始有终、专心致志的劳动习惯和品质。

评价要求：

1. 了解校园内常见的花草树木；
2. 制作植物挂牌。

评价内容及标准：

1. 了解校园内常见的花草树木（1 颗豆）；
2. 为植物撰写合适的介绍词（2 颗豆）；
3. 植物挂牌具有美观性、创意性（1 颗豆）；
4. 给植物挂上对应的植物挂牌（1 颗豆）。

评价形式及主体：

采取现场测试的方式，由学生、教师两方进行评价。

【五年级评价项目 1】

美味的西红柿炒蛋

设计理念：

课程教学使学生懂得，劳动是人人都需要掌握的一项生活技能，并让学生懂得劳动成果来之不易的道理。该项目让学生学习简单的烹饪技能，使学生掌握基本的家庭烹饪技法，要求学生学会尊重他人的劳动付出，树立主动劳动的意识。

评价要求：

1. 了解西红柿和鸡蛋的营养价值；
2. 能够使用菜刀切西红柿；
3. 掌握做西红柿炒蛋的流程并烹制出来。

评价内容及标准：

1. 能够选择合适的厨房工具（1 颗豆）；
2. 正确处理西红柿（1 颗豆）；
3. 能够将鸡蛋打散并炒熟（1 颗豆）；
4. 完成西红柿炒蛋，色香味俱全（1 颗豆）；
5. 制作完成后能够及时清理桌面并清洗工具（1 颗豆）。

评价形式及主体：

采取提交视频的方式，由学生、教师两方进行评价。

【五年级评价项目 2】

创意笔筒我设计

设计理念：

课程教学使学生懂得，劳动是人人都需要掌握的一项生活技能，并让学生懂得劳动成果来之不易的道理。该项目让学生进一步体验手工制作，使学生能根据任务选择合适的材料和工具、技术与方法，安全、规范、有效地开展劳动，初步养成学生持之以恒的劳动品质，树立在劳动中主动克服困难的意识，使学生初步形成不怕辛苦、积极探索、追求创新的精神。

评价要求：

1. 了解笔筒的历史和意义；
2. 设计制作笔筒的图纸；
3. 根据设计图制作笔筒。

评价内容及标准：

1. 能够画出设计图（2 颗豆）；
2. 能够根据设计图动手制作笔筒（1 颗豆）；
3. 装饰笔筒，使笔筒兼具美观性和实用性（1 颗豆）。

评价形式及主体：

采取现场测试的方式，由学生、教师两方进行评价。

【六年级评价项目 1】

我做月饼迎中秋

设计理念：

课程教学使学生懂得，劳动是人人都需要掌握的一项生活技能，并让学生懂得劳动成果来之不易的道理。该项目让学生学习简单的烹饪技能，使学生掌握基本的烹饪技法，要求学生学会尊重他人的劳动付出，树立主动劳动的意识。

评价要求：

1. 了解中秋节和月饼文化的由来和意义；
2. 制作月饼；
3. 清理桌面及工具。

评价内容及标准：

1. 了解中秋节和月饼文化（1 颗豆）；

2. 了解制作月饼的工具、材料、过程和方法（1 颗豆）；

3. 能够熟练地完成月饼的制作（2 颗豆）；

4. 制作完成后能够及时清理桌面并清洗工具（1 颗豆）。

评价形式及主体：

采取提交视频的方式，由学生、教师两方进行评价。

【六年级评价项目 2】

设计毕业纪念册

设计理念：

课程教学使学生懂得，劳动是人人都需要掌握的一项生活技能，并让学生懂得劳动成果来之不易的道理。该项目让学生进一步体验手工制作活动，使学生能根据劳动目标确定劳动任务，制定劳动计划，选择合适的材料和工具、技术与方法，安全、规范、有效地开展劳动，树立在劳动中主动克服困难的观念，使学生初步形成不怕辛苦、积极探索、追求创新的精神。

评价要求：

1. 比较纸质毕业纪念册和电子毕业纪念册的异同；

2. 整理对小学阶段的回忆和对未来的期待；

3. 制作电子毕业纪念册。

评价内容及标准：

1. 了解电子毕业纪念册的制作方法（1 颗豆）；

2. 能够围绕主题收集并整理信息，制作独特的电子毕业纪念册（2 颗豆）；

3. 能有规划地与他人一起完成制作（1 颗豆）；

4. 作品美观且有创意性（1 颗豆）。

评价形式及主体：

采取作品展示的方式，由学生、教师两方进行评价。

心理学科激励性学业评价

《中国学生发展核心素养》提出，自主发展包括学会学习和健康生活两大素养。《中小学心理健康教育指导纲要（2012 年修订）》指出：开展小学心理健康教育需要考虑学生的生理发展、年龄阶段和心理发展任务，需要使用心理健康的知识理论和方法技能来培养学生良好的心理素质，以促进身心全面和谐发展。

心理健康学科的激励性学业评价围绕学生学会学习和健康生活两大素养展开，旨在培养学生的社会适应、学习心理、情绪管理、人际交往、自我意识和生命生涯六大板块的核心能力。

过程性评价通过每日课堂与每日作业的形式让学生掌握六大板块核心能力，以校本课程作为辅助，贯穿教学的全过程。过程性评价包含学生的每日课堂、每日作业。每日课堂观察和记录学生的课前准备情况、课中参与情况以及小组合作情况。每日作业观察学生对知识的吸收理解情况。

展示性评价项目是按照本学段学生的身心发展需求和学习内容设置的，考查学生多个板块的能力。一年级学生以游戏化测评项目为主，“闪亮的星星”考查学生的自我意识，即正确认识和评价自己的能力。“老师，谢谢您”考查学生的人际交往能力、尊重和理解老师的能力。二年级学生以简单化测评项目为主，“灵魂”互换考查学生换位思考的能力。“我的情绪日记”考查核心板块中的情绪管理能力，即学生认识情绪、觉察自己的情绪并初步调节情绪的能力。三年级学生以基础性测评项目为主，“闪闪发光的我”考查核心板块中的自我意识，即学生深度挖掘自身闪光点的能力。“当我们在一起”考查核心板块中的人际交往能力、合作和协调能力。四年级学生以能力型测评项目为主，“打败愤怒小怪兽”考查核心板块中的情绪管理、人际交往能力，即学生恰当地表达愤怒，合理有效地调节情绪的能力。“捉拿‘时间小偷’”考查核心板块中的社会适应能力、时间管理能力。五年级学生以综合拓展性测评项目为主，“我的学习感受”考查学生缓解学习压力的能力、学习动机与学习态度、处理消极情绪的能力、人际交往能力、实施自我监督和调节的能力。“健康上网”考查学生适应信息时代的能力、收集学习信息的能力、处理消极情绪的能力、人际交往能力、实施自我监督和调节的能力。

六年级以拓展性测评项目为主，“为理想启航”考查学生的缓解升学和考试的压力的能力、强化自己的学习动机的能力、处理消极情绪的能力、寻求人际支持的能力、正确认识自己的能力。“和父母更亲近”考查学生换位思考的能力、正确对待成绩的能力、处理冲突的能力、表达自己的感受和需求的能力。

心理健康学科的过程性评价和展示性评价，不仅具备科学性，更富有趣味性，既能够激励个人挑战，也能够实现合作共赢。在这样的评价环境中，学生不仅可以获得快乐的体验，还能够建立友谊，增强自信心。

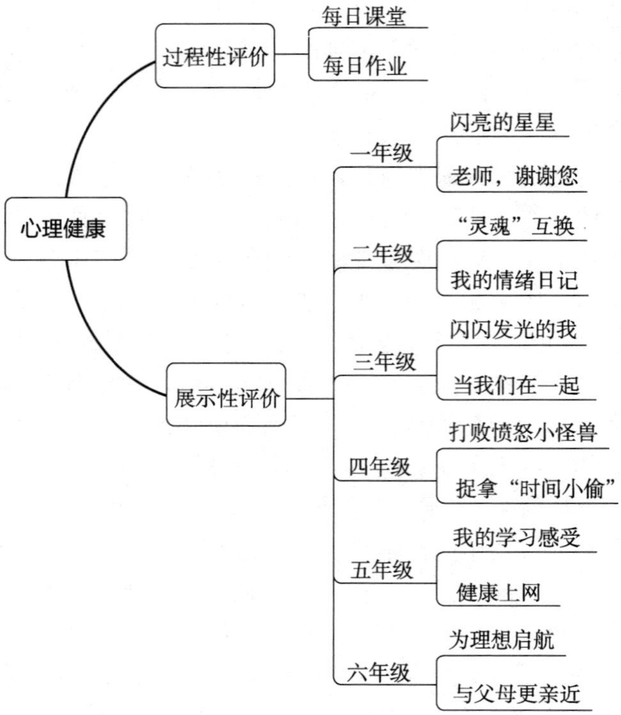

图 2 - 58　心理健康学科激励性学业评价项目思维导图

【一年级评价项目 1】

闪亮的星星

设计理念：

《中小学心理健康教育指导纲要（2012 年修订）》指出，心理健康教育旨在培养拥有健全人格和良好心理品质的学生。正确认识和评价自己是课程的具体目标。一年级学生通过本活动发现自己的优点，能够提高自我价值感及自尊水平。本项目通过引导学生发现他人的优点，促进学生与同学友好交往。

评价要求：

1. 学生在齐读绘本《独一无二的我》后，理解每个人身上都有优点，把自己的优点通过写或者画的方式呈现在学习单上的五角星里面；

2. 学生在小组合作环节，把自己发现的同学的优点写在五角星的外面。

评价内容及标准：

1. 发掘自己 3 个及以上优点（3 颗豆）；
2. 帮助同学发掘 2 个以上的优点（2 颗豆）。

评价形式及主体：

采取展示学习单的方式，由教师进行评价。

【一年级评价项目 2】

老师，谢谢您

设计理念：

《中小学心理健康教育指导纲要（2012 年修订）》指出，心理健康教育旨在提高全体学生的心理素质，培养他们积极乐观、健康向上的心理品质。增强学生人际交往的能力是课程的具体目标。本项目让学生主动参与多种活动来体谅教师的辛苦，学会尊重和理解教师，要求学生制作“感恩卡”，向教师表达感谢之情。

评价要求：

1. 学生在学习单左半边画出心目中喜欢的教师；
2. 学生在学习单右半边写下对教师感谢的话。

评价内容及标准：

1. 画出心目中喜欢的教师（2 颗豆）；
2. 写出 2 句以上向教师表达感谢的话，语句情感真挚（3 颗豆）；

评价形式及主体：

采取展示“感恩卡”的方式，由教师进行评价。

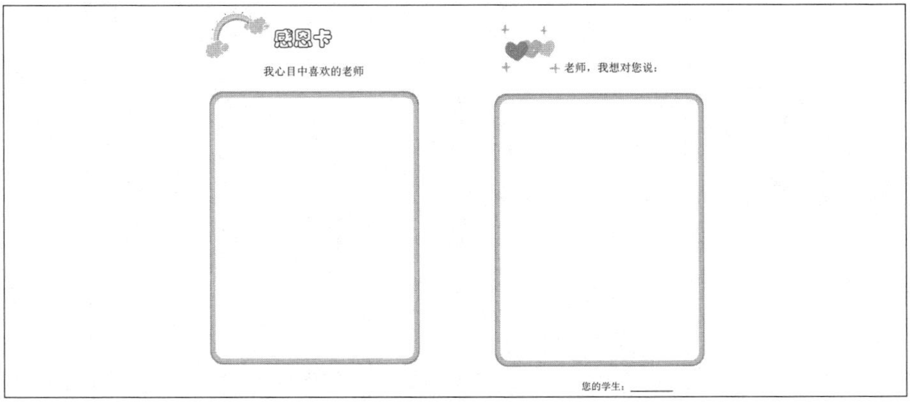

图 2 - 59　“老师，谢谢您”测评单

【二年级评价项目 1】

“灵魂”互换

设计理念：

《中小学心理健康教育指导纲要（2012 年修订）》指出，心理健康教育旨在提高全体学生的心理素质，培养他们积极乐观、健康向上的心理品质。增强学生人际交往的能力是课程的具体目标。换位思考是人际交往的重要技能，它可以促进友好、和谐的同伴关系。本项目设置了 2 种情景，让学生以小组合作的形式来续写故事，体验、观看人与人交往过程中可能出现的矛盾，要求学生通过“灵魂”互换的活动，更加深刻地感知他人的情绪和想法。

评价要求：

1. 小组成员积极讨论，在学习单上续写符合逻辑的对话；
2. 所有小组成员上台进行角色扮演，用恰当的情绪念出台词；
3. 每个小组派代表上台说出“灵魂”互换后自己的情绪和想法。

评价内容及标准：

1. 续写的对话符合逻辑（2 颗豆）；
2. 上台后用恰当的情绪参与角色扮演（2 颗豆）；
3. “灵魂”互换后人物的情绪和想法合理（1 颗豆）。

评价形式及主体：

采取完成学习单并进行角色扮演的方式，由教师进行评价。

班级：________　组长：________　组员：____________________________

情境一：

运动会上，接力跑时豆豆摔了一跤，这导致班级拿了最后一名。

同一组的林林对豆豆说：都怪你，________________________________。

“灵魂”互换

____

____

____

班级：________　组长：________　组员：____________________________

情境二：

数学期中考试的卷子发下来了，豆豆只有 65 分。

同桌林林对豆豆说：才考那么低呀，____________________________。

“灵魂”互换

____

____

____

图 2 - 60　“灵魂”互换测评单

【二年级评价项目 2】

我的情绪日记

设计理念：

《中小学心理健康教育指导纲要（2012 年修订）》指出，心理健康教育旨在提高全体学生的心理素质，培养他们积极乐观、健康向上的心理品质。增强学生调控情绪的能力是课程的具体目标。此项目旨在帮助二年级学生初步认识情绪、觉察自己的情绪并初步探索调节情绪的方法。

评价要求：

1. 学生在学习单“我的情绪日记”中写下时间、地点、事件；
2. 学生画出事情发生时“我的情绪小人”；
3. 学生写下自己调节负面情绪的方法。

评价内容及标准：

1. 完整记录“我的情绪日记”（2 颗豆）；
2. 描绘的“情绪小人”生动且形象（2 颗豆）；
3. 写出 2 个及以上调节负面情绪的方法（1 颗豆）。

评价形式及主体：

采取展示学习单的形式，由教师进行评价。

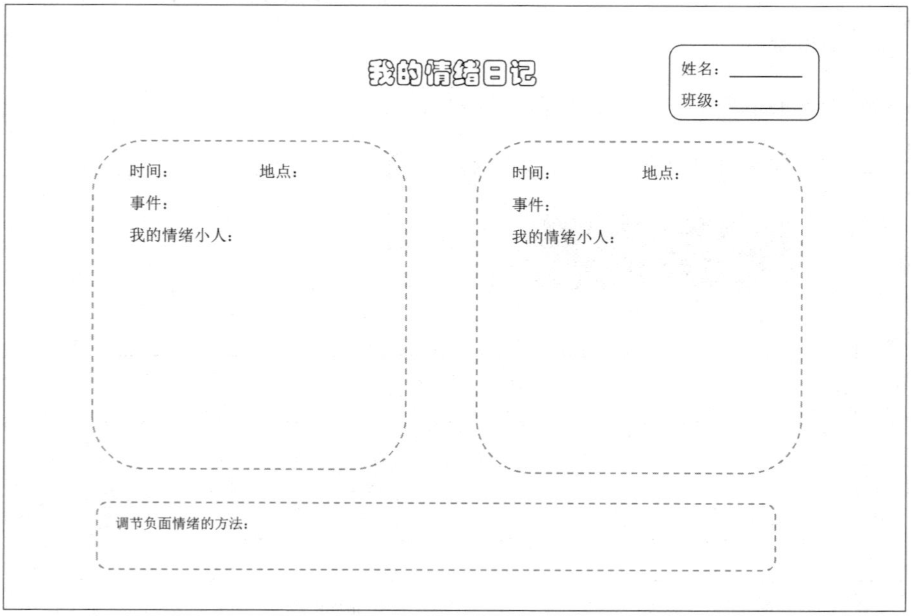

图 2 - 61 “我的情绪日记”测评单

【三年级评价项目 1】

闪闪发光的我

设计理念：

《中小学心理健康教育指导纲要（2012 年修订）》中明确指出：小学中年级心理健康教育应帮助学生了解自我，认识自我。社会心理学认为自我也叫自我意识，是指个体对生理自我、心理自我和人际关系的认识。这一项目将引导学生深度挖掘自身闪光点，帮助学生提升自信心并鼓励学生勇敢表达，增强学生幸福感。

评价要求：

1. 结合课堂所学，从生理自我、心理自我、社会自我三个方面认识自我，积极探索自身闪光点并勇敢展示；

2. 用绘画、制作名片的形式，完成学习单。

评价内容及标准：

1. 作品绘制完整且丰富（1 颗豆）；

2. 作品美观（1 颗豆）；

3. 结合心理课堂所学知识（2 颗豆）；

4. 作品具有创造性（1 颗豆）。

评价形式及主体：

采用完成学习单的形式，由教师进行评价。

图 2 - 62　“闪闪发光的我”测评单

【三年级评价项目 2】

当我们在一起

设计理念：

心理学认为，合作是两个以上的个体或群体为了实现共同的目标而共同完成某项任务。“学会学习、学会创造、学会合作、学会生存”已成为二十一世纪教育的主题。合作精神是学生进行良好的人际交往所必需的心理品质。这一项目将引导学生学会合作，在小组活动中克服困难，体验合作的快乐。

评价要求：

1. 结合课堂所学，在规定时间内自行结成 6—7 人一组；
2. 小组共同绘制属于自己的“神秘星球”并进行展示；
3. 每人至少充当一个角色。

评价内容及标准：

1. 作品完整且丰富（1 颗豆）；
2. 作品美观（1 颗豆）；
3. 体现小组分工合理（2 颗豆）；
4. 展现团结友爱（1 颗豆）。

评价形式及主体：

采取现场考核的方式，由小组成员与教师进行评价。

【四年级评价项目 1】

打败愤怒小怪兽

设计理念：

《中小学心理健康教育指导纲要（2012 年修订）》指出，针对小学中年级学生的教学应引导学生树立集体意识，使学生善于与同学、教师交往，培养学生自主参与各种活动的能力，以及开朗、合群、自立的健康人格。在成长与学习过程中，学生也要学会感知情绪并表达自己的情绪。四年级学生对自身情绪的认识不充分，不知道如何表达愤怒，同时缺乏合理有效的调节情绪的方法，这可能会影响人际关系甚至自我意识的发展。这一项目将引导学生恰当地表达愤怒，合理有效地调节情绪，对学生的身心健康及自我意识的发展都有着重要意义。

评价要求：

1. 用绘画或思维导图的形式，完成学习单；
2. 结合课堂所学知识，思考自己的情绪管理方式；
3. 学会合理表达和排解愤怒情绪。

评价内容及标准：

1. 作品绘制完整且丰富（1 颗豆）；
2. 作品美观（1 颗豆）；
3. 结合心理课堂所学知识（2 颗豆）；
4. 作品具有创造性（1 颗豆）。

评价形式及主体：

采取完成学习单的方式，由教师进行评价。

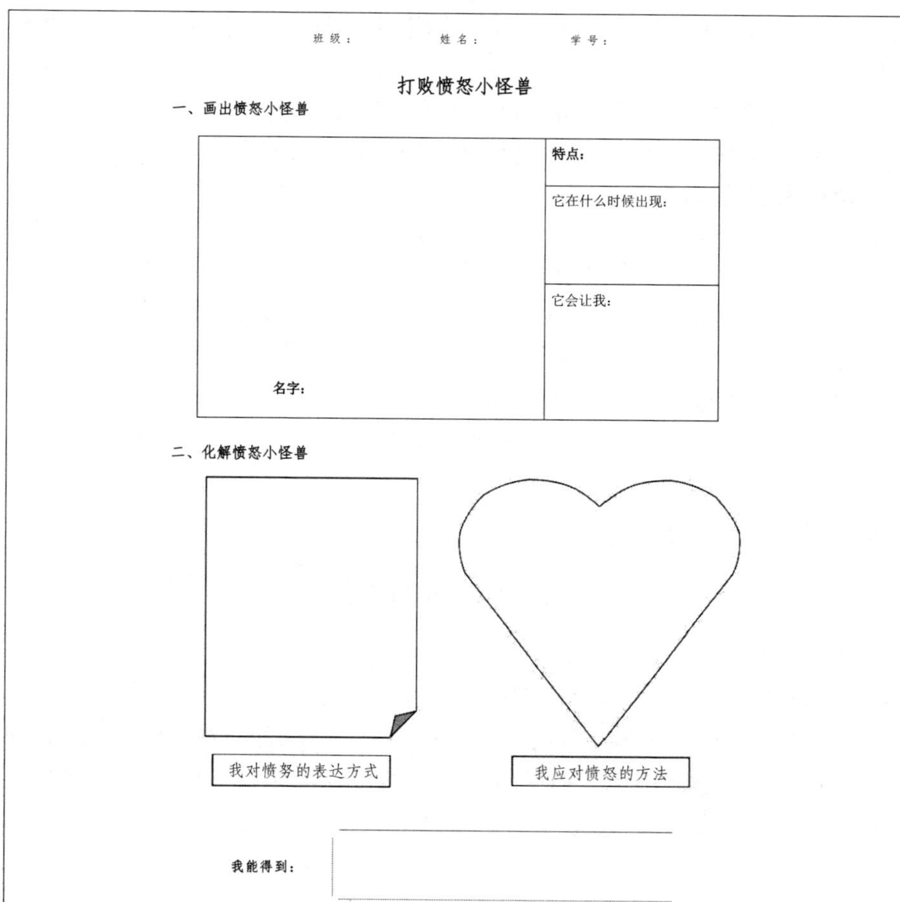
班 级： 姓 名： 学 号：

打败愤怒小怪兽

一、画出愤怒小怪兽

特点：

它在什么时候出现：

它会让我：

名字：

二、化解愤怒小怪兽

我对愤努的表达方式

我应对愤怒的方法

我能得到：

图 2 - 63 “打败愤怒小怪兽”测评单

【四年级评价项目 2】

捉拿“时间小偷”

设计理念：

《中小学心理健康教育指导纲要（2012 年修订）》明确指出，教师要帮助学生增强时间管理意识，帮助学生正确处理学习与兴趣、娱乐之间的矛盾。四年级学生的思维水平处于形式运算阶段，此时的学生如果要建立对世界较为抽象的认知，那么思维水平需要上升到能够对时间管理进行自觉反馈和思考的阶段。这一项目将引导学生反思自己在生活中浪费时间的行为，要求学生做好时间管理计划。

评价要求：

1. 结合课堂所学，反思自己的日常时间管理情况，找出生活中浪费时间的行为；
2. 将浪费时间的行为以清单方式详细列出；
3. 做好捉拿“时间小偷”的计划，用于日常自我提醒。

评价内容及标准：

1. 清单与计划学习单的内容完整（1 颗豆）；
2. 学习单整洁美观（1 颗豆）；
3. 计划可操作性强（2 颗豆）；
4. 具有独创性（1 颗豆）。

评价形式及主体：

采取现场考核的方式，由教师进行评价。

【五年级评价项目 1】

我的学习感受

设计理念：

《中国学生发展核心素养》中提出学会学习和健康生活两大素养。《中小学心理健康教育指导纲要（2012 年修订）》指出，心理健康教育应培养学生的学习兴趣和能力，使学生体验学习成功的乐趣。此项目考查学生的社会适应能力、学习心理状态、情绪管理能力、人际交往能力、自我意识。

评价要求：

1. 社会适应：初步学会缓解学习压力；

2. 学习心理：了解自己的学习动机，端正学习态度；
3. 情绪管理：恰当地表达情绪，初步掌握应对消极情绪的方法；
4. 人际交往：学会在交往中表达需求和感受；
5. 自我意识：接纳自我，实施自我监督和调节。

评价内容及标准：

1. 能写出至少一条缓解学习压力的方法（1 颗豆）；
2. 能正确写出自己的内、外部学习动机，至少各一条（1 颗豆）；
3. 能够写出至少一条处理学习畏难情绪的方法（1 颗豆）；
4. 在向朋友倾诉学习畏难情绪的情境中，能够正确向同伴表达自己的需求和感受（1 颗豆）；
5. 写出一条自我监督的方法（1 颗豆）。

评价形式及主体：

采取完成学习单的方式，由教师进行评价。

【五年级评价项目 2】

健康上网

设计理念：

《中国学生发展核心素养》中提出学会学习和健康生活两大素养。《中小学心理健康教育指导纲要（2012 年修订）》指出，要充分利用网络等现代信息技术手段，多途径开展心理健康教育。此项目考查学生的社会适应能力、学习心理能力、情绪管理能力、人际交往能力、自我意识。

评价要求：

1. 社会适应：初步学会适应信息化时代；
2. 学习心理：初步具备搜索和收集学习信息的能力；
3. 情绪管理：恰当地表达情绪，初步掌握应对消极情绪的方法；
4. 人际交往：学会在交往中表达需求和感受；
5. 自我意识：在使用网络时，实施自我监督和调节。

评价内容及标准：

1. 能够正确地表达使用电子设备的态度（1 颗豆）；
2. 写出自己如何利用电子设备辅助学习，至少一条（1 颗豆）；
3. 能够写出应对消极情绪的方法，至少一条（1 颗豆）；
4. 在长辈不允许使用电子设备的情境中，能够向长辈合理表达自己的需求和感受（1 颗豆）；

5. 列出使用电子设备的时间计划清单（1 颗豆）。

评价形式及主体：

采取完成学习单的方式，由教师进行评价。

班级：　　　　　　姓名：　　　　　　学号：

心理学科湾豆收获季测评项目

健康上网

1.我和网络的关系。

我平均每周使用网络的时间是：________。

我平均每天使用互联网的时间是：________。

我上网的目的和占用的时间分别是：（“横线”上填目的；“括号”内填时间，单位为分钟）

________（　　）　　________（　　）

________（　　）　　________（　　）

________（　　）　　________（　　）

2. 上网不仅给我们的生活带来了乐趣，也带来了烦恼。写一写，你认为上网的乐趣与烦恼有哪些？

上网带来的乐趣	上网带来的烦恼

3.我们如何使用网络，让网络的使用“利大于弊”呢？

图 2 - 64　“健康上网”测评单

【六年级评价项目 1】

向理想启航

设计理念：

《中国学生发展核心素养》中提出学会学习和健康生活两大素养。《中小学心理健康教育指导纲要（2012 年修订）》指出，教师要帮助学生树立人生理想和信念。此项目考查学生的社会适应能力、学习心理状态、情绪管理能力、人际交往能力、自我意识。

评价要求：

1. 社会适应：初步学会缓解升学和考试的压力；
2. 学习心理：强化自己的学习动机，端正学习态度；
3. 情绪管理：初步掌握应对消极情绪的方法；
4. 人际交往：学会向教师表达自己的理想，并寻求人际支持；
5. 自我意识：接纳自我，正确认识自己的特长与爱好。

评价内容及标准：

1. 写出缓解升学和考试的压力的方法，至少一条（1 颗豆）；
2. 写出自己的学习动机和目标，至少一条（1 颗豆）；
3. 能够写出应对消极情绪的方法，至少一条（1 颗豆）；
4. 写出自己的理想，并获得教师的支持（1 颗豆）；
5. 写出与自己理想相关的特长或爱好，至少三条（1 颗豆）。

评价形式及主体：

采取完成学习单的方式，由教师进行评价。

【六年级评价项目 2】

与父母更亲近

设计理念：

《中国学生发展核心素养》中提出学会学习和健康生活两大素养。《中小学心理健康教育指导纲要（2012 年修订）》和《广东省中小学心理健康教育活动课指南（试行）》指出心理健康教育的核心板块。此项目考查学生的社会适应、学习心理、情绪管理、人际交往、自我意识。

评价要求：

1. 社会适应：了解父母的变化；
2. 学习心理：以正确的心态对待成绩，端正学习态度；

3. 情绪管理：初步掌握处理与父母产生的冲突的方法；
4. 人际交往：学会向父母表达自己的感受和需求；
5. 自我意识：了解父母（家庭）对我们的期待。

评价内容及标准：

1. 写出父亲或母亲的变化，至少一条（1 颗豆）；
2. 能够写出对待成绩的正确心态（1 颗豆）；
3. 写出处理与父母产生的冲突的方法，至少一条（1 颗豆）；
4. 在父母不允许自己与好友见面的情境下，向父母表达自己的感受和需求，合理拒绝父母的要求（1 颗豆）；
5. 写出父母（家庭）对我们的期待，至少三条（1 颗豆）。

评价形式及主体：

采取完成学习单的方式，由教师进行评价。

第三节　湾豆收获季之期末测评展示活动方案

每到学期末，荔湾小学的小湾豆们都会激动万分地参加湾豆收获季的测评展示活动。学校将测评变为了一个个知识闯关的游戏，同学们通过闯关游戏进行期末测评，这样的期末测评既轻松又有趣。

一、活动目的

为进一步深化我区基础教育课程改革，探索能够充分关注小学生各学科关键能力的评价路径，促进学生综合素养的全面提升，打造南山质量、荔湾质量，积极推动荔湾小学个性化课程的建设与发展，我校特制定以下活动方案。

二、领导小组

组长：校长
副组长：副校长、年级组长
组员：一年级教师、家长义工

三、参与人员

一年级全体小湾豆、教师、义工团体

四、活动时间、地点

活动时间：上午 8:00—11:30，下午 2:30—4:00

活动地点：一年级学生的教室以及一楼空地（附分布图）

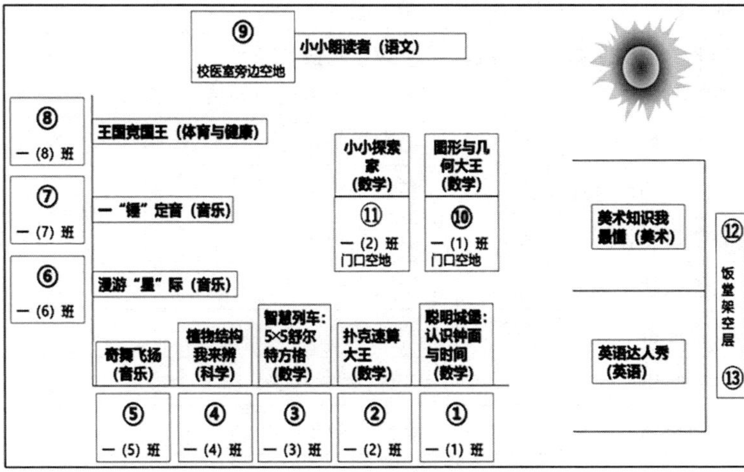

图 2 - 65　晴天开展湾豆收获季测评展示活动的地点分布图

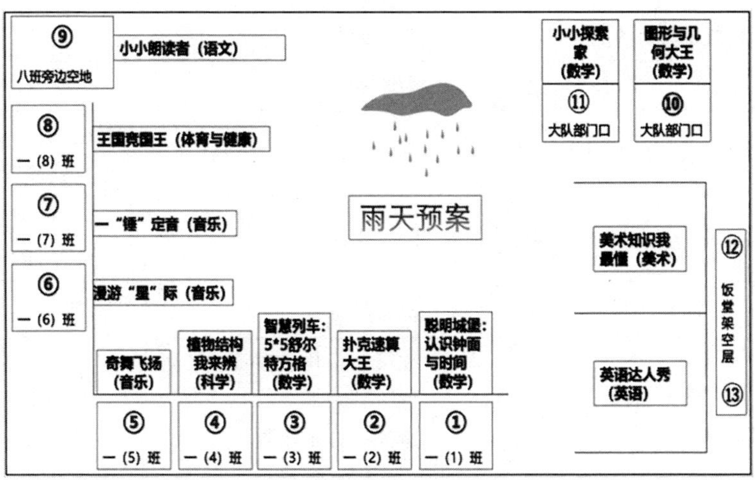

图 2 - 66　雨天开展湾豆收获季测评展示活动的地点分布图

五、具体分工

表 2 - 25　湾豆收获季测评展示活动工作任务分工表

<table>
<tr><th>时间段</th><th>工作内容</th><th>负责人</th><th>备注</th></tr>
<tr><td rowspan="15">活动准备阶段</td><td>测评活动的准备及组织</td><td>一年级各学科负责人</td><td></td></tr>
<tr><td>线路设计</td><td>年级组长</td><td></td></tr>
<tr><td>项目易拉宝</td><td>美术教师 1</td><td></td></tr>
<tr><td>领取与分发荔湾豆和荔湾章</td><td>领取：年级长
分发：各摊位引导员</td><td></td></tr>
<tr><td>主持人培训</td><td>语文教师 1</td><td></td></tr>
<tr><td>各项目测评试卷印制</td><td>各学科负责人</td><td></td></tr>
<tr><td>各项目测评标准印制</td><td>语文教师 2</td><td></td></tr>
<tr><td>全体教师培训</td><td>年级组长</td><td></td></tr>
<tr><td>横幅准备与悬挂</td><td>美术教师 2</td><td></td></tr>
<tr><td>学生彩排</td><td>全体测评组人员</td><td></td></tr>
<tr><td>音响控制</td><td>音乐老师 1</td><td></td></tr>
<tr><td>教室布置</td><td>2 名家长义工</td><td></td></tr>
<tr><td>室外布置（40 套桌椅）</td><td>后勤教师 1</td><td></td></tr>
<tr><td>准备活动备品</td><td>后勤教师 2</td><td></td></tr>
<tr><td>布置教室科技作品展览</td><td>科学教师 1</td><td></td></tr>
<tr><td rowspan="6">活动开展阶段</td><td>1. 家长现场培训</td><td>各科备课组长</td><td>时间：7:30—8:00
地点：多功能厅</td></tr>
<tr><td>2. 学生入场</td><td>家长义工</td><td>全体教师协助</td></tr>
<tr><td>3. 活动主持</td><td>语文教师 3</td><td></td></tr>
<tr><td>4. 南方有座山</td><td>领舞：音乐教师 2、“湾豆”代表 8 名
指挥：音乐教师 3</td><td></td></tr>
<tr><td>5. 美“荔”少年拍手歌</td><td>“湾豆”代表 8 名</td><td></td></tr>
<tr><td>6. 学校领导致辞</td><td>校长</td><td></td></tr>
</table>

续　表

时间段	工作内容	负责人	备注
活动开展阶段	7. 宣布测评规则及相关注意事项	年级组长	
	8. 活动开始	班主任、小组长	
	9. 现场协调	语文教师 4、5、6	
	“小小朗读者”测评活动	家长考官 8 人	
	“聪明城堡”测评活动	家长考官 8 人	
	“扑克速算大王”测评活动	家长考官 8 人	
	“小小探索家”测评活动	家长考官 8 人	
	“图形与几何大王”测评活动	家长考官 8 人	
活动开展阶段	“智慧列车：5×5 舒尔特方格”测评活动	家长考官 8 人	
	“英语达人秀”测评活动	家长考官 7 人	
	“美术知识我最懂”测评活动	家长考官 7 人	
	“漫游‘星’际”测评活动	家长考官 8 人	
	“一‘锤’定音”测评活动	家长考官 8 人	
	“奇舞飞扬”测评活动	舞蹈教师 1 家长义工 1 人	
	“王国竞国王”测评活动	家长义工 4 人	
	“植物结构我来辨”测评活动	家长考官 8 人	
	成绩统计	各学科教师	
	清理场地	教室：班主任、家长义工 室外场地：各班副班主任	
	医疗保障	校医	

六、活动流程

1. 各班学生进入操场；
2. 学生表演《南方有座山》；
3. 学生表演《拍手歌》；
4. 学校领导致辞；
5. 校长宣布测评规则及相关注意事项；
6. 各班学生退场，回到班级门口分发《集豆册》、小组考核单；
7. 班主任将每个班级分成六个小组，由组长和家长义工带领，要求学生参与 13 个项目的测评：

（1）先考核再盖章；

（2）考核结束后统一放学。

七、项目测评标准

表 2-26 湾豆收获季测评展示活动项目测评标准

项目 1	小小朗读者				
要求	学生抽取课内文段一篇，读音正确、朗读流利、声音响亮、有感情、有表情各得 1 颗豆。				
标准	读音正确	朗读	声音响亮	有感情	有表情

项目 2	小小探索家				
要求	学生从题库中抽选 5 道找规律的题目进行答题，对一题得一颗豆。				
标准	A 级 答对 5 题 （5 颗豆）	B 级 答对 4 题 （4 颗豆）	C 级 答对 3 题 （3 颗豆）	D 级 答对 2 题 （2 颗豆）	E 级 答对 1 题 （1 颗豆）

项目 3	图形与几何大王				
要求	学生正确指认出长方体、正方体、圆柱、球体，共 5 道题，对一题得一颗豆。				
标准	A 级 答对 5 题 （5 颗豆）	B 级 答对 4 题 （4 颗豆）	C 级 答对 3 题 （3 颗豆）	D 级 答对 2 题 （2 颗豆）	E 级 答对 1 题 （1 颗豆）

项目 4	聪明城堡：认识钟面与时间				
要求	能正确认读整时、半时，学生抽答 5 道题，对一题得一颗豆。				
标准	A 级 答对 5 题 （5 颗豆）	B 级 答对 4 题 （4 颗豆）	C 级 答对 3 题 （3 颗豆）	D 级 答对 2 题 （2 颗豆）	E 级 答对 1 题 （1 颗豆）

项目 5	扑克速算大王				
要求	从两叠牌面数字显示为 1—10 的扑克牌中各抽 1 张，说出两个数字相加与相减的结果。				
标准	A 级 答对 5 题 （5 颗豆）	B 级 答对 4 题 （4 颗豆）	C 级 答对 3 题 （3 颗豆）	D 级 答对 2 题 （2 颗豆）	E 级 答对 1 题 （1 颗豆）

项目 6	智慧列车：5×5 舒尔特方格				
要求	用软件中的“练习模式”完成游戏。				
标准	A 级 少于 29 秒 （5 颗豆）	B 级 30—35 秒 （4 颗豆）	C 级 36—40 秒 （3 颗豆）	D 级 41—45 秒 （2 颗豆）	E 级 46—50 秒 （1 颗豆）

项目 7	英语达人秀				
要求	1. 抽查沪教版牛津教材《英语口语交际》中的一个朗读视频； 2. 学生能正确认读教材中的对话、小故事。				
标准	读音正确流畅 （1 颗豆）	朗读流畅 （1 颗豆）	声音响亮 （1 颗豆）	有感情 （1 颗豆）	有表情 （1 颗豆）

项目 8	王国竞国王				
要求	每班考核的前十名参加校考核； 将死对方棋子或者吃掉对方棋子两次为赢棋。				
标准	积极参与、坐姿端正 （1 颗豆）	遵守规则 （1 颗豆）	在班级初测中赢棋 （1 颗豆）	班级考核前五名 （1 颗豆）	在校考核中赢棋 （1 颗豆）

项目 9	美术知识我最懂
要求	1. 总共 5 道关于美术小知识的题目，学生答对一道题，可得一颗豆； 2. 获得少于 3 颗豆的学生进行二次考核。
标准	每答对一道题得一颗豆

项目 10	植物结构我来辨
要求以及标准	1. 能够正确辨别出植物的根（2 颗豆） 2. 能够正确辨别出植物的茎（2 颗豆） 3. 能够正确辨别出植物的叶（1 颗豆）

项目 11	漫游“星”际（乐理）
要求及标准	低段： 1. 共 3 道乐理题，正确回答 1 题得 1 颗豆，共 3 颗豆； 2. 能跟着伴奏唱出歌曲，每完成 1 小节得 1 颗豆，共 2 颗豆。

项目 12	一“锤”定音（听歌识曲）
要求	1. 听到随机播放的旋律后，在 5 秒内说出正确的歌曲名称； 2. 共 3 首，正确说出第一首歌曲的名称得 1 颗豆，正确说出另外两首歌曲的名称 2 得颗豆。

项目 13	奇舞飞扬
要求及标准	展示课堂上所学的柔韧组合动作，展示《青春修炼手册》片段。 1. 动作熟练，能够进行流畅的展示，共 2 颗豆； 2. 节奏准确，能够将肢体动作与音乐融合，共 2 颗豆； 3. 表现大方，展示时自信、有表情，共 1 颗豆。

八、安全预案

为保证本次活动安全并顺利进行，学校特制定以下安全方案。

1. 领导小组

组长：校长

副组长：副校长、年级组长

组员：一年级教师、家长义工

2. 具体措施

（1）积极预防：领导小组提前考察场地，确定疏散撤离路线以及紧急避难场所，在沿途设置醒目的指示标识；

（2）突发事件：沉着应对、快速上报、及时抢救、尽快疏散；

（3）网络舆情：对恶意使用活动照片、录像的，通过微信、微博等方式诋毁学校声誉的，经劝阻、沟通失败后，学校将上报至网络安全监察机关。

表 2 - 27　湾豆收获季测评展示活动的评价单（符合请在表中画“√”）

序号	姓名	不讲话、不打闹	排队整齐迅速	听从指挥	文明用语	不打扰他人测评
1						
2						
3						
4						
5						

温馨提示：

1. 请家长协助教师组织学生有序参加测评。测评结束后，教师根据学生在测评过程中的行为表现给出评价。每个学生最多可得 5 颗星。

2. 全体学生完成测评后，方能排队进行下一项测评。

感谢您对学校工作的支持与配合！

表 2 - 28　湾豆收获季测评展示活动安排细则

序号	学科	项目名称	地点	家长义工人数	摊位数量	所需桌椅数量
1	数学	聪明城堡：认识钟面与时间	一（1）班	8 人	8 个	8 套
2		扑克速算大王	一（2）班	8 人	8 个	8 套
3		智慧列车：5×5 舒尔特方格	一（3）班	8 人	8 个	8 套
4	科学	植物结构我来辨	一（4）班	8 人	8 个	8 套
5	音乐	奇舞飞扬	一（5）班	1 人	1 个	1 套
6		漫游“星”际	一（6）班	8 人	8 个	8 套
7		一“锤”定音	一（7）班	8 人	8 个	8 套
8	体育与健康	王国竞国王	一（8）班	4 人	8 个	20 张桌子 40 把椅子
9	语文	小小朗读者	校医室旁边	8 人	8 个	8 套
10	数学	图形与几何大王	一（1）班门口空地	8 人	8 个	8 套

续 表

序号	学科	项目名称	地点	家长义工人数	摊位数量	所需桌椅数量
11	美术	美术知识我最懂	一楼饭堂架空层	7 人	8 个	8 套
12	英语	英语达人秀	一楼饭堂架空层	7 人	8 个	8 套
13	合计			83 人	89 个	101 张桌子 121 把椅子

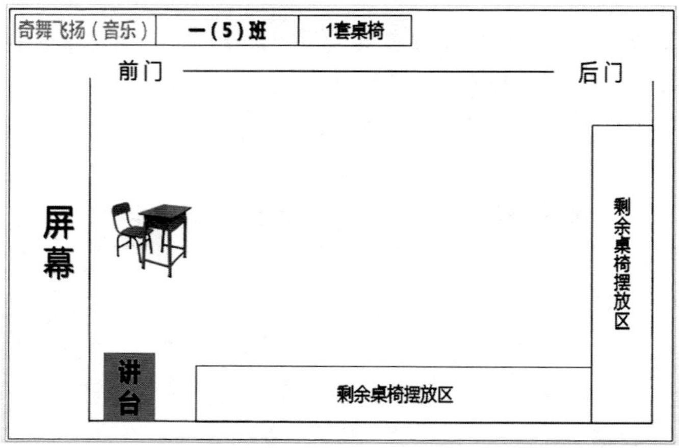

图 2 - 67　湾豆收获季测评展示活动场地布置图

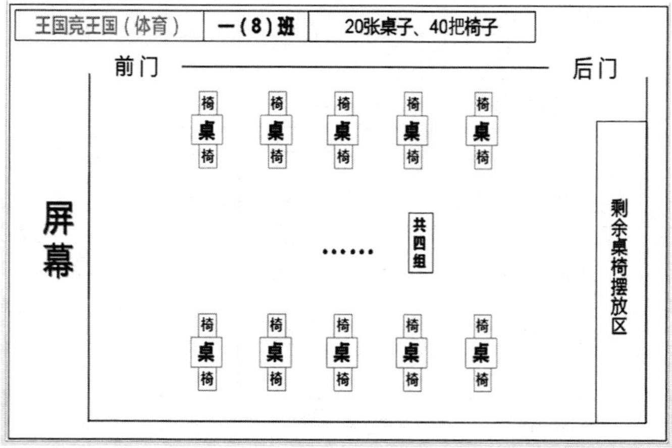

图 2 - 68　湾豆收获季测评展示活动场地布置图

图 2 - 69　湾豆收获季测评展示活动场地布置图

有趣的测评展示活动让学生乐在其中。学生用所学的知识完成闯关测评，最后获得荔湾豆和荔湾章奖励。荔湾小学湾豆收获季将不断完善，让学生真正受益。

第四节　湾豆收获季各年级学业评价项目推进方案

荔湾小学结合学生的学习情况和教师的教学进度设计出了符合学生实际需要的学业评价项目推进表。项目将按计划于临近每学期期末约 3 至 4 周的时间逐步展开。以下为湾豆收获季学业评价项目推进表的详细内容。

表 2 - 29　荔湾小学一年级湾豆收获季学业评价项目推进表

荔湾小学 2023—2024 学年第一学期湾豆收获季学业评价项目推进表						
时间	星期	学科	项目	测评地点	负责人	周次
2023/10/20	星期五	数学	笔墨飘香 数写人生	各班教室	王芳	8
2023/11/13	星期一至星期五， 持续 2 周	科学	小小植物家	各班教室	刘婷	12
2023/11/24	星期五	数学	神机妙算 算出精彩	各班教室	王芳	13

续 表

<table>
<tr><td>2023/11/27</td><td>星期一至星期五，持续 2 周</td><td>心理</td><td>闪亮的星星</td><td>各班教室</td><td>李鑫林</td><td rowspan="3">14</td></tr>
<tr><td>2023/11/27</td><td>星期一至星期五，持续 2 周</td><td>科学</td><td>创作小能手</td><td>各班教室</td><td>刘婷</td></tr>
<tr><td>2023/11/27</td><td>星期一至星期五，持续 1 周</td><td>数学</td><td>综合答辩</td><td>学生自选</td><td>王芳</td></tr>
<tr><td>2023/12/5</td><td>星期二</td><td>英语</td><td>综合答辩</td><td>各班教室</td><td>谢小莹</td><td rowspan="5">15</td></tr>
<tr><td>2023/12/7</td><td>星期四</td><td>英语</td><td>歌曲大串烧</td><td>学生自选</td><td>谢小莹</td></tr>
<tr><td>2023/12/7</td><td>星期四</td><td>语文</td><td>拼音王国
寻宝记</td><td>一楼中庭</td><td>周兰萱</td></tr>
<tr><td>2023/12/8</td><td>星期五</td><td>道法</td><td>我会介绍
我自己</td><td>各班教室</td><td>卢佳睿</td></tr>
<tr><td>2023/12/8</td><td>星期五</td><td>数学</td><td>数学听算
数我最牛</td><td>各班教室</td><td>王芳</td></tr>
<tr><td>2023/12/11</td><td>星期一至星期五</td><td>美术</td><td>舞动龙年</td><td>各班教室</td><td>张芷滢</td><td rowspan="6">16</td></tr>
<tr><td>2023/12/11</td><td>星期一至星期五，持续 2 周</td><td>科学</td><td>火眼金睛</td><td>各班教室</td><td>刘婷</td></tr>
<tr><td>2023/12/11</td><td>星期一至星期五</td><td>音乐</td><td>声入人心</td><td>各班教室</td><td>张赛勤</td></tr>
<tr><td>2023/12/12</td><td>星期二</td><td>英语</td><td>荔湾百老汇
Liwan Broadway</td><td>各班教室</td><td>谢小莹</td></tr>
<tr><td>2023/12/14</td><td>星期四</td><td>英语</td><td>单词大王
Word Expert</td><td>各班教室</td><td>谢小莹</td></tr>
<tr><td>2023/12/14</td><td>星期三</td><td>语文</td><td>智慧答辩
快乐享</td><td>各班教室</td><td>周兰萱</td></tr>
<tr><td>2023/12/18</td><td>星期一</td><td>英语</td><td>伊索星剧场
Star Show</td><td>学生自选</td><td>谢小莹</td><td rowspan="3">17</td></tr>
<tr><td>2023/12/18</td><td>星期一至星期五</td><td>美术</td><td>舞动龙年</td><td>各班教室</td><td>张芷滢</td></tr>
<tr><td>2023/12/18</td><td>星期一至星期五</td><td>音乐</td><td>玩转口风琴</td><td>各班教室</td><td>张赛勤</td></tr>
</table>

续　表

2023/12/18	星期一至星期五	体育	绳彩飞扬	田径场	吴萍	17
2023/12/21	星期四	语文	记忆宝盒大揭秘	各班教室	周兰萱	
2023/12/22	星期五	数学	趣味运动馆：方向与位置	一楼中庭	王芳	
2023/12/22	星期五	数学	图形王国：图形与几何王国	一楼中庭	王芳	
2023/12/22	星期五	数学	时间城堡：认识钟面与时间	一楼中庭	王芳	
2023/12/25	星期一至星期五	美术	美术知识我最懂	各班教室	张芷滢	18
2023/12/25	星期一至星期五，持续 2 周	劳动	我是整理小达人	各班教室	刘婷	
2023/12/25	星期一至星期五	体育	风驰电掣	田径场	吴萍	
2023/12/28	星期四	语文	能说会演小达人	多功能厅、各班教室	周兰萱	
2024/1/4	星期四	语文	识字大王竞选记	各班教室	周兰萱	19
2024/1/11	星期四	语文	书写能力大比拼	各班教室	周兰萱	

表 2 - 30　荔湾小学二年级湾豆收获季学业评价推进表

荔湾小学 2023—2024 学年第一学期湾豆收获季 学业评价推进表（二年级）						
时间	星期	学科	项目	测评地点	负责人	周次
2023/11/27	星期一	心理	“灵魂”互换	各班教室	李鑫林	15
	星期一	科学	美丽的地球家园	各班教室	叶靖怡	
2023/11/28	星期二	体育	风驰电掣	操场	潘春贤	
	星期二	体育	绳彩飞扬	体育馆	潘春贤	
2023/11/29	星期三	体育	广播体操	操场	潘春贤	
2023/11/30	星期四	数学	神奇的“魔杖”	各班教室	马静楠	

续 表

2023/12/4	星期一	道法	我是班级小管家	各班教室	向嘉蕙	16
2023/12/5	星期二	英语	我是歌王	各班教室	谢小莹	
2023/12/7	星期四	音乐	声入人心	各班教室	林东东	
	星期四	美术	喜庆龙年年夜饭	各班教室	邓淑芮	
2023/12/11	星期一	科学	椅子不简单	各班教室	叶靖怡	17
2023/12/12	星期二	英语	综合答辩	各班教室	谢小莹	
2023/12/13	星期三	数学	综合答辩	各班教室	马静楠	
	星期三	语文	查字高手擂台赛	各班教室	李文静	
2023/12/14	星期四	音乐	玩转口风琴	各班教室	林东东	
2023/12/15	星期五	语文	智慧答辩快乐享	各班教室	李文静	
2023/12/18	星期一	数学	魔法商店——人民币的认识与应用	各班教室	马静楠	18
	星期一	科学	自制一顶帽子	各班教室	叶靖怡	
2023/12/19	星期二	英语	伊索星剧场	各班教室	谢小莹	
2023/12/21	星期二	美术	美术知识我最懂	各班教室	邓淑芮	
	星期四	语文	记忆宝盒大揭秘	各班教室	李文静	
2023/12/25	星期一	数学	芝麻开门——九九乘法口诀	各班教室	马静楠	19
2023/12/26	星期二	英语	单词大王	各班教室	谢小莹	
	星期二	语文	识字大王竞选记	各班教室	李文静	
2023/12/27	星期三	劳动	纸巾筒芯巧变身	各班教室	王雨琪	
2023/12/28	星期四	英语	句子猎手	各班教室	谢小莹	
2023/12/29	星期五	语文	书写能力大比拼	各班教室	李文静	

表 2 - 31 荔湾小学三年级湾豆收获季学业评价推进表

荔湾小学 2023—2024 学年第一学期湾豆收获季 学业评价推进表（三年级）						
时间	星期	学科	项目	测评地点	负责人	周次
2023/11/27	星期一至星期五，持续一周	信息科技	计算思维我能行	信息教室 2	曹羽茜	14
2023/11/27	星期一	体育	荔湾力弯	操场	沈立标	
2023/11/30	星期四	科学	空气压缩我探究	教室	吴宛霖	
2023/12/1	星期五	语文	童话故事我来编	教室	刘伟伟	
2023/12/4	星期一	道法	我为学校写首诗	教室	李红艳	15
2023/12/5	星期一至星期五，持续一周	劳动	纽扣掉了我会缝	教室	王阔	
2023/12/6	星期三	数学	周长我会算	教室	别文君	
	星期三	英语	书写大王	教室	颜晴玉	
2023/12/7	星期四	语文	书写能力大比拼	教室	刘伟伟	
2023/12/8	星期五	语文	智慧答辩快乐享	教室	刘伟伟	
	星期五	语文	记忆宝盒大揭秘	教室	刘伟伟	
2023/12/11	星期一	美术	水墨龙年	教室	崔贺威	16
	星期一至星期五，持续一周	信息科技	我是编程小能手	信息教室 2	曹羽茜	
	星期一至星期五，持续一周	科学	知识大爆炸	教室	吴宛霖	
	星期一	数学	综合答辩	教室	别文君	
2023/12/12	星期二，持续两周	心理	闪闪发光的我	教室	马梦宇	
2023/12/13	星期三	英语	综合答辩	教室	颜晴玉	
2023/12/14	星期四	体育	绳彩飞扬	操场	沈立标	
2023/12/15	星期五	体育	广播体操	操场	沈立标	
	星期五	体育	风驰电掣	操场	沈立标	

续 表

2023/12/18	星期一	科学	设计雨量器	教室	吴宛霖	17
	星期一至星期五，持续一周	音乐	声入人心	教室	张译文	
2023/12/20	星期三，持续一周	美术	美术知识我最懂	教室	崔贺威	
2023/12/25	星期一至星期五，持续一周	音乐	玩转口风琴	教室	张译文	18
	星期一	数学	商店管理员	教室	别文君	
2023/12/26	星期二	语文	识字大王竞选记	教室	刘伟伟	
2023/12/27	星期三	英语	句子猎手	教室	颜晴玉	
2023/12/27	星期三	英语	单词大王	教室	颜晴玉	
2023/12/28	星期四	数学	分秒不差	教室	别文君	
2023/12/29	星期五	英语	伊索星剧场	教室	颜晴玉	

表 2 - 32　荔湾小学四年级湾豆收获季学业评价推进表

荔湾小学 2023—2024 学年第一学期湾豆收获季 学业评价推进表（四年级）						
时间	星期	学科	项目	测评地点	负责人	周次
2023/10/16	星期一至星期五，持续两周	科学	制作小乐器	教室	简宝珠	9、10
2023/11/27	星期一至星期五	信息科技	计算思维我具备	信息教室 2	曹羽茜	15
	星期一	美术	龙年童帽	教室	张怡	
2023/11/27	星期一至星期五，持续两周	心理	打败愤怒小怪兽	教室	马梦宇	
2023/12/4	星期一	语文	智慧答辩快乐享	教室	张艳丽	16
2023/12/5	星期二	数学	我是小小画图师	教室	陈家敏	
2023/12/7	星期四	数学	方位辨认我最棒	教室	陈家敏	
2023/12/8	星期五	数学	大数读写我在行	教室	伍婉婷	
2023/12/11	星期一至星期五	美术	美术知识我最懂	教室	张怡	17
	星期一至星期五	信息科技	我是编程小达人	信息教室 2	曹羽茜	

续　表

2023/12/18	星期一	劳动	自制创意零钱包	教室	叶靖怡	18
	星期一至星期三	音乐	玩转口风琴	教室	罗德贤	
2023/12/19	星期二	数学	负数大小我会排	教室	伍婉婷	
2023/12/20	星期三	数学	综合答辩	教室	丁宋清	
2023/12/21	星期四	语文	书写能力大比拼	教室	语文教师	
	星期四	体育	绳彩飞扬	田径场	张增辉	
2023/12/22	星期五	语文	记忆宝盒大揭秘	教室	语文教师	
	星期五	体育	风驰电掣	田径场	张增辉	
2023/12/25	星期一	科学	小车赛跑	教室	简宝珠	19
	星期一	道法	我有节能小妙招	教室	向嘉蕙	
2023/12/25	星期一至星期三	音乐	声入人心	教室	罗德贤	
2023/12/28	星期四	英语	综合答辩	教室	何斐	
2023/12/29	星期五	英语	伊索星剧场	视频	何斐	
	星期五	英语	句子猎手	教室	何斐	
	星期五	英语	单词大王	教室	何斐	

表 2-33　荔湾小学五年级湾豆收获季学业评价推进表

荔湾小学 2023-2024 学年第一学期湾豆收获季 学业评价推进表（五年级）						
时间	星期	学科	项目	测评地点	负责人	周次
2023/11/22	星期三	科学	制作水钟	教室	江妙珍	13
2023/11/27	星期一	劳动	美味的西红柿炒蛋	家	王阔	14
2023/11/28	星期二	数学	计算比赛	教室	葛玥琪	
2023/11/27	周一到周五	信息技术	AI 识花君	电脑室 1	闫海亮	
2023/11/27	周一到周四	语文	智慧答辩快乐享	教室	王娟	
2023/12/6	星期三	数学	图形面积我会求	教室	葛玥琪	15
2023/12/4	周一到周五	美术	龙年邮票	教室	林子琪	
2023/12/4	周一到周五	科学	科学大闯关	教室	江妙珍	
2023/12/4	周一到周五	信息技术	AI 小卫士	电脑室 1	闫海亮	
2023/12/7	周四	英语	单词大王	教室	周小金	

续 表

2023/12/11	周一至周五	音乐	玩转口风琴	教室	赖恬甜	16
2023/12/11	周一至周五	体育	广播体操	操场	陈凯彬	
2023/12/13	星期三	数学	综合答辩	教室	葛玥琪	
2023/12/18	周一至周五	体育	绳彩飞扬	操场	陈凯彬	17
2023/12/18	周一至周五	音乐	声入人心	教室	赖恬甜	
2023/12/18	周一到周五	美术	美术知识我最懂	教室	林子琪	
2023/12/18	周一到周五	心理	我的学习感受	教室	易楠	
2023/12/20	周三	语文	记忆宝盒大揭秘	教室	王娟	
2023/12/18	周一到周五	道法	我是历史讲解员	教室	郑绮雯	
2023/12/21	周四	英语	句子猎手	教室	周小金	
2023/12/25	星期一到星期五	科学	地形我来辨	教室	江妙珍	18
2023/12/25	周一至周五	体育	风驰电掣	操场	陈凯彬	
2023/12/28	周四	英语	综合答辩	教室	周小金	
2023/12/27	周三	语文	书写能力大比拼	教室	王娟	

表 2 - 34　荔湾小学六年级湾豆收获季学业评价推进表

荔湾小学 2023—2024 学年第一学期湾豆收获季 学业评价推进表（六年级）						
时间	星期	学科	项目	测评地点	负责人	周次
2023/9/25	星期一至星期四	劳动	我做月饼迎中秋	教室	于垚	5
2023/10/9	星期一	科学	制作草履虫装片	教室	徐岚青	7
2023/10/30	星期一	语文	红色演讲传精神	教室	于汶冰	15
2023/12/1	星期五	语文	智慧答辩快乐享	教室	于汶冰	
2023/12/1	星期五	科学	知识总结我最棒	教室	徐岚青	
2023/10/31	星期二	英语	英语达人秀	教室	孙赫	
2023/12/4	星期一至星期五	美术	龙年创意拼贴画	教室	蒋杉	
2023/12/4	星期一至星期五	数学	计算比赛	教室	凌晓霞	
2023/12/6	星期三	数学	观察物体	教室	凌晓霞	
2023/11/27	星期一至星期五	数学	综合答辩	教室	凌晓霞	
2023/12/8	周五	科学	知识闯关我能行	教室	徐岚青	

续　表

2023/12/11	星期一至星期五	道法	我是权利捍卫者	教室	朱梦涵	16
2023/12/13	星期三	数学	最强记忆乐成长	教室	凌晓霞	
2023/12/11	星期一至星期五	音乐	声入人心	教室	王建玲	
2023/12/11	星期一至星期五	心理	向理想启航	教室	易楠	
2023/12/11	星期一至星期五	体育	风驰电掣	操场	刘轩	
2023/12/11	星期一至星期五	体育	绳彩飞扬	操场	刘轩	
2023/12/11	星期一至星期五	体育	广播体操	操场	刘轩	
2023/12/11	星期一至星期五	体育	荔湾力弯	操场	刘轩	
2023/11/27	星期一至星期五	信息	AI 分类助手	电脑室 1	闫海亮	
2023/12/4	星期一至星期五	信息	AI 学习助手	电脑室 1	闫海亮	
2023/12/15	星期五	语文	红色演讲传精神	教室	于汶冰	
2023/12/18	星期一	音乐	玩转口风琴	教室	王建玲	17
2023/12/18	星期一	英语	单词大王	教室	孙赫	
2023/12/19	星期二	语文	书写能力大比拼	教室	于汶冰	
2023/12/20	星期三	英语	超级作家	教室	孙赫	
2023/12/18	星期一至星期五	美术	美术知识我最懂	教室	蒋杉	
2023/12/25	星期一	英语	综合答辩	教室	孙赫	18
2023/12/28	星期四	语文	记忆宝盒大揭秘	教室	于汶冰	

第五节　湾豆收获季之期末成果转换——班币兑换礼物活动方案

各年级教师精心组织了湾豆收获季期末测评项目。同学们积极参与测评项目，不仅充分展示了自己的学习成果，还获得了班币的奖励。为了激励同学们持续努力，进一步将学习成果转化为实际奖励，我们特别策划了礼物兑换活动。同学们可以用自己积累的班币兑换心仪的礼物，这不仅是对同学们学习成果的认可，还是对他们勤奋努力的奖励。这样的活动能够激发同学们的学习热情，促进他们的全面发展。

在我国的教育体系中，激励机制一直是推动学生积极学习、全面发展的重要手段。荔湾小学为了激发学生的学习热情，提高学生的综合素质，建立了小学生激励性学业评价体系——湾豆收获季。教师根据学生的在校表现、学习情况、活动参与情况等方面进行综合评价，让学生通过日常表现、班级活动以及期末项目测评等途径积累“湾豆赞”。学生积累的“湾豆赞”将定期兑换为班币，班币作为对学生努力的认可。在学期末，荔湾小学各个班级会举办丰富多彩的期末成果转换活动，学生可以在活动中将自己积累的班币兑换成精神奖励和物质奖励，这一活动满足了学生们不同的需求和喜好。

荔湾小学将激励机制与素质教育有机结合，为学生提供了一个充满挑战与乐趣的学习环境。这种富有创意的激励方式有以下几个作用：第一，不仅激励了学生们在学习上取得进步，积极参与课堂活动，提高了综合素质，提升了自我管理能力，还转换了学生的学习成果；第二，让学生们认识到班币的价值，学会珍惜班币，养成节约的习惯，并在兑换过程中，学会理财、决策和人际交往等实用技能；第三，营造了积极向上的班级氛围，让学生们感受到班级的温暖和关爱，增强了班级凝聚力。

湾豆收获季礼物兑换活动形式多样，学生可利用班币参与集市交易、拍卖会竞拍或抽奖环节，活动满足了不同学生的兴趣和需求。学生们可以在集市中自主选择心仪的礼物，在拍卖会上竞拍心仪的物品，体验紧张刺激的竞拍过程。此外，抽奖环节也为学生们带来了惊喜，以下是详细的活动方案。

活动方案一：欢乐集市节

一、活动背景与目标

本活动旨在培养学生的智商、财商和情商，锻炼学生的逻辑思维、财务规划及人际交往能力。

首先，学生可以在兑换活动中理解货币交换和储蓄的概念，更加深入地理解经济运行的原理，从而培养他们的智商。其次，集市活动还可以帮助学生提高财商。学生在兑换过程中需要学会如何做出明智的消费决策、如何管理自己的班币，在实践中逐渐掌握理财技能，为未来的生活做好准备。最后，集市活动也可以帮助学生培养情商。在活动中，学生需要与他人进行交流、协商和合作完成礼物兑换。这个过程可以让学生学会理解他人的需求和感受、与他人建立良好的关系、处理冲突和分歧。这些技能对于学生的人际交往能力和未来的职业发展都非常重要。

二、活动内容

活动以摊位售卖的形式呈现，学生可以用平时累积的班币兑换实物，如学习用品、生活用品、玩具等，礼物的种类和数量将根据人数和预算而定。同时，班币也可以用来兑换精神奖励，如和校长共进午餐、坐旋转木马等。

三、活动组织与实施

1. 宣传与推广

教师通过班级公告、微信群等方式向“豆爸”“豆妈”和“小湾豆”们宣传活动内容，确保每位“小湾豆”了解活动规则。

2. 组织与监督

班主任和副班主任负责活动的组织与监督，家长委员负责后勤工作，确保活动的顺利进行。同时设立班币的收取与监督小组来负责班币的收取、记录和监督。

3. 礼物采购

本活动设立了礼物采购小组，小组负责礼物的采购、储备和兑换工作。礼物的种类和数量要丰富多样，以满足“小湾豆儿”们的不同需求。

4. 成果展示

本活动需要提前筹备成果展示环节所需的场地、设备等（预计设置“班币银行”和礼物兑换区），确保展示活动顺利进行。

（1）提前统计“小湾豆儿”们所得班币的总数，便于规定不同礼物对应班币的面值。

（2）“班币银行”——为了方便“小湾豆儿”们用班币兑换礼物，学校特设置此区域。班币的面值有 1 元、2 元、5 元、10 元、20 元、50 元、100 元，可以满足孩子们对于班币的需求。

（3）礼物兑换区——设置“1 元区”“5 元区”“10 元区”“30 元区”“50 元区”“100 元区”“100 元以上区域”。

5. 活动总结

活动结束后，教师对活动进行总结，收集“小湾豆儿”们的建议，为下次活动提供参考。

四、兑换程序

“湾豆”们将已经兑换好的班币整理好，放入自己的“钱袋”，并按照座位顺序在教室中央排好队，遵守纪律。班主任和副班主任讲解兑换活动的注意事项，宣布活动正式开始。“湾豆”们前往不同摊位挑选奖品，家长委员协助教师兑换奖品。兑换环节结束后，学生统一打开奖品并相互分享喜悦，合照留念，记录精彩瞬间。活动结束后，值日生们协助家长委员恢复座椅位置，收拾场地。

五、兑换规则

第一，各科湾豆收获季评价记录表上的“荔湾豆”数量与班币实行 1∶1 兑换；第二，班币储备总数=学生现有班币×2+“荔湾赞”总数；第三，学生所得班币数量少于 150 元时可以向“班币银行”申请“小额贷款”；第四，班币不可私下赠送和交换，不可涂画、损坏班币。第五，兑换活动中不允许出现吵闹、插队等不文明现象。

六、安全措施

第一，活动期间，教师应避免“小湾豆儿”们在赚取班币和兑换奖品的过程中发生意外事故。第二，教师对可能存在的安全风险进行排查，如奖品的质量问题、兑换过程中的秩序等。第三，教师在活动过程中加强对学生的安全教育，使同学们树立安全意识。

七、效果评估与总结

活动结束后，教师需对活动成效进行全面评估，涵盖“小湾豆儿”们的参与程度、积极性及满意度等多个维度。在此基础上，教师依据评估结果，系统总结活动的亮点与不足之处，旨在为未来活动提供有针对性的改进建议。同时，教师对在活动中表现卓越的“小湾豆儿”们予以表彰，激励他们持续奋进。

活动方案二：“珍宝”拍卖会

一、活动背景与目标

为了增强学生对班币的理解与认识，培养他们的团队协作精神和竞价技能，培养商业思维，学校特举办拍卖活动。通过这次活动，学生们将有机会亲身体验商业交易的全过程，从物品的定价、推广到交易完成，每个环节都将考验他们的智慧和策略。此次活动不仅可以培养学生的团队协作精神和竞价技能，还能丰富班级文化，促进学生之间的交流与互动，增强班级凝聚力。

二、活动内容

本次活动将以拍卖的形式进行。学生使用平时累积的班币，通过拍卖的方式获得各类奖品，包括学习用品、生活用品以及玩具等。奖品的种类和数量将根据参与人数和预算进行合理分配。我们致力于确保活动的公平性和透明度，希望所有学生都能从中获得乐趣并感受到班级的温暖。

三、活动准备

1. 物品准备

拍卖品（如学习用品、生活用品、玩具等）需要提前准备，活动还需要准备班币样本、拍卖槌、音响设备等物品，为拍卖会营造出专业氛围。

2. 宣传准备

教师提前通知学生活动的时间和地点，制作活动海报张贴在教室、学校公告栏等地方，或通过班级微信群发布信息，告知学生活动信息。

3. 组织准备

设立一个由班干部组成的拍卖组织委员会，委员会负责策划、筹备和组织活动。委员会成员需要分工合作，明确各自职责，确保活动的顺利进行。同时，班主任应给予一定的指导和支持。

四、活动流程

1. 开场致辞

班主任或主持人上台致辞，介绍活动背景、目的和规则。他们可以简述分发班币的目的和意义，强调团队协作和商业思维的重要性，这样能引导学生更好地理解活动的意义。

2. 物品展示

工作人员将拍卖品一一展示出来，让同学们了解商品信息，同时详细介绍每个拍卖品的特色和对应的班币面值，激发学生的购买欲望。教师可以在展示过程中可以穿插一些互动环节，活跃现场气氛。

3. 竞拍环节

拍卖过程中，学生们将使用班币，通过竞价的方式，争取以更少的班币“购买”到心仪的物品。学生按照拍卖品的顺序，依次进行竞拍。竞拍者需要在初始价格的基础上使用班币，每次最少加 1 个班币。当公开竞价三次无人加价时，即拍卖成功。

4. 结束拍卖

竞拍完毕后，主持人宣布拍卖会结束，对拍卖品进行统计，并公布成交结果。对于未能成交的拍卖品，教师可以采取其他方式进行处理，例如将其作为班级公共财产或用于其他班级活动。在统计和公布成交结果的过程中，主持人应注意公正性和透明度，以提高学生对活动的信任度。

5. 颁奖环节

主持人为拍卖品竞得者颁发奖品，以此奖励学生的积极参与，同时也要表彰优秀组织者和积极参与者，肯定他们在活动中的付出。奖励可以是学习用品、荣誉证书等，以此激发学生们在未来的活动中更加努力和积极地参与。颁奖环节可以穿插一些娱乐环节，例如才艺表演或小游戏等，让现场气氛更加活跃和欢乐。

五、效果评估与总结

在拍卖会结束后，班主任需要对活动进行总结和评价，不仅要总结活动的收获和亮点，还要指出存在的问题和不足之处。此外，班主任还可以引导学生对活动进行反思和讨论，让他们从中汲取经验和教训。通过这样的总结和反思环节，学生们可以更好地理解活动的意义和目的，提升自己的认知水平和综合素质。总结环节可以穿插一些互动环节，让学生们发表自己的看法和建议，以此促进班级内部的交流。

活动方案三：幸运大抽奖

一、活动背景与目标

为了丰富学校生活，提升学生们参与班级活动的热情，增强对班币的认识，学校特设置班币兑换抽奖活动。这样的举措不仅能够增加班币使用过程的趣味性，还能使同学们深切地感受到班币的实际意义和价值所在。

抽奖形式的班币兑换活动能够极大地增强班币的吸引力。在传统的班币使用场景中，学生们只是将其用于兑换一些学习用品。然而，通过抽奖的形式，班币的价值得以升华，班币成为一种能够带来惊喜与期待的“幸运符”。每一次兑换都是对未知的探索，学生们怀着激动的心情，期待着能够获得心仪的奖品，这无疑会激发学生们参与活动的热情。这样一来，他们会更积极地参与班级活动，争取获得更多的班币，以便在抽奖活动中获得更好的成绩。

二、活动内容

活动以抽奖的形式进行，学生可以用平时累积的班币进行抽奖，兑换奖品。奖品的种类和数量将根据人数和预算而定。

三、抽奖方式

抽奖环节是我们这次兑换方案的一大亮点。第一，我们将抽奖区分为“1 元区”“2 元区”“5 元区”“10 元区”“20 元区”“50 元区”“100 元区”，即参与抽奖所需要使用的班币数量。同时我们还设置了一系列的兑奖标准和兑奖次数，以确保奖品的价值和兑奖的合理性；第二，我们将奖品名称写在刮刮卡上，让同学们的抽取过程更有仪式感；第三，采用随机抽奖的方式，让每一位同学们都有机会获得奖品；第四，抽奖过程公平、公正、公开，确保每一个学生都有机会获得奖品。

四、抽奖券内容设置

抽奖券内容的设置别出心裁，旨在为学生提供独特且富有意义的体验。下面列举部分抽奖券的内容：

如和“校长妈妈”进行深入沟通，探讨在学习、生活等方面的疑惑和心得。这不仅能够加强学生与校长之间的联系，还能让“校长妈妈”更好地了解学生的需求，为学校的发展提供有益的参考。

如与“校长妈妈”一起乘坐旋转木马。该活动旨在培养学生们的团队合作精神，使学生在轻松愉快的氛围中共同成长。这一环节，既让学生们感受到了“校长妈妈”的关爱，又让他们在欢乐中学会了合作与互助。

如同老师共进美味的午餐。学生们与敬爱的老师在这个愉快的时光里，互相分享他们的人生感悟。这将是一次增进师生感情、传承智慧的机会。

五、兑奖设置

兑奖环节是我们这次兑换方案的重要一环。为确保学生能够方便快捷地完成兑奖，我们设置了详细的兑奖时间和兑奖地点。同学们通过刮刮卡上对应的奖品名称换取奖品。在兑奖过程中，我们将严格遵守兑奖流程和规定，确保每一个兑奖环节的公正性。

六、监督与解释权

为了确保这个兑换方案的顺利实施和公平公正，班级管理委员会对活动进行监督和解释。有关这个方案的任何问题，学生都可以向班级管理委员会咨询。同时，我们也欢迎同学们提出宝贵的建议，帮助我们不断完善这个兑换方案。

七、后续优化计划

第一，教师根据实际情况调整兑奖标准和兑奖次数，以确保奖品的价值和兑奖标准的合理性。同时，我们还会根据学生的需求和反馈，不断优化兑奖环节和兑奖流程，以提高兑奖效率和学生的满意度；

第二，加强对兑奖环节的监督和管理，确保每一个兑奖环节的公正性。同时，我们也会加强对兑奖环节的宣传和推广，让更多的学生了解和参与到这个兑换活动中来；

第三，持续关注学生的需求和反馈，及时解决相关问题并持续优化兑换方案。通过不断的优化，我们希望这个兑换活动为同学们的学习和生活带来更多的便利和乐趣。

荔湾小学通过湾豆收获季的班币兑换任何活动，既激发了学生们学习的热忱，又丰富了他们的学习生活。在未来的日子里，荔湾小学将继续探索更多有益于学生成长的方法，为学生提供一个愉快、充实、有意义的学习环境，使学生享受多姿多彩的学习生活。

第六节 湾豆收获季《集豆册》发展历程

自 2017 年起，荔湾小学致力于构建小学生激励性学业评价体系，利用《集豆册》精心记录并分析“小湾豆儿”每个学期的学业情况。为了提高学生学习的积极性，荔湾小学还设置了期末奖品兑换活动，从而系统地推进了整个评价活动的深入开展。

《集豆册》的设置旨在鼓励学生积极参与到各个学科和项目的测评中，推动他们不断自我提升，点燃他们的学习热忱。依据学生在各学科评价项目中的表现，教师会在《集豆册》中给予其“荔湾豆”与“荔湾赞”的奖励，这些奖励不仅反映了学生在各测评环节的表现，还体现了他们对知识的掌握程度。同时，这些评价结果将直接反映出学生各科目的学习状况，为他们的后续学习提供宝贵的参考。在公开、公正的评价环境下，“小湾豆儿”能够清晰认识到自己在学习上的优点与短板，进而被激发持续奋斗的内在动力。这种评价方式有助于教师深入了解学生的学习状况，为教学工作提供改进依据。

《集豆册》将评价活动分为两个模块：形成性评价和终结性评价。形成性评价主要关注学生们在学习过程中的成长和变化，终结性评价则着眼于他们对知识的掌握程度和应用能力。这两个评价模块相互补充，形成了全面、客观的评价体系。学期末，学校会将学生们的《集豆册》同步给家长，让孩子们的努力与成长变得更加直观。通过这本册子，家长可以全面了解孩子在学校的学习情况，从而更好地参与到孩子的教育中来。

《集豆册》于 2017 年开始设计并运用到评价结果的呈现当中，它经过六年的持续打磨与优化，历经实践与完善的循环过程，最终变成了一份具有丰富内涵和实用价值的成长报告。在此期间，教师们通过不断的实践探索，积累了丰富的经验，发现了问题并及时调整改进，使《集豆册》得以持续更新与细化，进一步增强了其针对性和实用性。以下是《集豆册》四个版本的发展历程的概述：

湾豆收获季《集豆册》1.0

荔湾小学建立伊始，学校仅有一个年级，四个班级。鉴于班级数量相对较少，《集豆册》在初创阶段即设立了分学科、分项目的评价内容，以规范化、系统化的方式记录学生的表现与成长。期末时，学校会统一印制《集豆册》，各科教师根据学生在各个项目中的表现亲手撰写评价，并在相应的项目下方加盖“荔湾豆”（每人每个项目最多得 5 个荔湾豆）。

《集豆册》1.0 版本全面覆盖了语文、数学、英语、美术、音乐和体育等多个学科领域。各个考核项目均详细列出了具体的要求、考核标准以及考核成果，旨在确保考官能够清晰理解并正确执行考核规则，同时也帮助学生直观地了解自己在各个项目上的表现。以语文学科为例，其中的“记忆宝盒大揭秘”项目会在《集豆册》中详细列出需要背诵的篇目，并要求教师记录下每位学生的背诵情况。教师能够通过项目评价结果清晰地掌握学生每个篇目的背诵情况。

以下是《集豆册》1.0 版本在语文和数学学科领域的具体展示：

图 2-70　《集豆册》1.0 版本封面

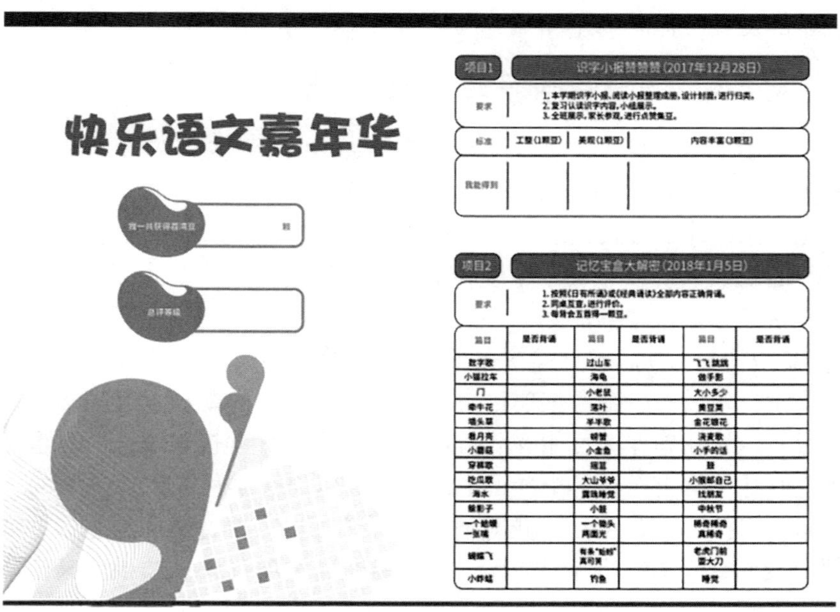

图 2-71　《集豆册》1.0 版本语文学科评价项目

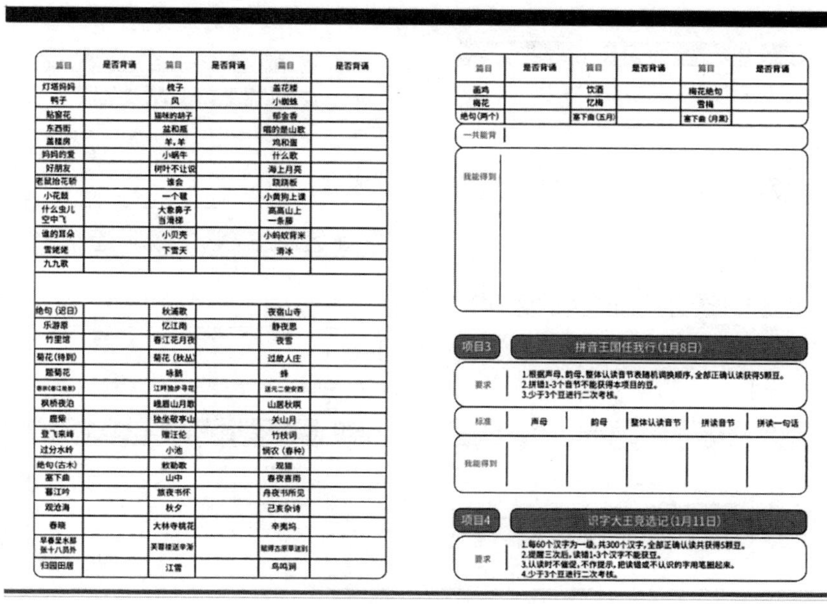

篇目	是否背诵	篇目	是否背诵	篇目	是否背诵
灯塔妈妈		桃子		盖花楼	
鸭子		风		小蜘蛛	
贴窗花		猫咪的胡子		郁金香	
东西街		盆和瓶		唱的是山歌	
盖楼房		羊，羊		鸡和蛋	
妈妈的爱		小蜗牛		什么歌	
好朋友		树叶不让说		海上月亮	
老鼠拾花轿		谁会		跷跷板	
小花鼓		一个蛋		小黄狗上课	
什么虫儿空中飞		大象鼻子当滑梯		高高山上一条藤	
谁的耳朵		小贝壳		小蚂蚁背米	
雪娃娃		下雪天		滑冰	
九九歌					
绝句（迟日）		秋浦歌		夜宿山寺	
乐游原		忆江南		静夜思	
竹里馆		春江花月夜		夜雪	
菊花（待到）		菊花（秋丛）		过故人庄	
题菊花		咏鹅		蜂	
[illegible]		江畔独步寻花		送元二使安西	
枫桥夜泊		峨眉山月歌		山居秋暝	
鹿柴		独坐敬亭山		关山月	
登飞来峰		赠汪伦		竹枝词	
过分水岭		小池		悯农（春种）	
绝句（古木）		敕勒歌		观猎	
塞下曲		山中		春夜喜雨	
暮江吟		旅夜书怀		舟夜书所见	
观沧海		秋夕		己亥杂诗	
春晓		大林寺桃花		辛夷坞	
早春呈水部张十八员外		芙蓉楼送辛渐		赋得古原草送别	
归园田居		江雪		鸟鸣涧	

篇目	是否背诵	篇目	是否背诵	篇目	是否背诵
画鸡		饮酒		梅花绝句	
梅花		忆梅		雪梅	
绝句（两个）		塞下曲（五月）		塞下曲（月黑）	

一共能背

我能得到

项目3　拼音王国任我行（1月8日）

要求：
1.根据声母、韵母、整体认读音节表随机调换顺序，全部正确认读获得5颗豆。
2.拼错1-3个音节不能获得本项目的豆。
3.少于3个豆进行二次考核。

标准	声母	韵母	整体认读音节	拼读音节	拼读一句话
我能得到					

项目4　识字大王竞选记（1月11日）

要求：
1.每60个汉字为一级，共300个汉字，全部正确认读共获得5颗豆。
2.提醒三次后，读错1-3个汉字不能获豆。
3.认读时不催促，不作提示，把读错或不认识的字用笔圈起来。
4.少于3个豆进行二次考核。

图 2 - 72　《集豆册》1.0 版本语文学科评价项目

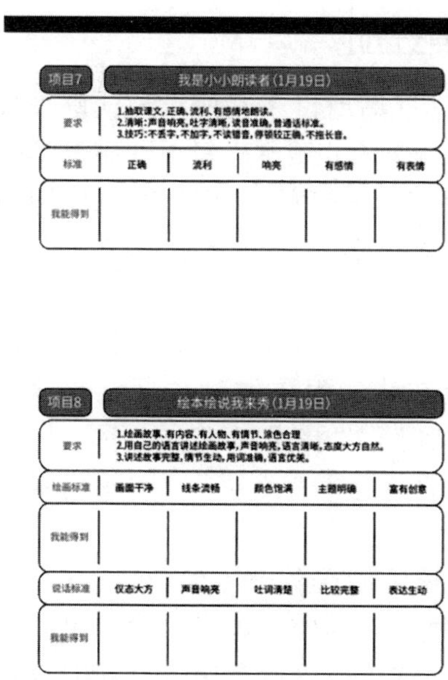

项目7　我是小小朗读者（1月19日）

要求：
1.抽取课文，正确、流利、有感情地朗读。
2.清晰：声音响亮，吐字清晰，读音准确，普通话标准。
3.技巧：不丢字，不加字，不读错音，停顿较正确，不拖长音。

标准	正确	流利	响亮	有感情	有表情
我能得到					

项目8　绘本绘说我来秀（1月19日）

要求：
1.绘画故事、有内容、有人物、有情节、涂色合理
2.用自己的语言讲述绘画故事，声音响亮，语言清晰，态度大方自然。
3.讲述故事完整，情节生动，用词准确，语言优美。

绘画标准	画面干净	线条流畅	颜色饱满	主题明确	富有创意
我能得到					
说话标准	仪态大方	声音响亮	吐词清楚	比较完整	表达生动
我能得到					

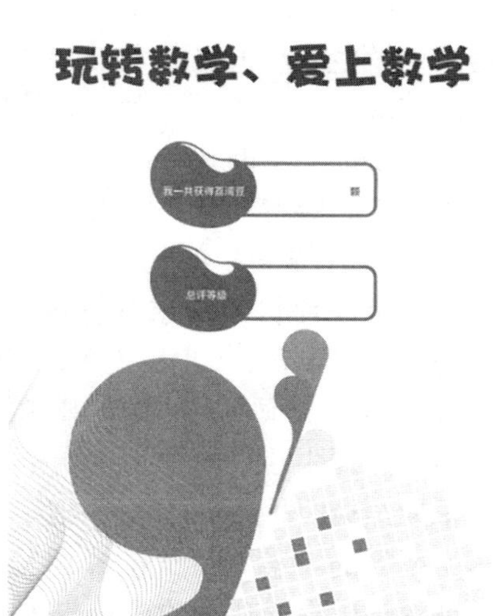

图 2 - 73　《集豆册》1.0 版本数学学科评价项目

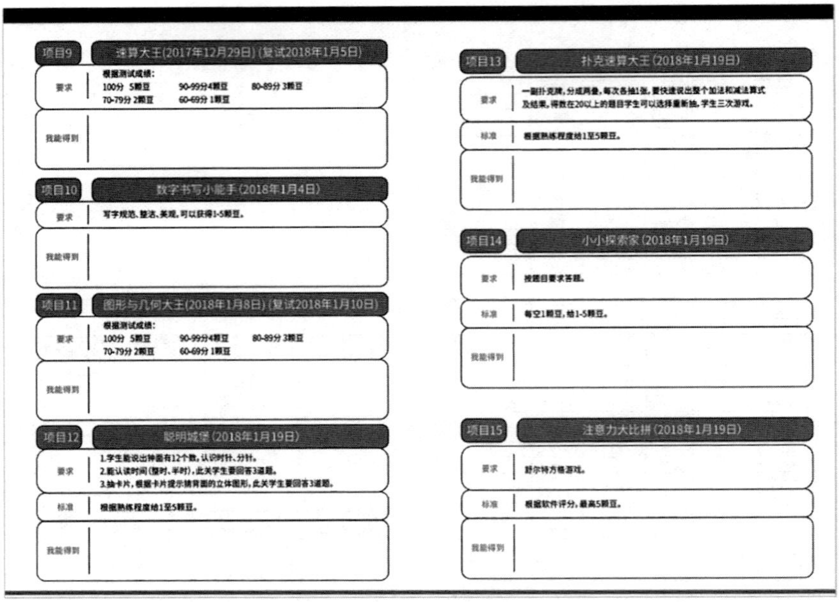
项目9 速算大王(2017年12月29日)(复试2018年1月5日)
要求 根据测试成绩：
100分 5颗豆 90-99分4颗豆 80-89分 3颗豆
70-79分 2颗豆 60-69分 1颗豆
我能得到

项目10 数字书写小能手(2018年1月4日)
要求 写字规范、整洁、美观，可以获得1-5颗豆。
我能得到

项目11 图形与几何大王(2018年1月8日)(复试2018年1月10日)
要求 根据测试成绩：
100分 5颗豆 90-99分4颗豆 80-89分 3颗豆
70-79分 2颗豆 60-69分 1颗豆
我能得到

项目12 聪明城堡(2018年1月19日)
要求 1.学生能说出钟面有12个数，认识时针、分针。
2.能认读时间(整时、半时)，此关学生要回答3道题。
3.抽卡片，根据卡片提示猜背面的立体图形，此关学生要回答3道题。
标准 根据熟练程度给1至5颗豆。
我能得到

项目13 扑克速算大王(2018年1月19日)
要求 一副扑克牌，分成两叠，每次各抽1张，要快速说出整个加法和减法算式及结果，得数在20以上的题目学生可以选择重新抽，学生三次游戏。
标准 根据熟练程度给1至5颗豆。
我能得到

项目14 小小探索家(2018年1月19日)
要求 按题目要求答题。
标准 每空1颗豆，给1-5颗豆。
我能得到

项目15 注意力大比拼(2018年1月19日)
要求 舒尔特方格游戏。
标准 根据软件评分，最高5颗豆。
我能得到

图 2 - 74 《集豆册》1.0 版本具体展现

湾豆收获季《集豆册》2.0

随着学校规模的逐步扩大，荔湾小学逐渐增设了其他年级，班级数量不断增长，学生数量也逐渐增加，《集豆册》1.0 版本已经无法满足学生们多样化的需求。为了增强学生对学科测评项目的理解，更加关注他们的实际表现，激发他们不断进步的动力，荔湾小学决定对《集豆册》进行升级，推出了 2.0 版本。

《集豆册》2.0 版本简化了 1.0 版本的内容，仅呈现测评项目的名称和结果，不再呈现项目的要求和标准，旨在让学生更加关注自己的学习成果。以语文学科为例，《集豆册》中仅呈现了“我是阅读小能手”与“习作高手群英会”等项目名称。紧随其后的“湾豆盖章处”，则明确展示了学生在项目测评中获得的“湾豆”数。

在学期结束时，教师们会仔细审查孩子们在各个测评项目中的表现，并将学生所得的“荔湾豆”准确无误地加盖在相应的项目栏内，以此方式清晰地展示学生在学业上的成长与进步。这一举措旨在通过直观的方式向家长和学生们展示他们在学期中所取得的成绩和进步，并为下一阶段的学习提供有力的参考依据。

以下是《集豆册》2.0 版本的具体展示：

图 2 - 75　《集豆册》2.0 版本具体展现

	24点游戏		
	合计		
英语	单词大王		
	最强大脑		
	英语达人秀		
	句子小医生		
	看图说画		
	大剧场		
	合计		
科学	我是绘图小能手		
体育	彩绳飞扬		
	风驰电掣50米		

	我来跳跳广播操		
	荔湾力穹		
	合计		
艺术	奏创未来		
	漫游“星”际		
	“声”入人心		
	一“锤”定音		
	小小歌唱家		
	奇舞飞扬		
	合计		
美术	小小艺术品		
	校园文化设计		

图 2 - 76　《集豆册》2.0 版本具体展现

形成性评价（50%）

	语文	数学	英语	科学	体育	艺术	美术	文明礼仪
每日课堂								
每日练习								
计算比赛								
数学手抄报								
数学展讲								
基本打字技能								
科技小制作								
科技小论文								
科技实践活动								
小组合作								
总计								

终结性评价（50%）

学科	项目	湾豆盖章处	数量
语文	我是阅读小能手		
	习作高手群英会		
	最强大脑记记记		
	书写之星我来当		
	我的字词我做主		
	小小舞台表演秀		
	合计		
数学	时间安排表		
	购物小票计算		
	5*5舒尔特方格		

图 2 - 77　《集豆册》2.0 版本具体展现

湾豆收获季《集豆册》3.0

在《集豆册》2.0 版本的实践过程中，我们不断反思和改进，满足了不同年级、不同学科的学生们的学习需求。2023 年，荔湾小学制定了湾豆收获季《集豆册》3.0 版本，并在原有基础上进行了优化和拓展。

《集豆册》3.0 版本的核心理念是：因材施教、分层评价、全面发展。在这个版本中，我们根据学生们的学情，将测评项目按照年级和学科进行精细地划分。这样既可以确保每个学生都能在适合自己的项目中展示自己的能力，又可以让教师们更准确地了解学生的学习状况。

《集豆册》3.0 版本将评价分为形成性评价和终结性评价，其中形成性评价从每日课堂、每日练习、每日诵读和小组合作四个方面展开测评，终结性评价分学科、分项目呈现。在《集豆册》3.0 的结尾会呈现学生成绩报告单，分学科对学生从形成性评价、终结性表现评价和综合性评价三个方面进行等级评定。

《集豆册》3.0 版本在 2.0 版本的基础上，进行了重大改进和创新。在《集豆册》2.0 版本中，教师需要手动为学生盖印，这个过程既繁琐又耗时，已经无法满足现代社会高速发展的需求。针对这一问题，荔湾小学新开发了信息化平台，将手动盖印的步骤转变为系统自动生成印章图标。教师只需要将每个学生对应的项目测评结果输入电脑，电脑会自动生成“荔湾豆”图标，为教师带来更为便捷和高效的体验。同时，教师可以在系统上批量下载学生的《集豆册》进行留存和反思。

以下是《集豆册》3.0 版本的具体展示：

图 2 - 78　《集豆册》3.0 版本具体展现

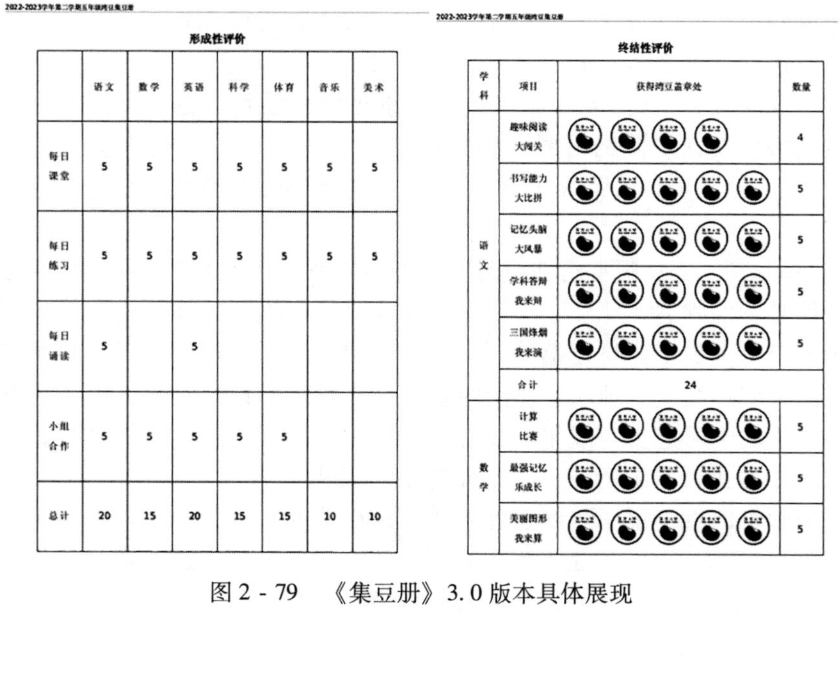

2022-2023学年第二学期五年级湾豆集豆册

形成性评价

	语文	数学	英语	科学	体育	音乐	美术
每日课堂	5	5	5	5	5	5	5
每日练习	5	5	5	5	5	5	5
每日诵读	5		5				
小组合作	5	5	5	5	5		
总计	20	15	20	15	15	10	10

2022-2023学年第二学期五年级湾豆集豆册

终结性评价

学科	项目	获得湾豆盖章处	数量
语文	趣味阅读大闯关		4
	书写能力大比拼		5
	记忆头脑大风暴		5
	学科答辩我来辩		5
	三国体剧我来演		5
	合计	24	
数学	计算比赛		5
	最强记忆乐成长		5
	美丽图形我来算		5

图 2 - 79　《集豆册》3.0 版本具体展现

2022-2023学年第二学期五年级湾豆集豆册

成绩报告单

	形成性评价	终结性表现评价	综合性评价
语文	A	A	A
数学	A	A	A
英语	A	A	A
科学	A	A	A
道法			B
体育	A	A	A
音乐	A	A	A
美术	A	A	A

图 2 - 80 《集豆册》3.0 版本具体展现

湾豆收获季《集豆册》4.0

在经过《集豆册》3.0 版本的实践之后，我们迎来了《集豆册》4.0 版本的诞生。2023 年上半年，全新的 4.0 版本在保留 3.0 版本的优点的基础上，进行了全面的升级和改进。

与 3.0 版本相比，4.0 版本更加注重个性化设置。教师可以根据每个学科的特色设置不同的背景，使得报告更加丰富多彩、更具吸引力。此外，《集豆册》4.0 从黑白升级为彩色，使之更加贴近学生，提升学生的阅读兴趣。

《集豆册》4.0 版本已增设班主任寄语环节，并于第二页明确列出各学科授课教师的姓名。此外，我们将形成性评价与终结性评价由表格形式转变为共获得多少积分与“荔湾豆”的直观展现方式。同时，各学科测评项目将明确展示其设计理念、评价内容、评价标准及评价结果，以便更好地反映学生的学习进步与成果。《集豆册》4.0 的结尾会分学科对所获“湾豆”的个数进行等级折算，显示最终评价结果。

教师可以直接根据测评项目的结果，在系统上批量录入每个学生所获的“湾豆”数。这一做法不仅提高了教师的工作效率，还让数据的记录和统计变得更加精确。当所有数据录入完毕后，系统将自动生成学生的本学期成长报告。

最后，《集豆册》4.0 版本还将增设家长端，使家长能够用手机及时查看孩子的成长报告，随时关注孩子的学习进度，与教师共同关注孩子的成长。通过这一版本的升级，我们希望能够让更多的家长参与到孩子的学习中来，共同为学生的成长助力。

以下是《集豆册》4.0 第一版本和第二版本的具体展示。第一版本在画面色彩上更加丰富，旨在吸引学生的注意力，提高学习兴趣。第二版本则对封面进行了简洁化设计，以引导学生将更多的关注点集中在测评结果上，从而更好地实现测评目的。两个版本各有特点，均旨在为学生提供更好的学习体验。

《集豆册》4.0 第一版本设计稿：

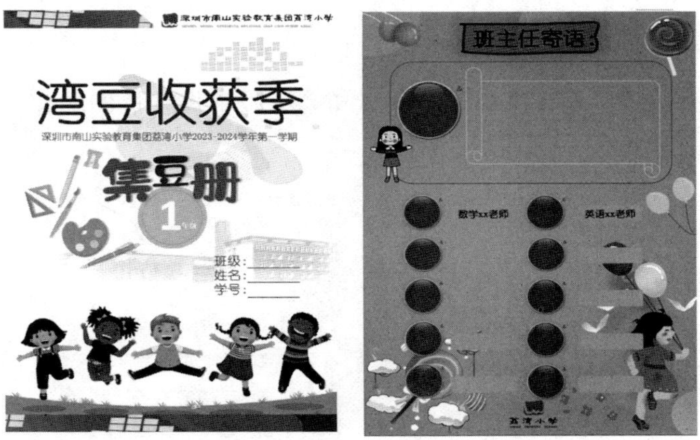

图 2 - 81　《集豆册》4.0 版本第一稿具体展现

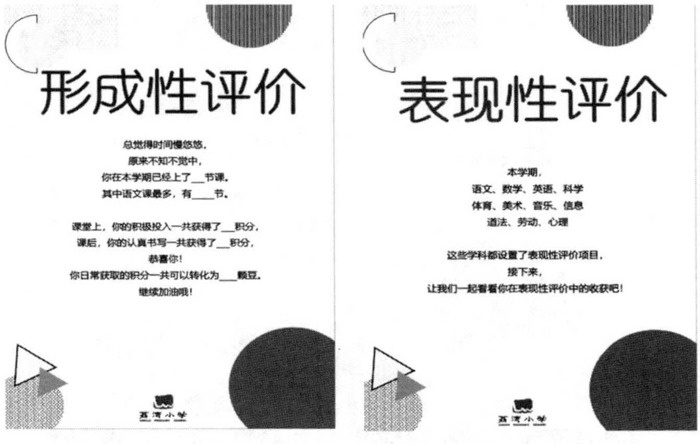

图 2 - 82　《集豆册》4.0 版本第一稿具体展现

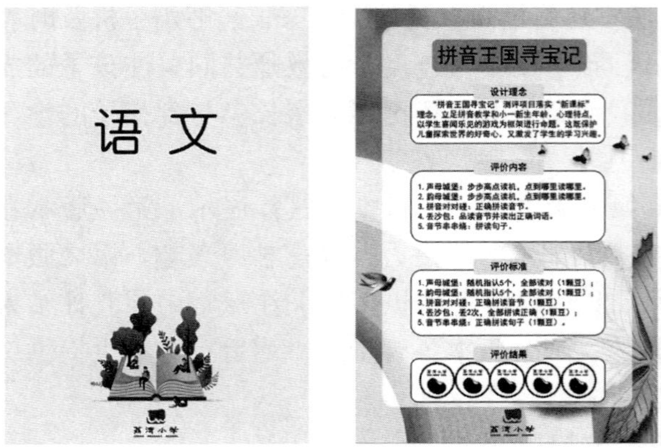

图 2 - 83 《集豆册》4.0 版本第一稿具体展现

图 2 - 84 《集豆册》4.0 版本第一稿具体展现

下图为《集豆册》4.0 第一版本和第二版本设计稿的对比，以语文学科“书写能力大比拼”项目为例。

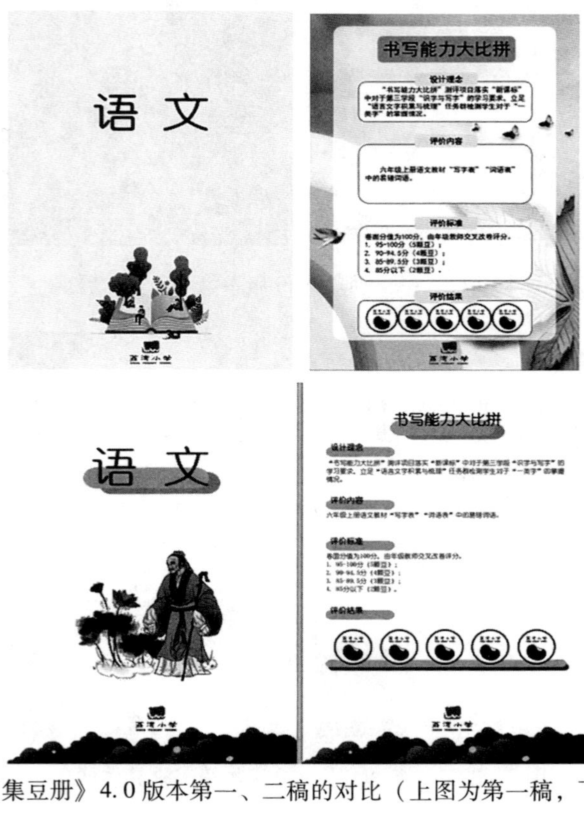

图 2 - 85 《集豆册》4.0 版本第一、二稿的对比（上图为第一稿，下图为第二稿）

总体来说，《集豆册》体现了注重过程评价、鼓励个性发展的教育评价方式。它既体现了学校对学生的关爱与期望，又展示了教师对学生的关注与认可。通过这种方式，我们将激励性评价体系融入到学生的日常生活中，使他们在学习过程中始终保持积极的心态。同时，这也让家长们更加关注孩子的学习成长，促进了家校互动。

荔湾小学利用《集豆册》实施小学生激励性学业评价项目，有计划地推动了测评活动的开展，使学生在学习过程中始终保持热情。这一体系的探索与实践，为我国基础教育改革提供了有益的经验和借鉴。在今后的教育工作中，荔湾小学将继续实践《集豆册》，不断更新和完善《集豆册》的内容，激发学生的学习潜能，帮助他们实现全面成长，为我国培养更多的优秀人才。

第三章　成果篇

DI-SAN ZHANG CHENGGUO PIAN

最美小考官，测评与收获并存
——荔湾小学三年级湾豆收获季语文展示性评价的探索

南山实验教育集团荔湾小学　韩佳好

摘要：在传统的学业评价中，无论是形成性评价还是终结性评价，教师都是评价的主要实施者。学生作为被评价人，往往习惯于教师的言语，甚至对教师的语言产生麻木、厌倦的情绪，这样一来，教师的评价往往达不到很好的激励效果。在这样的情况下，我们需要将评价人转换为学生，让学生互相评价，并采用“小考官制度”。教师作为评价全程的领航者和监督者，在评价中进行逐一检查和把控，能够使得学生和教师实现双向收益。本文以荔湾小学三年级湾豆收获季语文展示性评价为例，按照“测评前”“测评中”“测评后”的顺序论述具体的实施方法，探讨“小考官制度”的可行性与存在的问题。

关键词：教学评价；同伴互评；展示性评价

引言

《义务教育语文课程标准（2022 年版）》指出：语文的教学评价应该改变过于重视甄别和选拔的状况，突出评价的诊断和发展功能。荔湾小学秉持独特的办学理念，积极推进并深化激励性学业评价改革。评价体系涵盖形成性评价和终结性评价两个方面，严格遵循课程标准实施。在终结性评价中，教师特别注重展示性评价和期末卷面测试的有效结合，以确保评价结果的客观性和全面性。根据语文学科的要求和三年级学生的年龄特征，教师创意地设计了各种充满趣味的考核项目，这些考核项目既能考核学生对于基础知识和基本技能的掌握程度，又能有针对性地提升学生的语文素养。

在实施展示性评价的过程中，我们改变了以往单一的教师评价方式，实施了学生互评，建立和采用了“小考官制度”，这一做法能够突出学生在学习中的主体地位。教师作为小考官背后的引导者，将评价的话语权交给学生，推进和监督测评过程。

一、理论基础

（一）同伴互评评价方式

同伴互评（peer evaluation）又称学生互评、同伴反馈、同伴评价等。英国教育学家托平（Keith J. Topping）将“同伴互评”定义为：同伴互评是学习者对具有相同学习水平的学习同伴的作品或成果进行评价，评价依据作品完成的数量、水平、价值等方面进行。同伴互评经历了“以评辅教、以评促学、以评为学”三个阶段。同伴之间互相评价可以给教师提供反馈，帮助教师了解学生对知识的掌握情况。通过横向与纵向的对比，互评可以了解他人的长处，同时改正自己的不足，进而促进每一位学生的学习。

同伴互评与以往的评价方式不同，是一种以学生为主要实施评价者的评价方式。学生通常以小组为单位，或是自行结对，对对方或者组内成员的试卷、学习成果、作品等进行品鉴和赏析，提出自己的建议并写出评语。学生可以通过自己与他人成果的对比，总结自己应该努力的方向。

（二）陶行知“小先生制”教学方式

“小先生制”是著名教育家、思想家陶行知在20世纪30年代提出的教学方式。当时我国正处于半殖民地半封建社会，中华民族正面临着巨大的危难，人民群众备受压迫，根源在于教育落后、人民愚昧。在此境况下，教育改革势在必行。陶行知先生曾经说过：“小先生是负责普及教育之使命，穷社会除了重用小先生之外，是没有别的办法可以使教育普及。”[2] “小先生制”可以简单地概括为“用小孩教小孩”“用小孩教大人”，即知即传。小孩子学习到知识的即刻，便继续把知识教给其他孩子，甚至教给大人。当时的“小先生制”很大程度上缓解了当时社会教师紧缺的情况，对当时在贫民之间普及教育起到了显著的作用。当今社会并非否认教师在教学中的作用，而是将学习的主动权还给学生。

“小考官制度”和“小先生制度”有着相似性，小先生教他人学习，小考官评价别人的学习成果。在评价过程中，小考官的思维活动在潜移默化中展开，这种思维活动不仅推动了其自身的进步，还促进了学生的学习，并在一定程度上巩固了教师的教学成果。这一过程体现了学习与评价之间的良性互动，有助于提升整体教学质量。

二、现实意义

“小考官制度”应用在展示性评价的一系列测评项目中，其实施过程也包含了同伴互评的过程。小考官们在教师的指导下，使用合理的评价标准，细致地审阅同伴的作品。在这个过程中，年龄相仿、认知程度相近的同辈，能够看出教师视角下观察不到的内容，从而共同建构知识，产生思维碰撞，促进彼此的学习。

三、具体实施过程

“小考官制度”在实施的过程中，学生是实施评价的主体，教师在其中发挥自己的引导和领航作用，参与整个测评。在每个测评环节，教师有着不同的任务，帮助小考官们更好、更细致、更客观地对被评价人进行评价。人人都有机会当小考官。

荔湾小学三年级语文学科的测评项目有六项，分别是“识字大王竞选记”“书写能力大比拼”“记忆宝盒大揭秘”“童话故事我来编”“智慧答辩快乐享”“传统节日代言人”。这些项目中，有些为现场测试，有些需要学生在课后形成作品，再进行评价。

表 3 - 1　三年级语文学科的部分测评项目

序号	项目名称	考查维度 【对应《义务教育语文课程标准（2022 年版）》】	评价形式
1	识字大王竞选记	识字与写字	现场考核，当场评价
2	书写能力大比拼	识字与写字	
3	记忆宝盒大揭秘	阅读与鉴赏	
4	童话故事我来编	表达与交流	作品记录，课后评价
5	智慧答辩快乐享	梳理与探究	现场考核，当场评价

经过全面考量与精心设计，所有测评项目都旨在全面提高学生的参与度，确保每一位学生都能深刻掌握测评项目中涉及的核心知识点。同时，我们致力于营造一个积极向上的学习氛围，让每一位学生在轻松愉快的氛围中完成测评，共同分享学习与成长的喜悦。

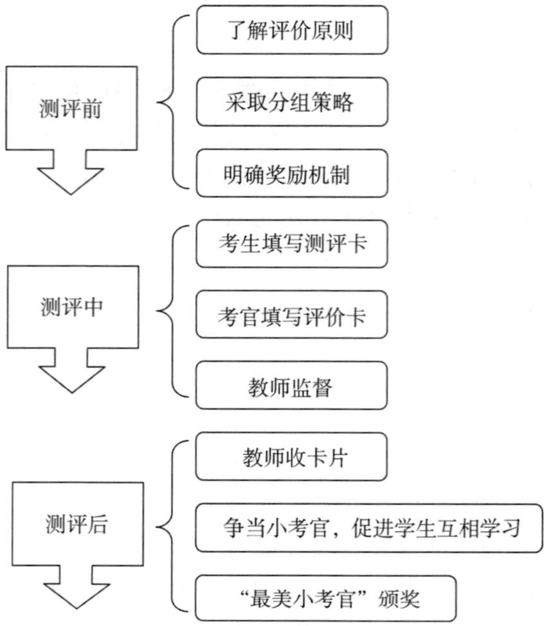

图 3 - 1　实践流程图

（一）测评前：教师引领，明确“小考官”职责

我们的小考官属于“新官上任”，盲目地开始评价会导致效率低下，达不到有效评价。教师在测评开始之前要对小考官们进行培训，并向小考官传达评价原则、注意事项等。

1. 如何评——了解评价原则

不同的项目考查学生语文素养的维度不同，但是测评项目有着相同的评价原则。在正式测评前，教师需要向小考官明确其职责，给小考官们的行动加以引领。

（1）公平性原则

小考官要秉持对考生负责的初心，严格依据评价标准，认真阅读评价要求，做到公平、公正地给考生打分并填写豆数。小考官评价的步骤要严谨，遵照评价卡上的提示进行评价。

（2）示范性原则

在进行考核之前，小考官必须做好充分的准备，对将要考核的字词、课文进行详细的总结与复习。只有当自己对知识点有了深入的了解，才能去考核他人，准确识别对方可能存在的问题。充分的准备是成为一名优秀小考官的关键。

（3）礼貌性原则

在测评的过程中，小考官要对考生保持礼貌，不可使用不恰当的、含有侮辱性的话语。对于答题速度较慢或者测评结果不理想的考生，小考官要给予耐心，不要做出不友好的行为。

2. 怎样评——采取分组策略

当全班学生同时测评相同的项目时，小考官由谁来当呢？为了使人人都有机会成为小考官，教师将全班学生分组，两人一组，组内成员互相测试，轮流当小考官。荔湾小学三年级湾豆收获季的语文测评项目共有 6 项，一共采取两种分组方式。

方式一						
组别	一	二	三	四	五	六
性别	男生	女生	男生	女生	男生	女生
学生编号	1 ↔	1	1	1	1	1
	2 ↔	2	2	2	2	2
	3 ↔	3	3	3	3	3
	4	4	4	4	4	4
	5	5	5	5	5	5
	6	6	6	6	6	6
	7	7	7	7		
	8	8	8	8		

图 3 - 2　语文测评分组方式 1

方式二						
组别	一	二	三	四	五	六
性别	男生	女生	男生	女生	男生	女生
学生编号	1	1	1	1	1	1
	2	2	2	2	2	2
	3	3	3	3	3	3
	4	4	4	4	4	4
	5	5	5	5	5	5
	6	6	6	6	6	6
	7	7	7	7		
	8	8	8	8		

图 3 - 3　语文测评分组方式 2

座位按照男生一组，女生一组的方式安排。图中箭头两端连接的学生为同一组，每组有一位女生，一位男生，两位同学轮流给对方当小考官，可以从对方身上汲取经验。

6个测评项目并非全部采用这两种分组方式。这两种分组方式只在项目1、2、3中使用，在项目5“童话故事我来编”中，采用“小考官报名制”。因为项目5的评价稍有难度，需要列出考生习作的优点、缺点，描写习作的出彩之处，并给出修改意见。这一做法给了比较积极、能力出众的小考官一个提升和展示的平台。

3. 如何更好地评——明确奖励制度

我们面对的是三年级的学生，我们的教学和评价项目的制定要适合此阶段学生的身心发展特点，“小考官制度”也需要如此。在测评前，教师提出奖励制度，根据不同的维度进行及时奖励。这一做法有助于激发小考官们的积极性，调动他们更好地担起肩上的责任。奖励采用给予“荔湾赞”的形式进行，学生获得的总赞数是参评最终奖“最美小考官”的重要指标。

表3-2　评价维度

维度	获得荔湾赞数
当过小考官	1
评价认真，按照维度给“荔湾豆”	1
点评细致	1
评价后有反思	1
考生给予考官好评	1
评价后在班级总结收获或讲解大家的易错点	2

（二）测评中：教师监督，学生争当最负责任的“小考官”

教师要将具体的评价标准、评价要求展示给所有学生，包括小考官和考生，制作“小考官评价卡”供小考官使用，制作“考生测评卡”供考生使用。教师可提前在大屏幕上展示，逐条解读给学生，便于学生理解。小考官根据评价标准对考生进行评价。

每个评价项目都有相应考查的维度和标准，并且用荔湾小学独有的“荔湾豆”衡量学生的成绩。

其中“识字大王竞选记”“书写能力大比拼”“记忆宝盒大揭秘”“智慧答辩快乐享”四个项目的考查内容多为教材中的基础知识。“童话故事我来编”项目的考查形式为“提交作品，课后评价”，考查考生的书面表达能力。下面列出“记忆宝盒大揭秘”“童话故事我来编”两个项目的“小考官评价卡”和“考生测评卡”。

表 3 - 3　“记忆宝盒大揭秘”小考官评价卡

<table>
<tr><td colspan="4">荔湾小学三年级语文展示性评价
小考官评价卡</td></tr>
<tr><td colspan="4">项目名称：记忆宝盒大揭秘</td></tr>
<tr><td colspan="2">考官姓名：</td><td colspan="2">考生姓名：</td></tr>
<tr><td colspan="4">测评日期：　　　年　　　月　　　日</td></tr>
<tr><td colspan="4">致亲爱的小考官：
　　恭喜你成为“记忆宝盒大揭秘”这个项目的小考官！下面你将要担负起责任，竖起耳朵，瞪大双眼，检查考生的背诵情况。
　　这个项目考查考生对于教材中的课文、古诗背诵的熟练度。你要先阅读评价要求，了解评价标准，再认真地听考生的背诵情况。对于比较长的课文段落，你可以在开头提醒1次，中间提醒1次，在考生背诵完毕后，请你填写考生可以得到的豆数。在考查考生的同时，希望你也可以思考一下如果你是考生，你会考的怎么样呢？
　　期待“新官上任”的你能够拥有完美的表现！希望你能被评为“最美小考官”！</td></tr>
<tr><td>评价要求</td><td colspan="3">正确背诵教材中的必背课文、古诗。</td></tr>
<tr><td rowspan="2">评价标准</td><td>会背16篇</td><td>会背13篇</td><td>会背13篇以下</td></tr>
<tr><td>5颗豆</td><td>4颗豆</td><td>二次测评</td></tr>
<tr><td>篇目</td><td>他能得到</td><td>篇目</td><td>他能得到</td></tr>
<tr><td>语文园地一
日积月累
《所见》</td><td></td><td>古诗三首：
《望天门山》
《饮湖上初晴后雨》
《望洞庭》</td><td></td></tr>
<tr><td>古诗三首：
《山行》
《赠刘景文》
《夜书所见》</td><td></td><td>语文园地六
日积月累
《早发白帝城》</td><td></td></tr>
<tr><td>《秋天的雨》
第二自然段
（秋天的雨，
有一盒……）</td><td></td><td>《大自然的声音》
第2—3自然段
（风，是大自
然的……）</td><td></td></tr>
</table>

续 表

语文园地二 日积月累 （秋高气爽……）		语文园地七 日积月累 《采莲曲》	
语文园地三 日积月累 （灯不拨不亮……）		《司马光》	
语文园地四 日积月累 （人心齐……）		语文园地八 日积月累 （爱人若爱其身……）	
亲爱的小考官，你的表现真优秀！ 请对你的考生说点什么吧： （可以是鼓励的话语，也可以是他的不足之处，更可以是将考生与自己对比之后的反思。）			

表 3-4 “记忆宝盒大揭秘”考生测评卡

<table>
<tr><td colspan="4">荔湾小学三年级语文展示性评价
考生测评卡</td></tr>
<tr><td colspan="4">项目名称：记忆宝盒大揭秘</td></tr>
<tr><td colspan="2">考生姓名：</td><td colspan="2">考官姓名：</td></tr>
<tr><td colspan="4">测评日期：　　年　　月　　日</td></tr>
<tr><td colspan="4">致亲爱的考生：
　　欢迎来到“记忆宝盒大揭秘”的测评项目，这个项目要考查你对于教材中的课文、古诗背诵的熟练度。你要先阅读评价要求，了解评价标准，再认真地向小考官背诵课文。项目要求你吐字清晰、发音标准。你的小考官将会公平、公正地记录你的成绩。
　　对于比较长的课文段落，小考官会在开头提醒 1 次，中间提醒 1 次。
　　期待你拥有好成绩哦！</td></tr>
<tr><td>评价要求</td><td colspan="3">正确背诵教材中的必背课文、古诗。</td></tr>
<tr><td rowspan="2">评价标准</td><td>会背 16 篇</td><td>会背 13 篇</td><td>会背 13 篇以下</td></tr>
<tr><td>5 颗豆</td><td>4 颗豆</td><td>二次测评</td></tr>
</table>

续　表

篇目		篇目	
语文园地一 日积月累 《所见》		古诗三首： 《望天门山》 《饮湖上初晴后雨》 《望洞庭》	
古诗三首： 《山行》 《赠刘景文》 《夜书所见》		语文园地六 日积月累 《早发白帝城》	
《秋天的雨》 第二自然段 （秋天的雨， 有一盒……）		《大自然的声音》 第2—3自然段（风， 是大自然的……）	
语文园地二 日积月累 （秋高气爽……）		语文园地七 日积月累 《采莲曲》	
语文园地三 日积月累 （灯不拨不亮……）		《司马光》	
语文园地四 日积月累 （人心齐……）		语文园地八 日积月累 （爱人若爱其身……）	
亲爱的考生，你的表现真优秀！ 你的小考官很辛苦，请对他说点什么吧： （可以是感谢的话语，也可以是给他提出的建议，更可以是考官的优点。）			

表3-5　“童话故事我来编”小考官评价卡

荔湾小学三年级语文展示性评价 小考官评价卡
项目名称：童话故事我来编

续　表

<table>
<tr><td colspan="2">考官姓名：</td><td colspan="2">考生姓名：</td></tr>
<tr><td colspan="4">测评日期：　　　年　　　月　　　日</td></tr>
<tr><td colspan="4">致亲爱的小考官：
　　恭喜你成为“童话故事我来编”这个项目的小考官！下面你将要担负起责任，瞪大双眼，检查考生的写作情况。
　　这个项目要求考生观察周围世界，发挥想象，用童话的方式将自己眼中的世界描绘出来。你要先阅读评价要求，了解评价标准，再认真评析考生的文章。请你根据评价标准，填写考生可以得到的豆数。在考查考生的同时，希望你也可以思考一下如果你是考生，你会考的怎么样呢？
　　期待“新官上任”的你能够拥有完美的表现！希望你能被评为“最美小考官”！</td></tr>
<tr><td>评价要求</td><td colspan="3">1. 发挥想象，编写一个情节合理、人物丰富的童话故事；
2. 给童话故事配上一幅或者几幅插图，以帮助读者更好地理解这个故事。</td></tr>
<tr><td>评价标准</td><td colspan="3">1. 总体流畅（1 颗豆）；
2. 情节合理（1 颗豆）；
3. 人物丰富（1 颗豆）；
4. 语言优美（1 颗豆）；
5. 插图美观（1 颗豆）。</td></tr>
<tr><td colspan="4">题目要求：
　　在童话王国里，小蝌蚪四处寻找自己的妈妈，小壁虎着急地向别的动物借尾巴，善良的老虎一直没有倒下，蟋蟀到牛肚子里进行了一次惊险的旅行……在童话里，一切都有可能发生！小湾豆儿们，我们也来当个小作家，编写童话故事吧！
　　具体内容：大胆创作一篇童话故事，起一个有趣的标题，别忘了起段空两格，学会用标点符号哟！（不会写的字可以用拼音代替。）</td></tr>
<tr><td colspan="2">标准一：总体流畅（1 颗豆）</td><td>他可以得到</td><td></td></tr>
<tr><td colspan="2">标准二：情节合理（1 颗豆）</td><td>他可以得到</td><td></td></tr>
<tr><td colspan="2">标准三：人物丰富（1 颗豆）</td><td>他可以得到</td><td></td></tr>
<tr><td colspan="2">标准四：语言优美（1 颗豆）</td><td>他可以得到</td><td></td></tr>
<tr><td colspan="2">标准五：插图美观（1 颗豆）</td><td>他可以得到</td><td></td></tr>
</table>

续　表

<table>
<tr><td>亲爱的小考官，你的表现真优秀！
请对你的考生说点什么吧：
（要列出他编写的童话故事的优点、缺点，给出修改意见。）</td></tr>
</table>

表 3-6　“童话故事我来编”考生测评卡

<table>
<tr><td colspan="3">荔湾小学三年级语文展示性评价
考生测评卡</td></tr>
<tr><td colspan="3">项目名称：童话故事我来编</td></tr>
<tr><td colspan="2">考生姓名：</td><td>考官姓名：</td></tr>
<tr><td colspan="3">测评日期：　　　年　　　月　　　日</td></tr>
<tr><td colspan="3">致亲爱的考生：
　　欢迎来到“童话故事我来编”的测评项目，这个项目要考查你的想象力，要求你用童话的方式将眼中的世界描绘出来。
　　你要先阅读评价要求，了解评价标准，再认真地开始你的创作，注意字迹工整、结构合理，你的小考官将会公平、公正地记录你的成绩。
　　期待你拥有好成绩哦！</td></tr>
<tr><td>评价要求</td><td colspan="2">1. 发挥想象，编写一个情节合理、人物丰富的童话故事；
2. 给童话故事配上一幅或者几幅插图，以帮助读者更好地理解这个故事。</td></tr>
<tr><td>评价标准</td><td colspan="2">1. 总体流畅（1 颗豆）；
2. 情节合理（1 颗豆）；
3. 人物丰富（1 颗豆）；
4. 语言优美（1 颗豆）；
5. 插图美观（1 颗豆）。</td></tr>
<tr><td colspan="3">题目要求：
　　在童话王国里，小蝌蚪四处寻找自己的妈妈，小壁虎着急地向别的动物借尾巴，善良的老虎一直没有倒下，蟋蟀到牛肚子里进行了一次惊险的旅行……在童话里，一切都有可能发生！小湾豆儿们，我们也来当个小作家，编写童话故事吧！
　　具体内容：大胆创作一篇童话故事，起一个有趣的标题，别忘了起段空两格，学会用标点符号哟！（不会写的字可以用拼音代替。）</td></tr>
<tr><td colspan="3">亲爱的考生，你的表现真优秀！
你的小考官很辛苦，请对他说点什么吧：
（可以是感谢的话语，也可以是给他提出的建议，更可以是考官的优点。）</td></tr>
</table>

在“小考官评价卡”中，我们将运用富有创意的语言，为小考官们撰写寄语。这些寄语简单易懂，符合三年级学生的年龄特点和理解能力。寄语既包含对小考官的叮嘱，又使小考官明确自己应该做的事情。小考官在考核他人的过程中，可以反思一下自己，比如听到考生有一篇课文没有背下来，小考官可以反思一下自己有没有背下来。再比如小考官看到考生编写的童话很流畅，情节充满趣味，语言很优美，全文运用了很多修辞手法，结尾的寓意又很深刻，小考官可以思考自己编写的童话有哪些需要改进的地方。“小考官制度”设立的目的之一就是促进考官与考生的互相学习。

小考官需要根据教师给出的评价标准，给考生相应的豆数。在表格最后，小考官可以给考生写寄语，寄语可以是简单的点评、鼓励，也可以指出考生的不足。

“考生测评卡”中有考生写给小考官的寄语，寄语可以是对考官的感谢，也可以是对考官提出的建议。

在整个测评的过程中，教师要在各个组之间及时观察，起到监督作用，监督每一组的考官和考生各司其职，避免有些考官和考生说闲话，做与测评无关的事情。遇见有困难、有疑问的小考官和考生，教师也要及时给予帮助，保证测评的顺利进行。

（三）测评后：师生受益匪浅

在项目测评结束后，教师要将所有的“小考官评价卡”和“考生测评卡”收上来，逐一检查。在小考官给出考生成绩后，教师也要进行核对，教师是最后的把关人。根据奖励制度表，获得“荔湾赞”最多的小考官获得“最美小考官”奖。在这个过程中，教师和学生都能从“小考官制度”中获益。

1. 学生互相学习，提高学习兴趣

传统的测评都是由教师进行的，教师能够看到每一个学生的成绩，但是我们仍然能发现一些对知识掌握程度不高的学生并不能真正得到改善。学生已经倦怠了教师全程监管自己的方式，教师的“老生常谈”并不能引起他们的注意，而“小考官制度”可以激发学生的求知欲。

在“小考官评价卡”中，我们督促小考官在测评别人时，要反思自己是否掌握了这个知识点。并且在小考官写给考生的寄语中，我们也敦促考官反思。小考官评价的过程是知识点在考官脑中加深印象的过程。

每项测评结束后，教师会邀请一些想要给大家讲解知识点的小考官上台，为大家解惑。小考官讲解的过程也是将知识再次复习的过程。只有自己熟悉知识点了，才能把知识传给别人。这一做法充分调动了学生的学习积极性。

2. 奖项激励学习，学生不断向前

项目对于小考官有一定的考核。教师根据相应的标准给小考官打分，小考官获得荔湾赞的数量是其能否获评“最美小考官”奖项的关键。获得“最美小考官”奖项的同学，会有相应的奖励，比如可以免抄两天的字词作业、免听写两次生词、免默写两次课文、听写全班同学一次、批改其他同学的听写试卷。

这样看似很小的奖励能够调动每一个学生的积极性，使人人都想当“最美小考官”。因此，学生会更积极地学习知识，认真复习，努力当一个能在台上为大家讲解知识的小考官。

3. 教师提高效率，把控学生状态

传统的教育方式是将教师放在首位，鼓励教师参与教育的每一个环节，教师给全班学生打分，衡量全班学生对知识的掌握程度，并对全班学生进行辅导。我们不可否认这的确是提高学生成绩行之有效的一种方式，但是全班学生数量庞大，教师的精力有限，逐一批改、点评、辅导是一件效率低下的方式。

“小考官制度”使学生变身小老师的角色。在测评中，人人有机会评价他人，人人有机会被别人评价。教师作为教育过程的把控者，指导评价的过程，最终将“小考官评价卡”和“考生测评卡”收上来，进行统一的检查，这一做法省时高效。教师检查的过程是非常必要的，在这个过程中，教师能够看到一些考生的成绩不理想，能够看出有些考生并没有好好地复习，还可以看到一些不称职的小考官，更能够看出哪些小考官十分认真，对人对己都认真负责。

“小考官制度”使得教师不仅能看出学生的成绩，还能够看到一些学生在平时表现不出来的一面。比如有些平时成绩不算好的学生，却是很优秀的小考官。

三、问题与反思

“小考生制度”应用于语文测评项目中有诸多的优势。比如，这一制度可以促进学生之间互相学习，调动学生学习的积极性等等，这些在上文已经叙述。但是“小考生制度”也存在诸多问题，下面列举了三点：

（一）学生水平参差不齐，后进生难以被带动

一个班有成绩好的学生，也会有理解能力稍差的学生，所以评价以传统的方式进行时，就会存在无法真正照顾到后进生学习的情况。应用了“小考官制度”之后，一些后进生为了争当“最美小考官”，他们的学习积极性会被带动起来，但是仍然会存在部分后进生无法被带动的情况。他们在尝试当小考官之后，新鲜劲儿一过，后进生就又会陷入没有学习动力的境况中。如何使后进生真正享受学习，能够被“小考官制度”真正地带动起来，是我们继续探索的问题。

（二）“小考官评价卡”与“考生测评卡”内容仍需完善

“小考官评价卡”和“考生评价卡”设有评价要求和评价标准等栏目，是否还要开设一些其他的评价维度，需要我们进一步思考。最后在小考官写给考生的寄语和考生写给小考官的寄语中，是否可以设置一些语言支架帮助学生更好地写出寄语，需要我们继续思索。

（三）小考官奖励制度未设置不同梯度的奖励

在小考官的奖励制度中，我们只设置了“最美小考官”奖，教师根据考官在评价表中获得的荔湾赞数，评选“最美小考官”。这样一来，对于一些自身能力比较弱的学生，他虽然已经很认真地履行了小考官的职责，但是仍然无法超越那些自身能力强的小考官。因此，教师可以开设更多梯度的奖项，比如小考官获得了 3 个荔湾赞，可以获得一个“认真小考官”奖，获得了 5 个荔湾赞，可以获得“称职小考官”奖。开设不同梯度的奖项可以让更多的学生获奖，减少学生的焦虑感。

四、结语

通过对荔湾小学三年级的湾豆收获季语文展示性评价中“小考官制度”的深入实践与研究，我们可以清晰地看到，这一创新性的评价方式在提升学生学习积极性、促进自我认知发展方面取得了显著的成效。同时，它也有效减轻了教师的评价负担，使教师能够更加关注学生的个体差异和发展需求。

在实施“小考官制度”的过程中，学生的参与感和责任感得到了极大的增强。这不仅激发了他们的学习热情，还促进了他们之间的交流与合作。同时，教师作为评价全程的领航者和监督者，能够确保评价活动的顺

利进行，并对评价结果进行逐一检查和把控，从而保证了评价的客观性和公正性。

然而，我们也意识到“小考官制度”存在一些问题和挑战。未来，我们将继续深化对这一制度的研究和实践，不断完善和优化评价流程，以更好地发挥其在学业评价中的作用。

“小考官制度”的实施，为我们提供了宝贵的经验和启示。在今后的教育实践中，我们应积极探索更多符合学生发展需求的评价方式，以更好地服务于学生的全面发展。

参考文献

［1］王彬杰. 混合式学习环境下同伴互评设计与实践［D］. 沈阳：沈阳师范大学，2023.

［2］李晓宇. 小先生制在初中历史教学中应用的实践研究［D］. 长春：东北师范大学，2012.

［3］徐杰，王振宇，彭渊等. 基于学生互评的 PBL 课堂设计及实践：以“生物医学工程前沿”课程为例［J］. 科教导刊，2022（23）.

［4］刘畅，庄天宝. 混合式教学模式下的学生互评体制［J］. 中国教育技术装备，2023（8）.

［5］唐会冉. 学生自评与互评在高中英语写作教学中的运用［J］. 校园英语，2023（8）.

“双减”背景下荔湾小学一年级数学湾豆收获季的探索与实践

南山实验教育集团荔湾小学　朱硕欣

摘要：本文以《义务教育数学课程标准（2022 年版）》为指导，立足于荔湾小学一年级数学学科激励性学业评价体系——湾豆收获季的实践案例，阐述了评价项目的内容，并深入剖析该评价体系对学生产生的积极效应。最后，我们通过实践评价体系分析评价成效，探讨如何完善评价内容，以更好地促进学生数学素养的提升。

关键词：双减；小学数学；一年级；期末多元评价

引言

为了贯彻“双减”政策，缓解学生学业压力，引导学校、家庭和社会树立正确的育人观念，推进学生全面发展，提高数学核心素养，我们积极探讨了以核心素养为导向的小学低年级数学学科的评价模式，旨在通过评价促进教学，助力“双减”政策落地实施。

当前小学低年级数学评价方式的不足主要体现在过分注重结果、缺乏多元化评价、忽视个体差异、缺乏及时反馈等方面。这导致了评价体系难以全面准确地反映学生在数学学科的学习情况，缺乏对个性化和实际应用的考量，从而使得教育质量受到影响。

本文以荔湾小学一年级数学湾豆收获季期末学业评价体系为例，深度剖析“双减”背景下小学生学业评价模式的实践过程，并通过具体项目进行反思。

一、荔湾小学一年级数学评价体系的建立

依据《关于大力推进幼儿园与小学科学衔接的指导意见》，荔湾小学将入学适应教育视为深化义务教育课程教学改革的核心任务，并将其纳入一年级小幼衔接教育教学计划。同时，根据《义务教育数学课程标准（2022 年版）》（以下简称《课程标准》）的要求，我们着重关注小学一年级的课程设计，注重学习活动的趣味性和生活化。在数学课程的设置中，我们以学生的思维特点和认知规律为基础，着重实施入学适应教育，以确保学生在学习、生活和社会方面的全面适应。

期末学业评价工作位居教育教学环节的核心，对于日常教育教学具有显著的引领作用。荔湾小学在“双减”政策的指引下，设立了湾豆收获季线上学业评价系统，设置了分学科、分项目的期末学业评价体系，并将“非纸笔”期末评价模式推向新高潮，有效且高效地展现了学生数学学业的评价结果。

（一）项目设置

荔湾小学数学学科的评价体系充分体现了素质教育的精神，关注学生的全面发展。通过形成性评价和终结性评价两大模块，学校可以更好地了解学生的学习状况，激发他们的学习兴趣，培养他们的自主学习能力，为他们的未来奠定坚实的基础。

形成性评价考查学生在日常课堂学习和每日作业方面的表现，旨在全面了解学生在学习过程中的进步。在日常课堂中，教师会关注学生的学习

态度、参与度、提问能力、合作精神等方面，通过观察和交流，了解学生对数学知识、思维能力和实践技能方面的掌握情况。每日作业则是让学生在家庭环境中巩固课堂所学知识，培养自主学习和解决问题的能力。这两方面的评价相互补充，共同构成了形成性评价的完整体系。

终结性评价侧重对学生学习成果的考查，主要通过测评项目来衡量学生的学习效果。这些测评项目包括口试和实践操作等多种形式，旨在全面评估学生在数学知识、思维能力、创新意识等方面的表现。在测评过程中，学生有机会展示自己在各个方面的优势，从而得到客观的评价。

以一年级为例，一年级数学课程立足于《课程标准》的理念与要求，以国家课程为基础，涵盖数与代数、图形与几何、统计与概率以及综合与实践四个学习领域，主要通过游戏化、生活化、综合化的项目实施课程，强调儿童的探究性和体验式学习。校本课程作为补充，注重培养学生的探索精神与学习兴趣。同时，我们关注学生个性化、多样化的学习和发展需求，激发他们对数学学习的兴趣，并帮助他们树立信心。一年级数学湾豆收获季的部分期末测评项目如下：

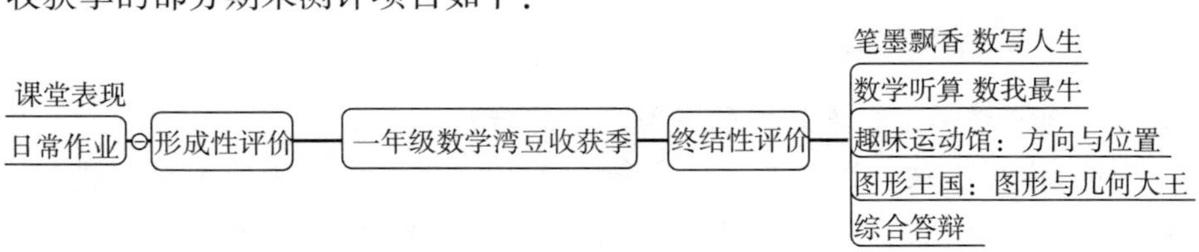

图 3 - 4　一年级期末数学湾豆收获季评价体系

1. 笔墨飘香，数写人生

数字书写是数学学习的基础。在数学学习中，无论是进行简单的计算，还是解决复杂的问题，都需要准确、规范地书写数字。一年级的学生正处于数学学习的起步阶段，通过练习书写数字，他们可以逐渐掌握数字的书写规则，为后续的数学学习打下坚实的基础。

另外，数字书写也是学生数学素养的重要体现。良好的数字书写习惯不仅能够帮助学生更好地理解和掌握数学知识，还能够提高他们的数学表达能力。在数学学习中，学生需要清晰地表达自己的想法和解题过程，且良好的数字书写习惯能够帮助他们更加准确地表达自己的想法。

2. 数学听算，数我最牛

听算不同于视算，是一种多感官技能训练方式，它通过耳朵听取信息，大脑进行记忆和计算，最终通过手写输出结果。听算训练对于提高学生的注意力、记忆力、思维能力和协调能力都具有重要意义。

3. 趣味运动馆：方向与位置

该项目结合《课程标准》中“综合与实践”领域的相关内容要求，采取了创新型、游戏化、综合化的方式，重视对学生学习过程的观察。

4. 图形王国：图形与几何大王

一年级的学生正处于数学学习的初级阶段，此时培养学生的空间几何能力有助于他们更好地解决后续更为复杂的数学问题。通过学习空间几何的基本概念，学生能够建立起对形状、大小、位置等的直观认识，为进一步学习打下基础。

5. 数学综合答辩

《课程标准》中提出，数学课程要立足于培养学生的数学核心素养，集中体现数学课程的育人价值。数学核心素养包括：会用数学的眼光观察现实世界、会用数学的思维思考现实世界、会用数学的语言表达现实世界。为了培养学生的核心素养，我们特设置“我是小老师”的综合答辩活动。

（二）项目设置创新点

1. 强调对学生思维能力和应用能力的培养

长期以来，我国教育评价体系偏重考查学生的计算能力和应试能力，这无疑在一定程度上促进了学生的技能训练，但也可能导致学生对数学本质的理解不够深入，应用能力不足。在一年级数学学业评价的过程中，我们高度重视对学生数学能力的全面考查，特别是他们对数学概念的理解能力。

如在数学综合答辩项目中，他们不仅自行选取了具有挑战性的数学题目，而且在讲解过程中，注重分析易错点，帮助同学深入理解数学问题的本质。

一位学生选择了关于“数的顺序”的题目。他首先清晰地阐述了题目的要求，然后通过生动的实例，解释了如何正确地比较和排列数字。他特别强调了容易出错的地方，比如忽视数字的位数或者因马虎漏掉个别数字，同时，他也指出在排序的过程中要做到不重不漏，排序过的数字可以做标记，便于后续结果的检查。他的讲解方法既简洁又直观，使得在场的每一个人都能够轻松理解。

另一位学生选择了一个涉及“100 以内的加减运算”的题目。他利用摆小棒、拨计数器、竖式等方法进行讲解，不仅详细讲解了如何进行加减运算，还展示了如何将这些方法应用到其他类似的数学计算问题中。他的讲解充满了趣味性和启发性，让同学在轻松愉快的氛围中掌握了数学知识。

在答辩的结尾部分，学生们都总结了题目中涉及的重要数学概念，并强调了这些概念在日常生活和学习中的应用。他们展示出的对数学的热爱和对知识的追求让人深受感染。总的来说，这次数学综合答辩项目不仅展示了学生们的学术实力，更体现了他们在数学学习中的探索精神和创新思维。这种学习方式不仅有助于提高学生的数学能力，还能够培养他们的逻辑思维和解决问题的能力。

2. 关注学生个体差异

在教育评价的过程中，我们应当全面地关注学生的个体差异和个性化需求。每个学生都是独一无二的个体，他们在学习能力、兴趣特长以及成长速度等方面都存在差异。我们需要运用分层教学和个性化评价等方法，更精确地得出学生的实际水平和成长轨迹。

一年级湾豆收获季数学学业测评项目的设置，充分体现了学校对学生个体差异的关注和尊重。数学测评项目的设置不仅关注学生对知识的掌握程度，还重视学生在数学学习中表现出的不同特点和发展潜力。

首先，在测评项目的设计上，我们设置了多样化的题型，如计算题目分为听算和笔算，认识图形题目不仅要通过空间想象说出图形的名称，还要通过平面图形猜测立体图形的名称。通过设计不同类型、不同难度的题目，教师能够更全面地评估学生在各个方面的能力。如计算题目分为“10以内加减法”“20以内加减法”“100以内加减法”或“综合计算题目”。同时，根据学生的实际情况，每个项目还提供了不同级别的挑战题目，供学生自愿选择，让学生在挑战中展现自己的潜力和特长。

其次，在测评过程中，教师注重对学生的个性化指导。教师根据学生的答题情况，及时给予反馈和指导，帮助学生发现自己的不足和优势。如计算方面，教师需要学生提升题目准确率还是做题速度；如方向与位置题目，教师需要学生增强方位的辨别能力还是空间能力；如认识图形题目，教师需要学生掌握平面图形和立体图形的特征还是空间想象能力；如综合答辩题目，教师需要学生增强语言能力还是加深对题目的理解。这种个性化的指导方式不仅有助于提升学生的数学能力，还能培养学生的自主学习能力和自信心。

此外，测评项目还注重学生的自我评价和反思。在项目结束后，学生会收到期末学业测评报告，报告中的测评结果会用荔湾豆来呈现（每个项目满分为5颗荔湾豆）。等级设置如下表，学生可以通过这份报告，了解自己的学习情况，明确自己的发展方向，从而更好地规划自己的学习计划。

表 3 - 7　项目评价等级设置

层级	分数	评价结果	湾豆赞个数
第一个层级	85—100 分	优秀	4 颗豆
第二个层级	70—84 分	良好	3 颗豆
第三个层级	60—69 分	合格	2 颗豆
第四个层级	59 分以下	不合格	1 颗豆
卷面整洁美观得 1 颗豆			

总之，湾豆收获季数学期末学业测评项目充分体现了对学生个体差异的关注和尊重。通过多样化题型、个性化指导和自我评价反思等方式，项目不仅评估了学生的数学能力，还促进了学生的全面发展。这种关注个体差异的教育理念对于培养学生的综合素质具有重要意义。

3. 实施多元化评价

在教育评价中，我们不能仅仅依赖传统的测试来考查学生的数学能力和综合素质。事实上，这种评价方式存在一定的局限性，无法全面反映学生的真实能力。因此，对于低年级学生，我们要采取多元化的评价方式，从数感、空间能力、应用能力、语言表达能力等方面综合测评学生的学习成果。这一方式不仅全面地反映了学生的数学素养，还激发了学生们对数学的兴趣和热爱。

在数感方面，学生们通过参与计算和听算等活动，提高了对数字的敏感度，能够更快速地理解计算的算理，并将计算应用到具体问题上。在空间能力方面，学生们通过摸一摸、画一画、说一说等活动，锻炼了自己的空间想象能力和几何感知能力，从而更好地理解和应用数学知识。在应用能力方面，学生们通过解决实际问题，学会了将数学知识应用到实际生活中，提高了自己的数学实践能力。在语言表达能力方面，学生们通过“我是小老师”等活动，锻炼了自己的表达能力和逻辑思维能力，能够更加清晰地表达自己的想法和解题思路。

总之，这种多元化的评价方式不仅促进了学生们的全面发展，还提高了他们的综合素质，为他们未来的学习和生活奠定了坚实的基础。

二、评价体系的实践与探索

北师大版本的一年级数学教材因其严谨的内容和丰富的教学资源而备

受青睐。北师大版一年级数学教材主要包括数的认识、数的运算、图形的初步认识、简单的数据统计等内容。这些内容循序渐进，既符合学生的认知发展规律，又能够满足实际教学的需要。

为了全面、客观地了解学生在不同阶段的学习情况，发现学生在学习中存在的问题，为教师的教学提供反馈，项目内容会选择具有代表性的知识点作为测评的重点。例如，在数的认识阶段，我们可以重点考查学生对数的大小的理解；在数的运算阶段，我们可以测评学生的加减法运算能力。

对于不满意自己测评结果的学生，可以选择复测。复测的机会是无限的，只要学生们愿意付出努力，就可以不断地挑战自己，提高自己的成绩。这种复测机制不仅激发了学生们的学习动力，也让他们更加珍惜自己的学习机会。

三、评价体系的改革与反思

1. 数据分析，优化教学策略

在湾豆收获季项目测评的过程中，信息技术起到了关键性作用。最终，我们会将各测评项目生成电子版《集豆册》，将每名学生在每个项目的测评情况生成成长报告，让教师借助汇总后的数据对学生的学习情况一目了然。教师可以运用数据分析问题，进而分析学情、优化教学，实现“教—学—评”一体化。

后台系统不能同时输出每个项目的数据，缺少对于数据分类汇总的过程，很难让教师整体了解学生的学习情况。为了解决这个问题，我们可以对后台系统进行改进，在后台系统中添加一个数据汇总模块，该模块能够对各个项目的数据进行实时汇总。这样一来，教师在查看数据时，可以直观地了解到各年级学生的整体学习情况。

2. 活动创新，改革测评模式

为了充分挖掘“非纸笔”评价的优点，评价内容需契合数学学科的特性，既能激发学生的学习热情，又能展示学生的数学思维、学习历程以及情感态度等方面。

如设置“期末游园”活动。通过这一创新的评价方式，学生们可以在游戏中学习数学，提高数学素养，培养综合素质。这一活动将测评项目设置为闯关模式，学生们在游戏中学习，在学习中感受快乐，这不仅提高了他们的数学素养，还激发了他们对学习的热情。在闯关模式中，学生们需要运用数学学科的知识，解答一系列的数学题目，才能成功闯关。这些题目涵盖了本学期四个模块的知识，旨在全面检测学生的数学素养。每成功闯过一关，学生们都可以获得一定的湾豆奖励，累积的湾豆可以兑换学习用品。这种寓教于乐的方式让同学们在期末游园活动中充分体验到了学习带来的成就感。

此外，期末游园活动还可以设置丰富的互动环节，如数学知识竞赛、数学游戏等。这些活动旨在培养学生的团队协作精神和沟通能力，让他们在轻松愉快的氛围中学习数学。通过这些活动，学生们可以将课堂所学知识与实际生活相结合，提高解决问题的能力。在游园活动的最后，教师可以对本次活动中表现优秀的学生进行表彰。这一环节旨在激励学生们继续努力，争取在下一个湾豆收获季取得更好的成绩。

3. 成效探析，完善评价内容

随着教育改革的不断深入，小学数学的期末评价体系也在不断地更新与完善。根据湾豆收获季一年级数学评价的结果，教师充分分析了每个学生的评价数据，从中得出学生的数学学习状况，以便更好地制定具有针对性的教学计划和辅导策略。

第一，分析学生数学素养的整体情况。根据湾豆收获季一年级数学评价的结果，我们可以从整体上了解学生的数学素养，其中包括学生的数学知识、数学思维、数学应用能力和数学情感四个方面，以便对学生进行全面的认识。第二，分析学生对于数学知识的掌握情况。在数学知识方面，评价体系涵盖了基础数学概念、计算能力、几何知识、逻辑推理等方面。教师应对每个学生的知识掌握情况进行详细分析，找出学生学习的薄弱环节，并在教学中加强对学生的针对性训练。第三，加强对学生数学情感的培养。数学情感是学生对数学学科的态度和情感体验，教师应了解学生对数学学科的兴趣、自信和成就感等方面的情况，与家长共同关注学生的数学情感，营造良好的学习氛围，激发学生的学习兴趣。

四、结语

通过实践和探索荔湾小学一年级数学评价体系，本文提出了完善评价内容的方法。我希望在这些方法的指导下，荔湾小学一年级数学评价体系能够更加全面、科学地评价学生的数学素养，为提高教育质量提供有力保障。

以下八点总结了一年级数学激励性学业评价体系的内容和评价方法：第一，增加评价维度。在现有评价体系的基础上，我们应加入更多与数学素养相关的评价维度，如数学思维、数学应用、数学情感等。这样可以更全面地反映学生在各个方面的能力。第二，平衡评价比重。对于各个评价维度，我们要合理分配评价比重，使每个评价维度在总分中的占比都能体现出其重要性。第三，制定科学评价标准。在各个评价维度上，制定合理、可量化的评价标准。这些标准应具有较高的信度和效度，能够准确地反映学生的数学素养。第四，采用多元化评价方法。评价过程中，我们要充分利用多种评价方法，如笔试、口试、实践操作、课堂表现等。这样可以更好地了解学生在不同场景下的数学表现。第五，注重过程与结果的结合。在评价体系中，我们既要关注学生的数学成果，又要关注他们取得这些成果的过程。通过过程与结果的结合，教师可以更全面地评价学生的数学素养。第六，评价模式多样化。教师应多设置娱乐性的数学活动。第七，引入家长和教师评价。将他们的评价纳入评价体系可以增强评价的全面性和客观性。第八，定期更新评价内容。随着时间的推移，学生有关数学素养的评价内容应不断更新，以适应教育发展的需要。我们需要定期对评价内容进行修订，确保其与时俱进。

在实施这些方法的过程中，荔湾小学应结合自身实际情况，逐步完善一年级小幼衔接数学评价体系。通过全面、科学地评价学生的数学素养，教师能够发现和培养学生的数学潜能，提高教育教学质量。通过完善荔湾小学一年级小幼衔接数学评价体系，我们有望更好地评价学生的数学素养，为提高我国教育质量贡献力量。在实施过程中，教师要关注评价体系的全面性、科学性、公平性、有效性和导向作用，使之成为促进学生全面发展的重要手段。同时，我们也期待在教育改革的进程中，不断完善和优化评价体系，为培养具有创新精神和实践能力的新时代人才贡献力量。

参考文献

［1］钟霞.“双减”背景下非纸笔评价模式改革探索：以小学数学一二年级期末非纸笔测评为例［J］. 小学数学教育，2023（21）.

［2］毛露琼. 始于初心 终于动心：记小学数学低段期末评价改革实践故事［C］//新课程研究杂志社.《新课改教育理论探究》第三辑. 浙江：浙江省宁波市鄞州区华泰小学，2020.

［3］贾科召.“非纸笔”评价的实践与思考：以小学低学段数学“期末游园”为例［J］. 名师在线，2019（1）.

［4］王慧. 人人都栽一棵“数学树”：小学数学期末复习的评价策略［J］. 小学时代（教育研究），2014（11）.

浅谈湾豆收获季“伊索星剧场”测评项目对小学高年级学生综合能力的培养

南山实验教育集团荔湾小学　周小金

摘要： 湾豆收获季激励性评价项目丰富多样，就英语学科测评项目而言，学生有机会参与包括“伊索星剧场”在内的六个项目。“伊索星剧场”给学生提供了丰富的实践体验机会，学生的综合能力在“伊索星剧场”项目的测评过程中得到全面提升。本文试从研读文本、英语表达、表演能力、合作能力四个方面来分析“伊索星剧场”测评项目对小学高年级学生综合能力的有效培养。

关键词： 湾豆收获季；伊索星剧场；小学高年级；综合能力

引言

2017 年 12 月，六年级开展湾豆收获季期末展示性测评，当时的“伊索星剧场”项目给笔者留下深刻的印象。有一组学生表演伊索寓言故事《下金蛋的鹅》中农夫追杀鹅的片段。当时扮演鹅的是一个身高 170 cm 的男生，他戴着象征鹅的头饰，在鹅被抓到的那一瞬间，他毫无顾忌地扑通一声倒在地上。农民夫妇又高兴又紧张地把鹅摁倒在地，杀鹅取蛋，最后希望落空，后悔痛哭。他们非常投入，赢得在场评委和学生的热烈掌声。他们快乐地表演，同时也把快乐带给了他人。从那以后，本人一直非常关注“伊索星剧场”测评项目，每年都有收获和感动，“伊索星剧场”在很大程度上提升了小学高年级学生的综合能力。

一、“伊索星剧场”能有效培养小学高年级学生研读文本的能力

“伊索星剧场”是荔湾小学的特色测评项目之一，该测评项目以伊索寓言故事为载体。学生以表演的形式向同学、家长、教师展示自己对文本的理解和掌握程度，教师会依据学生的综合表现来评价并授予相应的荔湾豆，表现优异的学生将获得五个荔湾豆的奖励。此项测评活动通常在学期结束前一个月展开，学生们在完成伊索寓言故事的学习后，需自主寻找合适的伙伴，组成表演小组，小组人数一般控制在 4 至 6 人。组队完成后，学生们将自主挑选喜欢的 5 至 8 页故事片段进行脱稿表演。每当此测评项

目启动时，学生们都会积极投入，反复研读文本，深入理解故事情节和角色特点，以确保能够达到最佳的表演效果。

一千个读者眼中有一千个哈姆雷特。文本研读透彻对表演可以起到事半功倍的作用。于是，为了让每一个小组成员在表演中展示出自己的最佳水平，教师要求个体研读、小组成员集中研读、研读和试演相结合。每一个小组成员需要自觉沉下心，深入研读文本、理解文本，准确客观地把握文本，深挖作者想要通过故事表达的思想。这些是对每一个学生最好的考验和锻炼。

另外，伊索寓言故事的角色大多是动物，每一个故事蕴含一个深刻的道理，故事跃动着生命的灵性，只有潜心会文，一个个丰满的角色才会慢慢向学生走近，一幅幅形象的画面才能浮现在学生的脑海中。如《猴子王》中，Monkey 做了森林之王后的傲慢；《狗和他的倒影》中，Ralph 看到水里有一块肉时的幼稚；《狼来了》中，牧童的疯狂和悔不当初；《下金蛋的鹅》中，农民夫妇的贪婪与可爱等等。只有认真研读文本，表演者的情感才会随着作者的笔墨而跌宕起伏，与文本共呼吸，与作者同脉动。随着反复研读文本、揣摩人物形象，孩子们的文本研读能力不断提升。

二、“伊索星剧场”能有效培养小学高年级学生的英语表达能力

“伊索星剧场”测评项目具备较强的开放性，旨在鼓励学生在原有的故事框架内充分发挥想象力与创造力，进行内容的丰富与创新。换言之，学生在进行表演时，有权根据自己的理解与创意为角色增添更多独特的表演元素与情节。经过四、五年的英语学习，小学高年级学生在词汇、句型、语篇、单元整体信息等方面都有了一定的积累。学生如果能好好组织、建构所积累的语言，就可以非常好地进行英语表达和表演。但是据观察，不少小学高年级学生在英语学习方面还是停留在朗读、背诵、做题等机械的练习上，英语表达出现了问题。作为一线教师，笔者感受到不少小学高年级的学生在英语表达上没有明显的突破，英语口语比较生硬。久而久之，学生会有挫败感，甚至放弃了英语表达和英语学习的欲望。

“伊索星剧场”的测评内容都是每学期学过的伊索寓言故事，伊索寓言故事情节生动，语言具有感染力，画面唯美，适合表演。故事中有很多的留白，有供学生创编的空间，这些优点一直牢牢地吸引着学生，再加上学校用心为学生搭建舞台，以及完善的评价标准，这一切提高了学生表演的积极性。大部分学生在“伊索星剧场”中表现优秀，吸引了更多的观众，他们会自觉模仿角色的语音语调，反复操练，精益求精，做到了发音准确、语言流畅、感情丰富，该项目有效提高了学生的表达能力。

三、“伊索星剧场”能有效培养学生的表演能力

小学高年级学生是指五、六年级的小学生，他们的年龄集中在 10、11、12 岁，此时的学生进入青春期早期，不再像小学二、三年级的学生那样热衷于表演，总觉得表演很幼稚，表演欲望和表演能力在下降。

其实不然，卢梭说过，儿童就要像儿童的样子。如果学生过早地进入到对表演提不起兴趣的状态，那么这将是教育的一大悲哀。作为一线教师，本人特别希望每一个小学生每天都是活泼的、对生活充满激情的、对表演充满期待的。伊索寓言故事里面的角色基本都是动物，故事人物幽默，语言夸张，语调抑扬顿挫，这些故事是非常适合表演的。穿上动物服装，戴上动物头饰，化上动物妆容，走上舞台，每一个孩子都会沉浸在故事角色中，非常享受舞台。每一学期的“伊索星剧场”都会诞生非常精彩的表演小明星。

为了在“伊索星剧场”中呈现精彩的表演，学生会不断练习演技、琢磨表情，和同伴不断排练，观看对方的表演，给同伴提出中肯意见。表演能力强的同学会主动示范，表演能力弱一点的学生会积极模仿他人的表演。总之，每一个学生都能在反复练习中提高自己的表演水平。有些学生在“伊索星剧场”测评前，会进行多次演练，及时调整自己的不足，使自己的表演能力不断提升。

四、“伊索星剧场”能有效培养学生的合作能力

“给我一个支点，我将撬起整个地球。”这句话对小学高年级的学生们来说，一点也不夸张。一旦“伊索星剧场”测评项目启动，学生所展示出来的合作能力是非同寻常的。单一的测试方式过度关注学生个体对知识的掌握情况，导致个体学习的功利性太强，学生只顾埋头学习学科知识，与同伴的交流甚少，更谈不上学习合作。

“伊索星剧场”是合作性很强的一个测评项目，测评项目明确要求 4 至 6 人共同表演故事片段。学生要想完成这一项测评项目必须和同伴共同完成，找到同伴之后，要一起沟通表演内容、角色分配、道具制作、排练时间、排练地点、排练次数等等。这些环节都需要和同伴协商解决，哪一个环节出现问题、哪一个伙伴不合作，都会影响“伊索星剧场”的最终呈现效果。因此，“伊索星剧场”不允许任何人独断专行，要求必须做到充分的沟通与合作，顺利解决问题的过程离不开每一个同学良好的合作意识和合作态度。实践证明，每一次“伊索星剧场”的精彩呈现都是学生具备良好的合作能力的最好证明，“伊索星剧场”正在潜移默化地培养和增强

每一个学生的合作能力。

结语

经过7年的探索和积淀，“伊索星剧场”已成为一项深受广大高年级学生喜爱的测评项目。在这一测评活动中，学生自主选择，自由发挥，大胆展示，乐在其中。“伊索星剧场”重视学生在测评过程中的积极心态，着眼于学生的主观体验。在“伊索星剧场”测评中，学生利用多种感官参与活动，活动虽然有一定的挑战性，但是能使学生获得更多的成就感。在测评中，学生获得了在课本中没法获得的体验，增强了在试卷中增强不了的能力。童心永在，未来可期。

参考文献

［1］崔允漷，夏雪梅. 试论基于课程标准的学生学业成就评价［J］. 课程·教材·教法，2007（1）.

［2］国务院关于印发国家教育事业发展“十三五”规划的通知［J］. 中华人民共和国国务院公报，2017（5）.

［3］加德纳. 多元智能新视野［M］. 沈致隆，译. 杭州：浙江人民出版社，2017.

［4］金娣，王钢. 教育评价与测量［M］. 北京：教育科学出版社，2007.

［5］程雯. 幸福教育及其实施策略［J］. 教育探索，2008.

［6］樊亚奎. 论教育的幸福维度［D］. 开封：河南大学，2003.

［7］扈中平. 幸福是教育追求的终极价值［J］. 教育科学论坛，2007.

基于核心素养的跳绳项目教学实践与评价效果研究

——以荔湾小学2021级学生为例

南山实验教育集团荔湾小学　沈立标

摘要：本文以荔湾小学2021级学生为研究对象，采用文献资料法、数理统计法、案例分析法进行研究，对核心素养背景下的跳绳项目教学实践与评价效果进行研究。研究显示，体育学科期末跳绳项目与国家体质测试的结合，不仅能够提高体质测试率，还能在一定程度上培养学生的体育核心素养。通过研究，我们希望得到提高小学阶段国家体质测试率的整体策略，为体育学科培养学生核心素养以及促进其全面发展提供理论参考。

关键词：核心素养；跳绳；体质测试

引言

2014 年，教育部、国家体育总局印发《国家学生体质健康标准》（以下简称《标准》），在此之前，教育部多次修改标准，以指导小学、初中、普通高中、中等职业学校、普通高等学校的学生进行体育锻炼，将跳绳项目由选测改为必测，可见跳绳项目对体质测试有重要意义[1]。2022 年教育部印发《义务教育体育与健康课程标准（2022 年版）》（以下简称《新课标》），文件提出要培养学生的核心素养。跳绳作为一项简单且易于操作的项目，其意义已经受到人们的广泛认可，有的地区将 1 分钟跳绳列为体育中考的必考项目或是选考项目。荔湾小学在此背景下，有意识地开展跳绳项目，并将项目与《标准》进行结合。作为学生的期末激励性评价项目之一，它利用恰当的方式不断优化评价体系的实施过程，客观反映在校生的身体素质水平，激励学生积极参与锻炼，培养学生核心素养。

一、理论依据

（一）体育学科期末评价历史嬗变

我国中小学体育课程与体育学科的评价体系经过多次改革。2001 年，教育部在《基础教育课程改革实施纲要（试行）》中指出：建立促进学生全面发展的评价体系，评价不仅要关注学生的学业成绩，而且要发现和发展学生多方面的潜能。2014 年教育部提出以三大目标、五大任务、十大措施为主的改革路径，全面构建发展学生核心素养的评价体系。2022 年教育部印发《新课标》，并对课程评价提出建议："教育部门要通过多样化的学习评价，促进学生达成课程目标，发展其核心素养[2]。"至此，体育课程的期末评价体系在理念、方法、主体、模式等多方面取得了很大进步，重点关注学生的课堂学习过程，关注学生的课堂表现、知识学习、技能技术，以及心理健康与社会适应能力。

（二）荔湾小学期末评价项目概述

荔湾小学体育学科的激励性学业评价通过设置多样化的评价方式进

行，以《标准》为依据，针对不同水平的学生设置了不同的评价项目与标准，促进学生达成课程目标，发展学生的体育核心素养。同时，多样化的评价方式可以给教师和学生提供即时、多元的有效反馈，进而系统地观察、诊断、引导和激励学生，在一定程度上使得学生能够更积极地学习。体育学科评价体系依据《新课标》和《标准》，将评价划分为形成性评价与终结性评价。

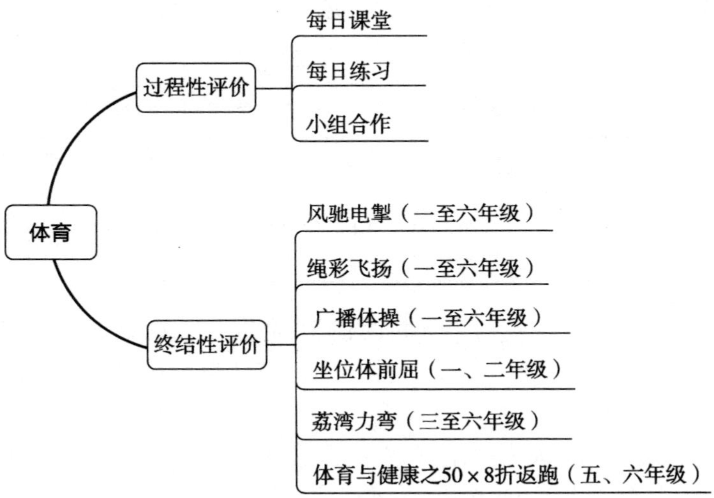

图 3 - 5　体育学科期末湾豆收获季评价体系

过程性评价包含每日课堂、每日练习及小组合作。每日课堂主要考查学生参与课堂活动的积极性，包括学生是否主动参与，是否听从指导，是否遵守规则等；每日练习考查学生对体育课的兴趣、对待成功和失败的态度、是否遵守纪律等；小组合作考查学生在小组中的行为习惯，如守时、责任心、帮助他人等。

展示性评价根据不同学生的水平设置了多元评价项目，具体有风驰电掣（体育与健康之 50 米跑）、绳彩飞扬（体育与健康之跳绳）、广播体操（体育与健康之广播操）、坐位体前屈、荔湾力弯（体育与健康之仰卧起坐）、体育与健康之 50 米×8 折返跑。跳绳项目贯穿学生的整个小学学习生活，体育组依据《标准》对不同水平的学生的测试要求，将三、四年级跳绳项目划分出五个成绩梯度，分别对应不同数量的荔湾赞，学生可以根据所获荔湾赞的数量兑换自己喜欢的物品。

本文重点讲述跳绳项目，该项目具备易于开展、参与人数多、教学策略多样化以及可以促进学生全面发展的特点，非常适合学习和实施。

二、荔湾小学跳绳测评项目分析

（一）教学实施概况

2023年，深圳市教育局印发《深圳市加强和改进学校体育工作的实施意见》（以下简称《意见》），文件指出：到2025年全市学生体质健康测试优良率力争达到70%，及格率达到99%，学生近视率力争下降2%，每位学生熟练掌握1项以上运动技能[3]。

表3-8　荔湾小学2021—2023年体质测试数据

	不及格	及格	良好	优秀	总计	优良率	及格率	不及格率
2021年	21	588	581	553	1743	65.06%	98.80%	1.20%
2022年	31	511	769	701	2012	73.06%	98.46%	1.54%
2023年	27	543	980	640	2190	73.97%	98.77%	1.23%

2023—2024学年，荔湾小学共设有51个班级，共2190名学生，学生体质测试优良率逐年稳定上升，不及格率逐步下降，提前达到70%优良率的要求。按照《标准》，一、二年级为一组（水平一），三、四年级为一组（水平二），五、六年级为一组（水平三）。在每学期初、期中、期末，体育教师会根据教学进度安排在体育课上进行跳绳教学。在每个学年初期，学校会聘请专业的跳绳教练对学生进行教学，教学内容包括基本跳绳技巧、跳绳游戏、合作跳绳等，以期为后续的教学打下基础。体育教师在专业跳绳教练的辅助下，根据不同学生特点和需求进行教学内容的调整。

跳绳教学多采用示范教学、分组练习、合作跳绳、跳绳竞赛等方式。在评价过程中，教师会从多方面评价学生的跳绳技能，例如参与度、团队合作能力、跳绳速度等，最后根据评价结果进行教学反馈和调整。体育教师会在每周的体育科组教研中讨论跳绳教学中遇到的困难和挑战，例如学生技能水平参差不齐、教学资源分配不均等问题。

表3-9　2021级学生在2021—2023年体质测试中的数据

	不及格	及格	良好	优秀	总计	优良率	及格率	不及格率
2021年	5	75	110	144	334	76.05%	98.50%	1.50%
2022年	8	55	106	175	344	81.69%	97.67%	2.33%
2023年	4	60	118	158	340	81.18%	98.82%	1.18%

本文以2021级学生为例。近三年来，2021级学生体质测试优良率稳居第一，这得益于跳绳项目的广泛开展。

表 3 - 10 2021 级学生 2021—2023 年 1 分钟跳绳测试数据

	不及格	及格	良好	优秀	总计	优良率	及格率	不及格率
2021 年	3	51	43	237	334	83. 83%	99. 10%	0. 90%
2022 年	3	67	42	232	344	79. 65%	99. 13%	0. 87%
2023 年	2	80	33	225	340	75. 88%	99. 41%	0. 59%

三年级共有八个班级，近三百五十名学生。每个班级的跳绳及格率在 99% 左右，不及格率低于 1%。跳绳作为简单易操作的项目，经过了长期有效的教学，使绝大多数学生能够掌握交换脚跳绳的技巧，并在期末评价中轻松拿到满分。长期有效的教学对体质测试优良率具有重要影响，使 2021 级学生在 2023 年的不及格率降低至 0. 59%。

（二）基于《新课标》的体育核心素养培养

20 世纪 80 年代，体育素养概念进入中国学术的视野，体育素养概念的发展共经历了三个阶段，1995—2002 年引入体育素养概念[4]；2003—2015 年，“体育课程改革”“信息素养”“体育教育”“体育课程标准”等成为人们关注的重点；2016 年—2022 年，学术界重点关注核心素养。2022 年教育部印发《新课标》，文件指出体育核心素养包括运动能力、健康行为和体育品德 3 个维度，并明确了 3 个维度之间是密切联系、相互影响的关系。学生通过体育与健康课程的学习，不仅能够增强自身的运动能力和培养健康行为，还能养成良好的体育品德。

《新课标》要求教学设计、教学实施围绕核心素养展开。在教学内容上，《新课标》倡导摒弃过去单一技术和单一知识点的碎片化教学，提倡结构化的运动知识和技能教学，强调在体育教学中创造复杂的运动情境，以促进学生核心素养的形成。此外，《新课标》还提倡大单元教学，强调对一个项目的完整学习和体验。

（三）核心素养视角下的跳绳项目评价研究

在体育学科的期末评价中，我们不仅关注学生的跳绳技能和体能水平，还对学生平时的学习态度、合作精神、情意表现等方面进行评价。教学要落实“教会、勤练、常赛”的要求，实现“学、练、赛、评”一体化。班主任会在课间带领学生一起练习跳绳，学校也会积极组织各类有关跳绳的活动或比赛，如跳绳趣味运动会、亲子跳绳比赛等。学生在参与运动的过程中，能够巩固并运用所学的运动知识和技能，培养竞技精神和团队合作精神。随着学生年龄的增长，跳绳对身体素质的影响越来越明显，例如耐力、协调性、灵敏性等素质。

在跳绳教学的过程中，教师会设置合理的教学目标，教学目标影响教学成效。当学生练习跳绳时，学生能够在自主练习、合作跳绳以及竞赛中完成学习目标，并不断完善和提升自我，这对学生核心素养的发展发挥着非常重要的作用。

三、跳绳项目评价路径

（一）设计理念

项目有多种评价维度，如跳绳的频率、速度、稳定性、数量等，还能评估学生的体能，如耐力、协调性和灵敏性。我们不应该只关注学生的最终表现，还应该关注学生在学习过程中的进步和努力，鼓励学生持续进步和自我挑战。这个过程有助于培养学生面对困难时的积极态度，引导学生将跳绳作为日常锻炼的一部分，促进健康生活习惯和终生体育意识的养成。我们应全面评估学生在跳绳项目中的表现，关注学生的心理状态、社交能力和情感发展，从而促进学生的全面发展。

（二）评价要求

1. 在跳绳测试前，学生需要进行充分的热身运动，避免拉伤、扭伤或其他身体不适；
2. 应穿着宽松舒适的运动服装进行跳绳测试；
3. 绊脚断绳的次数不计入总跳绳数；
4. 应选择软硬适中、长度适宜的跳绳；
5. 应保持稳定的跳绳速度。

（三）评价内容与标准

表 3 - 11　单项指标与权重

《国家学生体质健康标准（2014 年修订）》		
测试对象	单项指标	权重（%）
小学三、四年级	50 米跑	20
	坐位体前屈	20
	1 分钟跳绳	20
	1 分钟仰卧起坐	10

跳绳项目是国家学生体质健康测试中的一部分。根据《国家学生体质

健康标准（2014 年修订）》，不同年级跳绳项目的权重不一样，对于小学三、四年级学生，1 分钟跳绳的权重为 20%，占总分的五分之一。整个体质健康评估的满分为 100 分，90 分及以上为优秀，80 分至 89. 9 分为良好，60 分至 79. 9 分为及格，59. 9 分及以下为不及格。这些标准和权重的设置旨在全面评估学生的体质健康，并鼓励学生积极参与体育锻炼，提高体质健康水平。

表 3 - 12 一分钟跳绳评分对照表

等级	单项得分	三年级			
		男生	得豆标准	女生	得豆标准
优秀	100	126	大于 115 次（5 颗豆）	139	大于 124 次（5 颗豆）
	95	121		132	
	90	116		125	
良好	85	110	105–115 次（4 颗豆）	117	110–124 次（4 颗豆）
	80	104		109	
及格	78	97	31–104 次（3 颗豆）	102	40–109 次（3 颗豆）
	76	90		95	
	74	83		88	
	72	76		81	
	70	69		74	
	68	62		67	
	66	55		60	
	64	48		53	
	62	41		46	
	60	34		39	
不及格	50	31	19–30 次（2 颗豆）	36	24–39 次（2 颗豆）
	40	28		33	
	30	25		30	
	20	22		27	
	10	19	小于 19 次（1 颗豆）	24	小于 24 次（1 颗豆）

荔湾小学将体育学科的跳绳项目与《标准》结合，并将学生划分为不同等级，学生在1分钟内跳绳次数越多分数越高，获得的荔湾豆就越多。在每学期期末，学生可以用一学期获得的荔湾豆来兑换自己喜欢的物品。

四、评价结果分析

（一）近三年评价结果的解读与意义

近三年来，2021级学生的总体体质情况良好，体质测试优良率稳居全校第一，并保持逐年上升的态势，甚至在今年超过80%。体质测试优良率的逐年上升说明学生的体质健康状况在持续改善，更多的学生达到了较高的健康标准。学生体质测试的及格率稳定在98%左右，这意味着大部分学生都达到了基本的体质健康标准。高及格率反映了学校对学生体育锻炼和体质健康的重视，以及学校具备有效的体育教学和锻炼计划。经过数据的收集与分析，我们可见跳绳项目的普及与教学是使学生的体质情况达到高及格率与高优良率的重要措施。

学校在学生体质健康教育方面取得了显著成效，这说明荔湾小学为学生提供了良好的体育教育资源和环境，同时也说明体育学科期末激励性评价的改革取得了初步的进步。学生体质优良率的持续上升与荔湾小学采取的一系列有效的措施有着紧密的联系，措施包括优化体育课程、增加课外体育活动、提高学生和家长对体质健康的认识等。这种成绩对于学生的整体发展非常有益，对体育学科的期末评价改革也有一定的推动作用。

（二）跳绳对学生核心素养的影响分析

跳绳作为《标准》中的测试项目之一，不仅操作性强，还易于开展，对学生体育核心素养的发展起到重要影响。首先，跳绳是一项集跳跃、灵敏、力量、速度等身体素质为一体的运动，能够有效提高学生的身体素质和跳跃技能，这对于学生的身体发育和成长至关重要；其次，在体育教学的过程中，学生通过对跳绳规则的学习和对其他体育知识的积累，能够更全面地了解体育活动；最后，跳绳还能培养学生团队合作、公平竞争、尊重规则等价值观。因此，跳绳是集可操作性强、空间要求灵活等好处于一身的运动，对小学生体育核心素养的发展具有深远的影响。

五、结语

（一）跳绳项目对体育教育实践的启示

1. 促进身心健康

跳绳作为一项简单易行的大众化健身运动，能显著促进心肺功能、协调性的发展，以及增强腿部力量和弹跳力。通过跳绳，学生可以提升灵活性、协调性和耐力，同时培养节奏感。

2. 培养团结协作精神

跳绳活动强调身体的协调配合，重视学生之间的相互合作。这种合作不仅限于双人或多人跳绳，还包括在比赛和训练中的团队协作。通过跳绳接力或跳大绳比赛等活动，学生能够深刻理解到合作意识和团队精神的重要性。

3. 明确教学目标

跳绳教学有助于教师明确体育教育的目标，如提高学生的灵敏度、加强协调能力、提升空间判断能力和弹跳能力。同时，跳绳还能培养学生顽强、团结合作和克服困难的意志品质，并使学生养成经常参加锻炼的习惯。

4. 多样的教学方法

跳绳的教学方法灵活多变，教师通过引入新的教学方法和技巧，激发学生对体育活动的兴趣和热情。教师可以通过设计有趣的跳绳游戏和比赛，让学生在“乐”中练，提高课堂教学质量。

5. 提升实践能力

跳绳活动不受场地、季节的限制，且易于开展。因此，它为学生提供了更多的实践机会，帮助他们提高体育技能和身体素质。通过跳绳训练，学生能提高运用现代科学技术和科学方法探索新知识的能力。

6. 丰富教材内容

我们将跳绳纳入体育教材中，可以丰富体育课程内容，使体育课更具多样性和趣味性。同时，跳绳作为中国传统体育项目之一，有助于传承和弘扬中华民族传统文化。

（二）对未来研究的展望

本研究对基于核心素养的体育教学实践进行了深入探索，并得到一定的效果。然而，随着教育理念和教学方法的不断更新，以及学生个性化需求的日益增长，未来的研究还需在以下几个方面进行拓展和深化：

1. 核心素养的培养

培养学生的体育核心素养是体育教育的核心目标。每个学科都有自己的核心素养，但核心素养在不同学科和领域中的具体表现和应用仍有待进一步研究与明确。未来研究可以进一步探讨如何将跳绳项目中的核心素养培养与其他学科的教学相结合，形成跨学科主题学习的素养培养体系。

2. 项目教学实践的持续优化

本研究虽然取得了一定的成果，但教学实践中仍存在一些问题和挑战。比如单一的教学模式、枯燥无味的技能练习等等，未来研究可以针对这些问题，对项目教学实践进行优化和改进，引入更多元化的教学方法，加强师生互动，以提高教学效果和学生的学习兴趣。

3. 评价方法的创新与完善

评价是检验教学效果的重要手段，但当前的评价方法仍存在一定的局限性，例如对课堂表现的评价、小组合作的评价、每日练习的评价等。未来研究可以探索更多元化的评价方法，改革评价体系，实施量化标准，以更全面地反映学生的学习情况和教师的教学效果。同时，也可以进一步完善评价指标体系，使其更具科学性和针对性。

4. 个性化教育的探索与实践

随着学生个性化需求的日益增长，个性化教育成为当前教育领域的热点话题。未来研究可以探索如何在跳绳项目中融入个性化教育理念，项目可以根据学生的兴趣、特长等制定个性化的教学计划和评价方案，以满足学生的不同需求。

5. 跨学科合作与交流

体育教育与其他学科之间存在密切的联系和互动。未来研究可以加强与其他学科的合作与交流，共同探索跨学科的教学方法和模式，以促进体育教育与其他学科的融合发展。

未来研究可以在核心素养的培养、项目教学实践的持续优化、评价方法的创新与完善、个性化教育的探索与实践以及跨学科合作与交流等方面进行深入探索和实践，以推动跳绳项目的不断发展和完善。

参考文献

[1] 薛昭铭，马德浩，高升. 核心素养导向下体育学习目标设计的现状、争议、定位与对话［J］. 上海体育大学学报，2024，48（5）.

[2] 高翔，黄荣芝. 1分钟跳绳运动素质评价指标体系构建［J］. 体育科技，2023，44（5）.

[3] 邓湘琪. 小学跳绳教学中激励性学习评价的有效性分析［J］. 当代体育科技，2016，6（30）.

[4] 庞燕玲．基于学生体育核心素养发展的有效教学设计策略：以水平二《合作跳绳》为例 [J]．田径，2021 (12)．

基于混合学习模式的课程构建研究
——以“什么是周长”为例

深圳市南山实验教育集团荔湾小学　闫海亮

摘要： 混合学习是在线学习和面对面学习两种学习模式的有机融合。混合式教学过程要求发挥学生主动性、积极性、创造性，突出学生主体地位，同时教师要引导与监督学生学习，发挥教师主导作用。混合式教学将学生主体作用与教师主导作用相结合。本文以“什么是周长”一课为例，进行小学数学混合学习模式课程研究，充分利用混合学习的优势，使用UMU 互动学习平台对课程进行重构设计，激发学生内驱力，促进学生深度学习，从而推动教学方式、学习方式、课程设计等方面的深层次变革。

关键词： 混合学习；课程构建；小学数学

一、研究背景

（一）政策引领

2018 年教育部发布的《教育信息化 2.0 行动计划》指出，推动新技术支持下教育模式变革和生态重构，将信息技术和智能技术深度融入教育全过程，改进教学过程，推动师生从技术应用向能力素质拓展发展，使之具备良好的信息思维，适应信息社会发展的要求[1]。《中国教育现代化 2035》提出探索新型教学方式，以适应新技术的快速发展对规模化教育与个性化人才培养提出的新要求[2]。欧盟于 2020 年 9 月发布了《数字教育行动计划（2021—2027）》，报告指出应提供关于混合学习方法促进高质量、包容性中小学教育的建议，以促进高性能数字教育生态系统的发展[3]。

（二）新课改理念

《义务教育数学课程标准（2022 年版）》指出，有效的教学活动是学生学和教师教的统一，学生是学习的主体，教师是学生学习的组织者、引导者与合作者[4]。数学素养是现代社会每一个公民应当具备的基本素养。在新课改的要求下，我们需进一步激发学生学习数学的兴趣，发展学生创新能力，使学生树立正确的世界观、人生观和价值观。《义务教育信息科技课程标准（2022 年版）》的总目标之一就是提高学生数字化合作与探究的能力，发扬创新精神[5]。在教育教学过程中，对学生的评价不仅要关注结果，还要贯穿于教学活动中。我们应重视过程性评价，以评促教，使评价成为一个动态且积极的过程。

（三）信息化趋势

近年来，国家多项政策都大力支持教育云平台建设与应用落地，要求各地区积极创新教学模式。《教育信息化 2.0 行动计划》指出“要建成‘互联网+教育’大平台，推动教育服务供给方式和管理模式的变革，坚持创新人才培养模式[6]。”《网络学习空间建设与应用指南》指出，要突破现有教学模式的时空和教学方法限制，更好地提供适应学习者个性特征的学习支持和服务，教育信息化正在高速发展[7]。为更好地促进学生学习，提高教学效率，教师需合理地利用信息化手段促进教学，更新教学理念，满足信息时代对教师的需求，同时鼓励学生应用网络学习空间进行学习活动。

二、混合学习文献研究

何克抗认为混合学习结合了网络学习与传统学习的优势，既能够充分调动学生学习的积极性、主动性，又发挥了教师对学生的引导、启发作用[8]。李克东和赵建华认为，混合学习是将面对面教学和在线学习两种学习模式有机地融合，教学过程中强调教师主导作用和学生主体地位相结合[9]。混合学习的目标是促进学生深度学习，提高学生对知识、技能的吸收与掌握程度。混合学习的过程通常需要教师对传统的教学方法、教学设计、教学媒体等进行重新设计与开发，对原有的教学模式进行重构，对教学理念进行重新认知，对教学进行深刻变革。本研究利用中国知网，以“混合学习”或“混合式学习”为关键词，检索 2012—2021 年来源于 SCI、EI、北大核心、CSSCI、CSCD 的学术期刊共计 1062 篇。图 3 - 6 表示每年以“混合学习”为主题的发文量的变化，虚线表示对以混合学习为主题的发文量趋势。从中可以看出，有关混合学习研究的文献数量在近些年呈现上升趋势，表明混合学习逐渐被越来越多的研究者关注并深入研究。图 3 - 6 表示 2012—2021 年有关混合学习的文献在各学科的分布情况。在所有有关混合学习的文献中，教育理论与教育管理、计算机软件及计算机应用、自动化技术和高等教育占据 77.29%，而初等教育只占 0.68%，表明混合学习在初等教育领域的研究甚少。究其原因，一方面可能是普及新的教学理念需要过程和时间；另一方面是处于基础教育阶段的学生比较缺乏混合学习的使用场景，以及学生不熟悉在线学习环境。

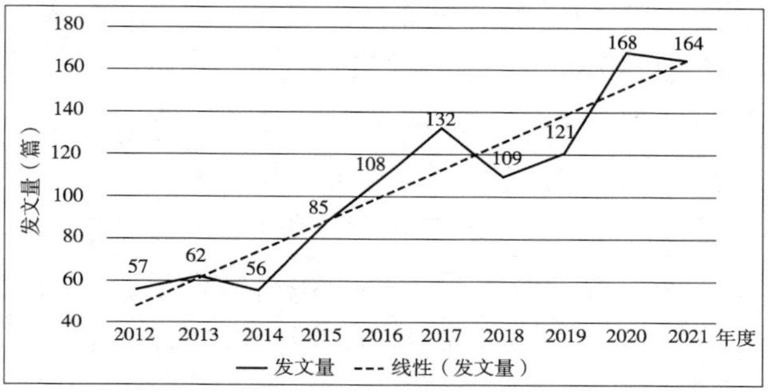

图 3 - 6　2012—2021 年混合学习主题的发文量及趋势

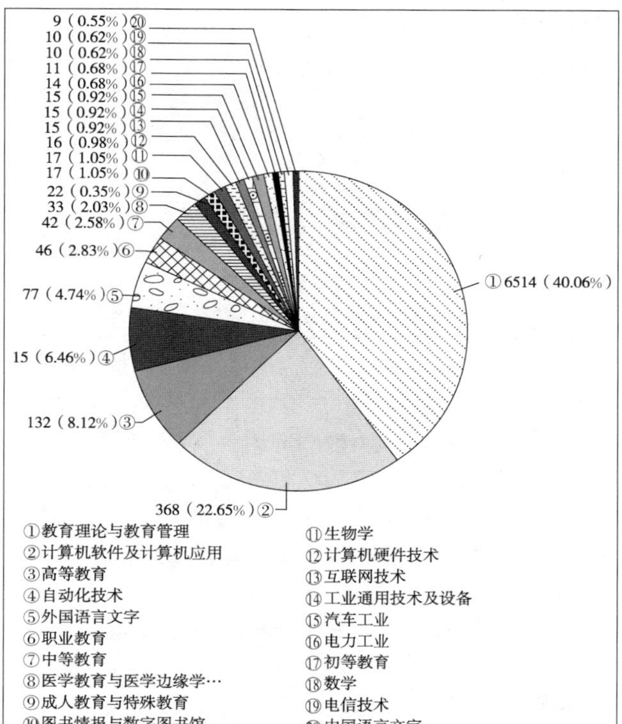

图 3 - 7　2012—2021 年有关混合学习文献的关键词聚类

本研究利用 CiteSpace6. 1. R3 对中国知网的文献进行聚类分析和突现词分析，得到图 3 - 8 和图 3 - 9。对某一领域进行研究，最为明了和有效的方式是对文章提供的关键词进行分析[10]。从图 3 - 8 中可以看出，关于“混合学习”文献的关键词的 8 个主要类别是#0 混合学习、#1 教学模式、#2 在线学习、#3 翻转课堂、#4 深度学习、#5 教学设计、#6 学习分析、#7 核心素养。一组突现的动态概念和潜在的研究问题可以代表某一领域的研究热点[11]，同时突变检测算法可以检测到一个学科内研究兴趣点的突然增加[12]。从图 3 - 8 中可以看出，深度学习、教学改革和自主学习已成为混合学习的研究重点，尤其是深度学习最为明显，如沈霞娟对混合学习环境下深度学习活动的研究[13]，朱永海对深度学习视角下混合教学系统化设计与体系化模式的构建。混合学习概念的提出虽然较早，但我们对它的研究和应用还存在诸多不足。面对当前的特殊形式，我们对混合学习的应用、研究需要进一步加快。

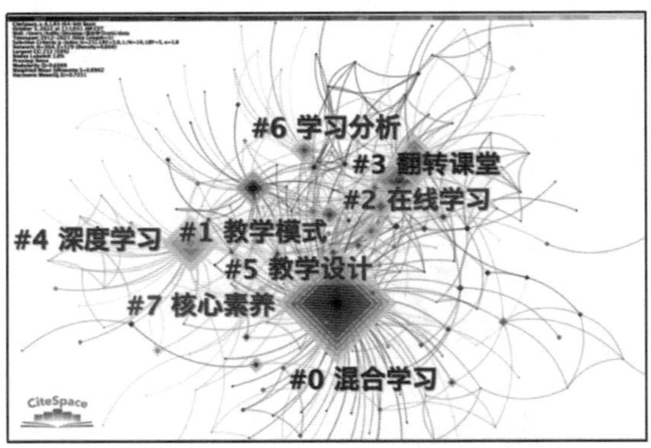

图 3 - 8　2012—2021 年有关混合学习文献的关键词聚类图

Keywords	Year	Strength	Begin	End	2012 – 2021
深度学习	2012	**10.57**	2019	2021	
教学改革	2012	**3.75**	2019	2021	
自主学习	2012	**3.31**	2018	2019	
翻转课堂	2012	**2.91**	2015	2016	
学习体验	2012	**2.86**	2018	2019	
移动学习	2012	**2.74**	2015	2017	
高职院校	2012	**2.59**	2018	2021	
雨课堂	2012	**2.44**	2019	2021	

图 3 - 9　2012—2021 年有关混合学习文献的突现词主题图谱

三、基于混合学习模式的课程构建

（一）教材、学情分析

1. 教材分析

“什么是周长”是小学数学北师大版三年级上册第五单元的内容，是新课标教材中空间与图形领域中有关图形与测量的内容。学生在一、二年级时已经认识了三角形、平行四边形、长方形、正方形等平面图形，并且已经掌握了这些平面图形的基本特征。此外，在日常的生活中，学生对周长也有了一定的了解。本节课主要通过描一描、摸一摸、量一量等实践活动，让学生自己了解边线、一周、封闭这些词，初步理解周长的含义，为后面学习各种图形的周长的概念及周长的计算公式做铺垫。

2. 学情分析

三年级学生在已有知识经验的基础上，借助微课、UMU 互动平台学习平面图形。教师通过创设生动具体的情境导入新课，学生通过描树叶的边线、摸物体表面的边线，感受物体周长。教师让学生量一量自己腰的周长、数学书封面的周长，重点关注学生对物体测量的体验与感悟。

（二）教学准备与教学平台搭建

本课程的混合学习主要通过 UMU 互动学习平台展开。UMU 是一个互联网学习平台，能够提供混合式学习方案。区别于传统的单向灌输式学习，UMU 以互动为特色，提供了强大的教学设计功能，集微课、图文、视频、考试于一体，通过模块化设计，创建了不同形式、个性化的课程。

整个混合学习过程将在计算机教室开展，学生利用计算机进行线上学习，具备自由探索的时间和空间。同时，教师可以在课堂上进行引导与监督，保证学生高效学习。本节课借助 UMU 互动学习平台，要求学生在线上进行微课学习并完成题目，对于有疑惑的内容，学生可以进行重复学习。这一学习方式保证了学生在大节奏一致的前提下能够进行个性化学习。

表 3 - 13　“什么是周长”一课的教学准备

教学准备	教学平台	UMU 互动学习平台
	教学环境	多媒体计算机教室、极域课堂管理系统
	教学资源	导学案、微课、课后练习题
	教学工具	课件、小蝌蚪图片、直尺、皮卷尺、红色水彩笔、学习卡尺

表 3-14　UMU 互动学习平台中常用场景的效果学习设计

	如何教	如何练	如何评估
知识类课程	图文、微课、视频	题库考试	考试
实操类课程	视频、图文、视频会议	视频练习、考试	考试
软技能课程	视频、微课、互动直播	视频练习、AI 反馈 词云匹配、针对点评	视频考试
价值观课程	图文、微课、视频	文档练习、讨论	语音考试

（三）教学设计与混合式教学策略

1. 创设情境，导入新知

线上学习区别于传统面授学习，它能够给予学生充分的空间和自由，有利于激发学生内驱力，调动学生探索的积极性。本节课教师首先让学生在 UMU 平台中观看“蚂蚁爬树叶比赛”视频，从而吸引学生的兴趣，并使学生对周长的概念有一个初步的理解。教师对学生在 UMU 平台中的答题数据进行收集、分析和整理，可以初步判断出学生的认真程度和对周长的理解程度。

2. 实践探索，理解新知

这节课将通过五个活动进行。活动 1 是描一描树叶，教师要求学生在 UMU 平台中观看新世纪微课“什么是周长”中 1 分 33 秒—2 分 50 秒的内容，接着引导学生动手画出树叶的边线，并思考如何测量边线的长度，最后教师引出什么是周长的问题。为进一步加深学生对周长的理解，教师设计了活动 2 描一描课本，让学生在 UMU 平台中观看新世纪微课“什么是周长”中 2 分 50 秒—3 分 24 秒的内容，对长方形周长进行探究与理解。在教学活动过程中，教师以微课作为概念导入，以实践操作为解决问题的抓手，整个活动利用问题串贯穿课堂教学的全过程，增强了学生的思维能力。活动 3 摸一摸、说一说和活动 4 量一量则注重引导学生从学习知识发展到尝试解决实际问题。学生非常熟悉文具、桌子、黑板这些物品，因此，从熟悉的物品开始进行学习，可提升学习效率。在活动 5 数一数中，教师先让学生在 UMU 平台中观看新世纪微课“什么是周长”中 8 分 18 秒—11 分 4 秒的内容，然后引导学生观察图形、发现数学信息、量一量周长。最后，教师要求学生在 UMU 平台中完成试题。上述教学环节充分地体现了混合式教学的思想，整个学习过程结合了课堂面授、在线学习、实践测量，融合了学生的探究性学习和接受性学习。教师在教学过程中充分发挥了主导作用，加强了对课堂的监督。学生在学习过程中，被给予了充分的自由和探究空间。这一教学模式体现出教师主导作用与学生主体作用的融合。

表 3 - 15　“什么是周长”一课的教学设计与策略

教学环节	教师活动	学生活动	设计意图	学习模式	学习环境
一、创设情境，导入新知	师：同学们，今天老师给大家介绍一位新朋友。它的个子小小的，力气却大大的，能举起比自身重量重 100 倍的物体，被称作动物界的大力士，你们知道它是谁吗？你们果然是谜语大王！它就是小蚂蚁。在今天这节课上，蚂蚁小强、大强和肥强要和我们一起来研究什么是周长！	1. 在 UMU 平台中观看“导入微课”视频。 2. 完成问卷习题。	教师让学生观看视频微课，通过视频吸引学生的兴趣，要求学生对周长的概念有一个初步的理解。学生看完微课后，教师对学生的问卷回答情况进行数据分析，可以初步判断出学生的认真程度和对周长的理解程度。	线上学习	计算机教室
二、实践探索，理解新知	教师引导学生通过描一描、摸一摸、说一说、量一量、数一数等活动，认识周长，理解从一个起点出发沿着树叶的边线运动，最后回到这个起点才是一周，这一周的长度是它的周长。	1. 描一描树叶的边线，在 UMU 平台中观看新世纪微课“什么是周长”1 分 33 秒—2 分 50 秒	周长是一个相对抽象的概念。在实际操作的过程中，教师让学生参与描一描、摸一摸、说一说、量一量、数一数等实践活动，使学生慢慢领会、识记、理解周长，并最终灵活应用。学生亲自动手探索知识的过程是内化知识的过程。最后让学生观看微课，对所学知识进行回顾和复习，并完成试题。	线上学习	计算机教室
		2. 描一描数学书封面的边线，在 UMU 平台中观看新世纪微课“什么是周长”2 分 50 秒—3 分 24 秒		线上学习	
		3. 摸一摸、说一说		线下学习	
		4. 量一量			
		5. 数一数			
		6. 在 UMU 平台中观看新世纪微课“什么是周长”8 分 18 秒—11 分 4 秒后，在线完成试题。		线上学习	

续 表

教学环节	教师活动	学生活动	设计意图	学习模式	学习环境
三、归纳总结，升华新知	师：这节课，你们学到了什么？ 这节课，我们认识了什么是周长，知道了图形一周的长度就是图形的周长，也知道了我们生活中有许多物品都有它的周长。同学们可以利用课后时间去找一找、摸一摸，然后再和同伴说一说。这节课我们就上到这里，下课！	在 UMU 平台中完成课后练习。	教师可以实时查看学生完成题目的正确率，这有助于教师及时掌握学生的学习情况，以便做出教学调整。	线下线上相结合	计算机教室

四、总结与展望

周长是一个相对抽象的概念。在教学过程中，教师让学生参与描一描、摸一摸、说一说、量一量、数一数等活动，慢慢理解周长的概念，培养量感，提升学生的高阶思维能力，使其最终能够灵活应用知识。学生是学习的主体，一切的教学活动都应该围绕学生开展。学生亲自动手探索知识的过程是内化知识的过程，同时也是提升学生数学素养的重要途径。最后，教师让学生观看微课，对所学知识进行回顾和复习，完成试题。教师可以在平台中实时查看学生完成题目的正确率，通过数据驱动，促进学生深度学习。此举有助于教师及时掌握学生的学习情况，以便做出教学调整，实现个性化教学。

混合学习将在线学习与面对面学习有机融合，重构教学要素，发挥两者各自的优势，为教育教学持续、深度开展提供了一种有效的教学形式。混合学习是未来学习的新模式和形态，会对教学改革产生深远影响。面对未来的教育，我们需要不断学习、不断创新，感知时代发展脉搏，奋力前行。

参考文献

［1］中华人民共和国教育部. 教育部关于印发《教育信息化 2.0 行动计划》的通知［EB/OL］.（2018-04-13）［2019-06-01］. http：//www. moe. gov. cn/srcsite/A16/s3342/201804/t20180425_ 334188. html.

［2］李冀红，万青青，陆晓静，等. 面向现代化的教育信息化发展方向与建议：《中国教育现代化 2035》引发的政策思考［J］. 中国远程教育，2021（4）.

［3］［4］中华人民共和国教育部. 教育部关于印发义务教育课程方案和课程标准（2022 年版）的通知［EB/OL］.（2022-03-25）［2022-10-04］. http：//www. moe. gov. cn/srcsite/A26/s8001/202204/t20220420 _ 619921. html.

［5］张红英，耿楠，王志军，等. 教育信息化 2.0：愿景与路径：中国教育技术协会信息技术教育专业委员会第 14 届年会综述［J］. 终身教育研究，2019，30（1）.

［6］郭炯，黄彬，郑晓俊. 《网络学习空间建设与应用指南》解读［J］. 电化教育研究，2018，39（8）.

［7］何克抗. 从 Blending Learning 看教育技术理论的新发展［J］. 国家教育行政学院学报，2005（9）.

［8］李克东，赵建华. 混合学习的原理与应用模式［J］. 电化教育研究，2004，25（7）.

［9］徐健，吴涵. 我国新闻传播教育研究 20 年回顾与展望：基于 CiteSpace 的文献计量分析［J］. 传媒，2022（4）.

［10］兰国帅. 基于知识图谱的国际教育技术发展研究［D］. 南京：南京师范大学，2016.

［11］CNEN C. Citespace Ⅱ：Detecting and visualizing emerging trends and transient patterns in scientific literature［J］. Journal of the American Society for lnformation Science and Technology，2006，57（3）.

［12］沈霞娟，张宝辉，冯锐. 混合学习环境下的深度学习活动研究：设计、实施与评价的三重奏［J］. 电化教育研究，2022，43（1）.

［13］朱永海. 深度学习视角下混合教学系统化设计与体系化模式构建［J］. 中国电化教育，2021（11）.

激励性学业评价在小学道德与法治课程中的应用
——基于荔湾小学道法湾豆收获季的探索与实践分析

南山实验教育集团荔湾小学　向嘉蕙　郑绮雯

摘要：小学道德与法治作为一门德育课程，在进行教学评价无法时像其他学科一样进行单一的卷面测验，需要实行多元评价策略。作者对前人文献进行了梳理，主要对现阶段小学道德与法治课程评价体系中存在的问题进行梳理和整合，以期为小学道德与法治学业评价体系改革提供相关参考。最后，我们对学业评价体系的落实情况进行了深入讨论，并对其进行了反思和总结。

关键词：小学道德与法治；多元评价；课程标准

引言

新时代背景下，中国社会的快速发展和教育体制的改革，对义务教育的道德与法治课程提出了更高的要求。小学阶段的道德与法治学科作为一门德育课程，其教学效果直接由学生的道德知识水平呈现。这使得道德与法治学科的评价不能像其他学科一样仅仅依靠卷面测试来呈现学生的学习成果，因此，多元的评价策略在小学阶段的道德与法治评价中非常重要。本文基于对前人文献的梳理和整合，结合荔湾小学湾豆收获季的具体实践和尝试，期望为同行者指出一些可借鉴的路径。对比从前人文献中总结出的改进建议和荔湾小学的具体实践，我们发现了许多值得反思和不足的地方，这为我们后续完善道法学科湾豆收获季的活动内容提供了方向。

一、小学道德与法治评价体系存在的问题

（一）评价主体单一

小学道德与法治的教学评价遵循传统教学中的评价原则，其评价主体往往是教师，而学生并不能很好地、有效地参与其中，无法对自己和他人的学习成果进行评价。无论采取什么样的评价方式，多元的评价主体是不

可或缺的。如果仅由教师作为唯一的评价主体，那么教学活动既不能体现学生学习的主体地位，又不利于对学生学习成果的客观评价。这样一来，学生又变成了课堂和学习的配角，与我们提倡的以学生为主体的教学理念相悖。

（二）评价内容片面

小学阶段道德与法治的评价内容与其他学科的评价内容相似，特别是小学中高年级学段，其评价内容往往注重学生的考试结果，呈现出片面、不客观、过于注重结果的特点。教师在这一过程中容易忽视学生的学习过程，更忽略了在道法学科当中非常重要的评价内容，即对学生的道德水平、情感、态度与价值观的评价。这些内容若不能被纳入道法学科的评价内容中，那么我们就不能达到道法教学的目的和效果，也不利于实现铸魂育人的目标。

（三）评价方式呆板

在传统的道德与法治的教学评价中，评价方式往往与评价内容息息相关，较多的教师沿袭传统的评价方式，容易陷入唯分数论的误区。传统评价注重学生对知识的掌握程度，而较少关注学生在道德与法治学科中的实际应用和思辨能力。这导致学生为了取得好成绩而死记硬背，没有真正理解学科的内涵。道德与法治学科要求学生能够在真实的社会情境中应用所学知识，但现有评价方式未能有效地模拟这些情境。传统的笔试或口试难以真实反映学生在实际生活中的综合素养，无法全面考查其道德判断能力、法治观念和解决实际问题的能力。因此，学生在课堂中的学习往往与社会的真实情境割裂，使得评价方式与道德与法治学科的本质要求相悖，限制了学科教育的全面发展。为了更好地培养学生的实际运用能力和综合素养，我们有必要对评价方式进行创新和改革。

（四）总结

综上，小学道德与法治学科的评价体系现阶段仍然存在较多问题，主要包含评价主体相对单一固化、评价内容缺乏广泛性和规范性以及评价方式简单呆板等问题。基于这些不足，我们从前人文献中梳理出了针对这些问题的改进建议。

二、小学道德与法治评价体系改进建议

（一）评价主体多元化

小学道德与法治的评价主体多元化至关重要，其必要性体现在促进学生全面发展、深化学科理解、以及构建紧密的家校联系的层面上。教师通过鼓励学生参与评价内容设计，引入学生自评和互评的机制，能够加强学生对学科的深刻理解。学生在自评和互评的过程中不仅能够反思自己的学业表现，还能更加明确个性化的学习需求，从而有针对性地调整学习策略，形成更好的学习习惯。这种主动参与评价内容设计的方式，不仅使学生在学科学习中扮演更为积极的角色，还巩固了学生在自身发展中的主体性地位。

评价体系引入家长参与机制，通过家长会议和家庭任务设计等方式，让家长更多地了解孩子在学校中的表现，实现了家校紧密联系。家长作为评价的参与者，能够提供更具体、贴近实际的反馈，从而为学生的发展提供更全面的支持。教师加强了与家长的沟通，使教育形成了一个共同体，让家庭和学校共同助力学生的全面成长。因此，小学道德与法治的评价主体多元化不仅有助于加强学生对学科的理解，还构建了一个更加健全的家校合作体系，共同为学生的德育成长提供更有力的支持。

（二）评价内容动态化

评价内容动态化的必要性体现在多个方面。首先，随着社会的不断变革和进步，道德与法治学科的应用领域也在不断拓展和更新，传统的评价内容无法及时反映新时代的法治观念和道德伦理。因此，动态化的评价内容可以使评价体系与社会发展同步，使学生获得更实用的道德法治知识。其次，学生个体差异巨大，传统评价内容难以满足不同学生的发展需求。动态化的评价内容可以更灵活地针对学生的兴趣、特长和潜力进行考查，促使每个学生在道德与法治学科中找到适合自己发展的方向，实现个性化发展。最后，动态化的评价内容有助于深化学生对道德与法治学科的理解，评价不仅注重学生对知识的获取，还强调学生对于法治原则和伦理观念的理性思考和实际应用。教师将教学内容与实际情境相结合，使学生能够更深入地理解道德与法治学科的价值和意义，从而树立对社会责任的担

当意识。

综上所述，小学道德与法治学科评价内容的动态化能够适应时代变迁，满足学生个性化发展的需求，加强学生对学科的理解，进而更好地服务于学生的全面发展和社会实践。

（三）评价方式多样化

小学道德与法治学科的评价方式多样化对于学生全面发展和综合素养的培养至关重要。目前，传统的评价方式主要以卷面测试和单一的评价标准为主，呈现出呆板、单一的特点。这种方式过于注重结果，难以帮助教师全面了解学生的道德素养和法治观念。因此，教学评价迫切需要引入多样化的评价方式，以更全面、灵活的方式展现学生在道德与法治学科中的学习成果。

多样化的评价方式可以包括学科项目、小组合作、口头报告等形式，以期更好地促进学生在真实的社会情境中应用所学知识。通过学科项目，学生能够在具体实践中应用道德与法治学科的知识，提升解决实际问题的能力。小组合作则提升了学生的团队协作能力和社交技能，体现了道德与法治学科的本质要求。口头报告则锻炼了学生的表达能力，能够更直观地展示学生对道德与法治知识的理解和态度。

通过多样化的评价方式，教师可以更全面地了解学生在道德与法治学科中的发展情况，使评价更具有针对性和综合性。这种灵活的评价方式有助于挖掘学生的潜力、培养学生的创造性思维，并提高他们在社会中更全面、具体地运用所学道德与法治知识的能力。因此，小学道德与法治的评价方式多样化不仅有助于提高评价的科学性和准确性，还能更好地服务于促进学生全面发展的目标。

（四）总结

为了解决小学道德与法治学科评价中存在的问题，我们需要采纳多方面的改进建议。改进建议包括引入过程性评价、使用多元评价工具、鼓励学生和家长参与等方面的创新。这将有助于我们构建一个更为全面、灵活和具有个性化的评价体系，从而使学生拥有良好的品德和法治观念。通过对这些改进建议的采纳，我们有望建立一个更符合现代教育理念和学科特点的评价框架，使评价更好地服务于小学道德与法治学科的教学和学生发展。

三、荔湾小学多元评价改革体系的实践与探索

（一）形成性评价与终结性评价相结合

为更好地反映学生的发展水平，荔湾小学多元评价体系遵循“形成性评价与终结性评价相结合”的原则。两个评价方式在不同年级的权重有所不同，使得评价更加贴近学生的实际情况，这有助于教师更科学、全面地了解学生的学业成就和发展水平。道德与法治课程的评价体系强调过程评价，注重发挥评价的引导作用。荔湾小学湾豆收获季的项目以更全面、综合的方式关注学生的学业成就和发展水平，注重对学生的激励，提升了评价的科学性、专业性、客观性。

在荔湾小学的湾豆收获季评价体系中，学生在学习过程中的表现（过程性评价）和最终的学习成果（终结性评价）都能很好地呈现在每学期期末发放的学生手册——《集豆册》中。在《义务教育道德与法治课程标准（2022 年版）》以及湾豆收获季评价体系的引导下，形成性评价在学生学习的过程中起到了及时反馈和指导的作用。《集豆册》记录了每个学生的具体表现，包括每日课堂、每日作业等（如图 3 - 10）。这种及时的反馈使学生在学习过程中能够清晰地了解自己的优势和不足，从而有针对性地调整学习策略，养成更好的学习习惯。

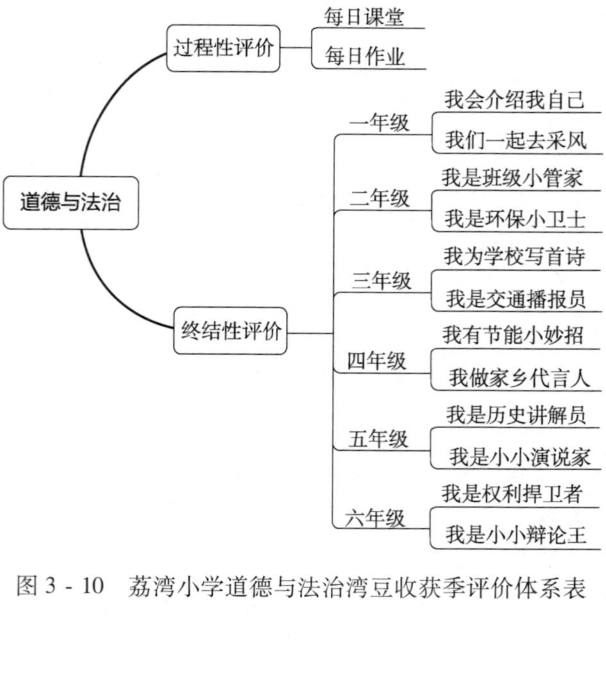

图 3 - 10　荔湾小学道德与法治湾豆收获季评价体系表

终结性评价作为一个学期的总结，能够客观地展现学生在一段时间内的学习成果。这种全面的评价不仅关注期末试卷的分数，还关注学生整个学期在学科知识掌握程度、道德法治素养等方面的综合表现。终结性评价内容的多元化有助于教师全面了解学生的学业水平和综合素质，为学生提供更加全面、准确的学业指导。比如二年级“我是班级小管家”的测评项目，既考查了学生对于道法知识的掌握程度，又体现了跨学科的特点，通过手账、日记、手抄报等多种形式呈现出最终的学习成果。这一测评项目既符合二年级学生的学情，又展现了学生的综合素质。

综合而言，形成性评价和终结性评价的结合使得评价方式更加多样化和全面化。学生不再仅仅关注期末成绩，而是通过整个学期的形成性评价了解自己的进步和不足，通过终结性评价全面了解自己在学科知识方面的综合表现。这种评价方式不仅让学生更有成就感和学习动力，还促进了学生的全面发展，培养了他们的自信心。每一次湾豆收获季的总结都成为学生规划未来学习方向和提升自身能力的有力参考，推动了学生在学业和综合素养上的发展。

（二）立足学生，以生为本

荔湾小学的湾豆收获季注重多元评价主体的参与，树立了以学生为评价主体的观念，注重学生自评和生生互评，有利于培养学生自我反思、自我认识、互相学习的能力。这种评价体系能够确保评价的客观性、公正性，提高评价的实效性，也能够真正确立学生在学习、成长过程中的主体地位。

在湾豆收获季的实践中，我们不难发现多元主体参与评价的积极作用。在生生互评中，榜样学生所展现的积极表现和学术素养往往具有强烈的辐射和带动作用。这种互评体系不仅是一种评价工具，还是一种促进个人发展的有效机制。榜样学生的示范使整个学习氛围更加积极向上。学生们在竞争的同时保持友好合作，形成共同学习的氛围，带动全体学生向着共同的学术目标迈进。以荔湾小学湾豆收获季四年级测评项目“我有节能小妙招”的学生互评表为例，学生在给其他同学评分的同时，也能促进自我反思，明确自己小组需要前进的方向，进而营造出更好的生生互助的氛围。

表 3-16　四年级测评项目“我有节能小妙招”学生互评表

项目	评价标准	星级	合计
1	对方小组有明确的分工并由一位组长进行汇报	☆☆☆☆☆	
2	作品在设计、制作上具有实用性、美观性	☆☆☆☆☆	
3	结合课堂所学的知识（垃圾分类、回收、循环再利用等）对作品进行解释说明	☆☆☆☆☆	
4	作品最终能够呈现环保观念，学生利用生活中的废品进行二次创作	☆☆☆☆☆	

学生还可以在互评中提高自我认知。学生互评不仅让学生接受了来自同龄人的反馈，还提高了他们对自我的认知。通过了解自己在同伴眼中的表现，学生能够更清晰地认识到自身的优势和不足，从而有针对性地进行自我改进。总体而言，生生互评为我们提供了一种多元化的评价手段，旨在培养学生综合发展的能力，同时也弘扬了积极向上的学习风尚。榜样学生的引领使学生互评成为一种相互促进、共同成长的评价模式。

（三）评价方式多样化

在荔湾小学道法学科的湾豆收获季中，我们针对不同年龄阶段的学生，设计了符合学情的多种评价方式。我们为低年级学生设计了符合教学内容和学情的“我会介绍我自己（一年级）”“我是环保小卫士（二年级）”“我是交通播报员（三年级）”等测评项目，鼓励低年级学生通过绘画、手工、演讲等方式表达对校园、大自然、环保、交通安全等主题的理解，并评价其表达能力和道德水平。

小学高年级的学生则倾向于书写、演讲、辩论等测评方式。比如四年级的“我做家乡代言人”，项目要求学生结合所学知识，绘制展现家乡特色或记录家乡人的生活的手抄报。五年级的“我是历史讲解员”要求学生根据课堂所学以及课外知识，完成一场关于中国古代科技成果的演讲。

在六年级道德与法治的湾豆收获季测评项目中，我们设计了以“我是小小辩论王”为主题的测评项目。该项目主要选取了与本学期课堂内容相关的法治主题作为评价内容，评价小学高年级学生的文字和语言的表达能力和对道德价值的思考深度。

表 3-17　“我是小小辩论王”项目说明

年级	项目名称	评价内容	评价方式	评价主体
六年级	我是小小辩论王	选取与本学期课堂内容相关的法治主题进行辩论	小组之间进行现场辩论	学生互评、教师评价

多元的评价方式对评价学生的学习成果和培养学生道法学科的核心素养有积极作用。六年级“我是小小辩论王”的测评项目有助于树立学生的法治观念。首先，通过深入讨论法治的重要性、法律的作用以及法治社会的优势，学生能够形成对法治的正确认识；其次，该项目有助于使学生树立法律意识。在辩论过程中，学生需要根据法律原则进行论证，这有助于使学生树立法律意识，从而理解法律对社会的规范作用，认识到自己在社会中的法律责任和义务。除了以上两点，学生的逻辑思维能力、辩论技能、法治素养、学科综合素养、社会责任感等都能在法治主题的辩论中得到全面提升。这对于小学生综合素养的培养具有积极意义，有助于他们成为具备法治素养的公民。

四、反思与结语

小学阶段的道德与法治学科在评价体系方面存在较多亟须解决的问题，这些问题影响了教育的有效性和学生的全面发展。荔湾小学针对激励性学业评价体系做出了科学的尝试和探索，通过具体的实践案例和对前人经验的梳理，更好地明确了评价体系改革的前进方向。

本文主要梳理整合了小学道法评价体系的几方面不足。首先，现阶段的评价体系往往过于强调终结性评价，而忽略了形成性评价的重要性。因此，均衡地结合形成性评价和终结性评价，可以使我们全面了解学生的学科素养和道德发展水平。其次，评价体系未将学生置于评价的核心地位。传统评价体系往往过于关注学生的分数，而忽略了学生的个体差异。荔湾小学构建的激励性学业评价体系强调以学生为本，注重发掘学生的优势，激发学生学习兴趣，以期更好地激发学生学习的内在动力。最后，评价方式不够多样化。传统的考试评价往往忽视了对学生综合素养的考查。荔湾小学的实践表明，通过项目评价、日常教学记录等多种方式，我们可以更全面地考查学生的道德与法治素养。因此，我们可以在未来的评价体系中进一步拓展评价方式，使之更加贴近实际生活和社会需求。

我们的实践仍有不足之处。首先，在评价主体方面，我们往往忽视了家长作为评价主体的重要性。学生的德育离不开家长的支持。在今后的工作中，我们可以探寻更多的路径来努力实现评价主体的多元化。其次，关于小学道德与法治评价内容动态化的探索和尝试还不够深入。我们要让评价适应时代变迁，满足学生个性化需求，进而更好地服务于学生的全面发展和社会实践。

综合而言，小学现阶段的道德与法治学科评价体系需要更加注重形成性评价，采用多样化的评价方式。我们需要在评价体系中注入更多关爱，关注学生个体差异，促使学生在道德与法治课程中得到更全面的发展。未来，我们应该关注评价改革的效果，不断进行实证研究，总结成功的经验，及时调整不足之处，建立更加科学的评价体系。

参考文献

[1] 陈艳玲. 小学道德与法治学科评价方式的探究 [J]. 新课程，2020 (44).

[2] 刘桂芳. 在小学道德与法治课堂实施发展性评价 [J]. 基础教育论坛，2020 (18).

[3] 葛飞. 小学“品德与社会课程”教学现状及对策研究——以聊城市东昌府区为例 [D]. 聊城：聊城大学，2015.

[4] 许小辉. 浅谈小学思想品德教学生活化 [J]. 学周刊，2015 (9).

[5] 周江燕. 小学道德与法治生活化教学现状及优化策略研究 [J]. 国家通用语言文字教学与研究，2023 (3).

[6] 中华人民共和国教育部. 义务教育道德与法治课程标准（2022 年版）[S]. 北京：北京师范大学出版社，2022.

附　录

FULU

学校荣誉

国家级

2022 年 11 月，荔湾小学获评礼乐弦歌课程教学示范校

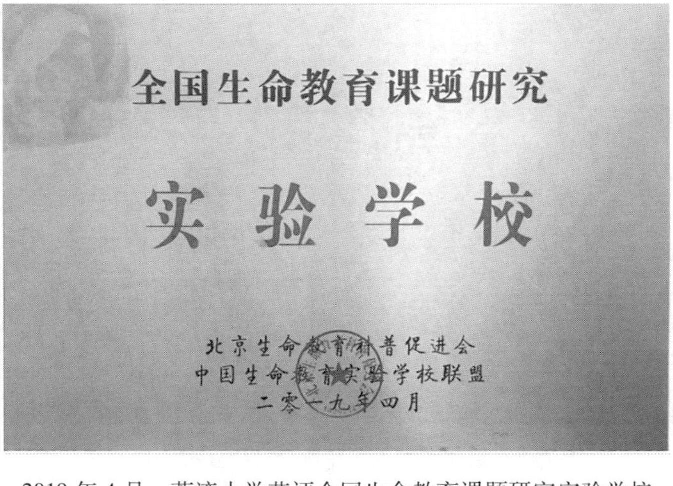

2019 年 4 月，荔湾小学获评全国生命教育课题研究实验学校

省 级

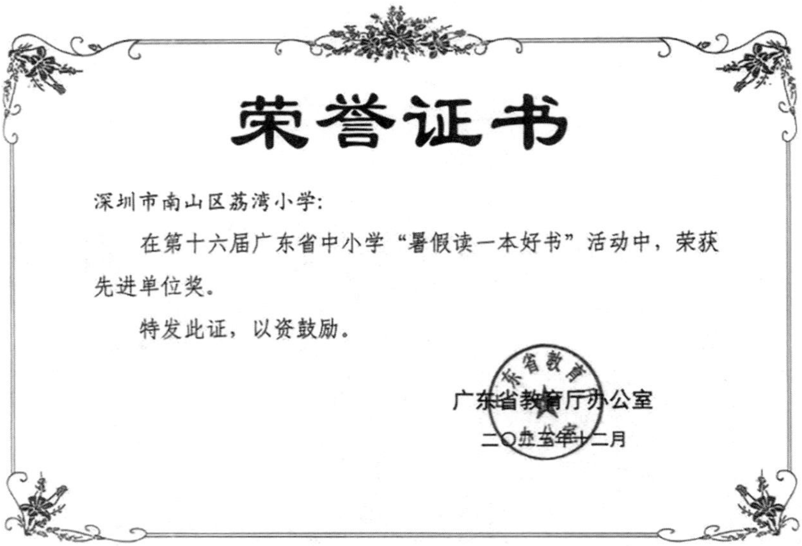
荣誉证书

深圳市南山区荔湾小学:

在第十六届广东省中小学“暑假读一本好书”活动中，荣获先进单位奖。

特发此证，以资鼓励。

广东省教育厅办公室

二〇二三年十二月

2023 年，荔湾小学在第十六届广东省中小学“暑假读一本好书”活动中获评先进单位

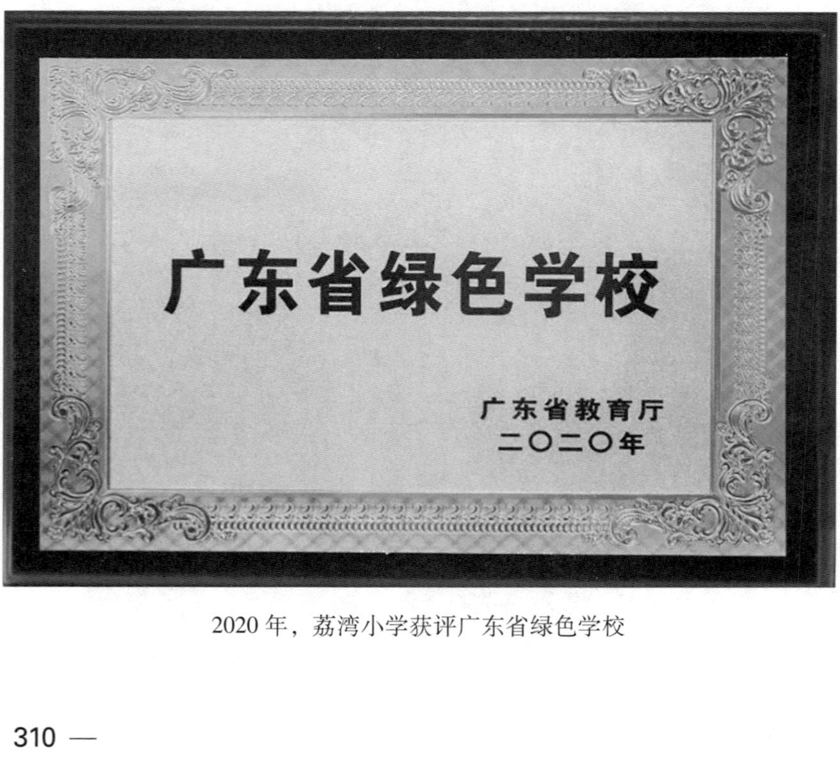

2020 年，荔湾小学获评广东省绿色学校

市 级

2023 年 1 月，荔湾小学获评深圳市教育创新领跑学校年度奖

2020 年 12 月，荔湾小学获评深圳市 2020 年度最受关注新锐学校

2022 年 12 月，荔湾小学荣获全国航空航天模型教育竞赛总决赛（深圳赛区）的优秀组织奖

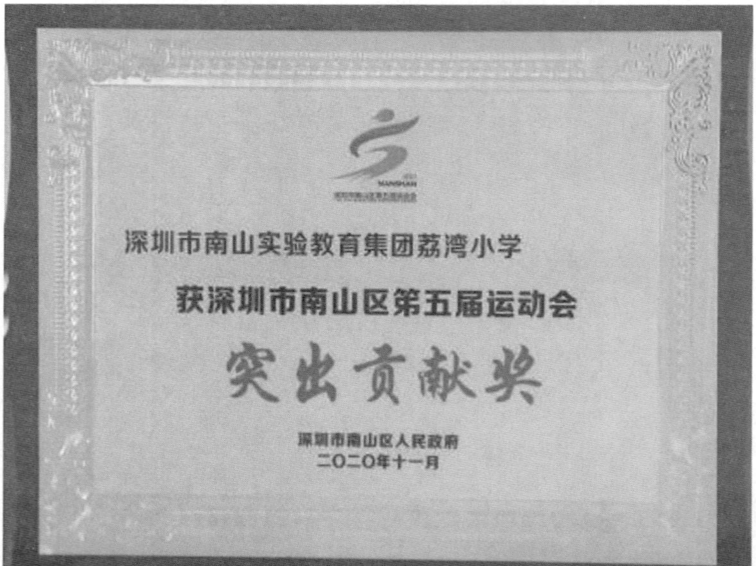

2020 年，荔湾小学荣获深圳市南山区第五届运动会突出贡献奖

2018 年，荔湾小学获评 2018 年度全国青少年毒品预防教育工作先进单位

2018 年，荔湾小学荣获深圳市南山区青少年国际象棋锦标赛最佳组织奖

区　级

荣誉证书
Certificate of Honor

李莹：

经专家评审，您申报的项目《湾豆收获季——激励性评价改革的探索》荣获南山区第五届教育改革创新奖 二 等奖。

特发此证，以资鼓励。

核心成员：郑爱辉、刘伟伟、罗海珊、朱彦、王芳、于晓

深圳市南山区教育局
2020年12月

2020 年 12 月，荔湾小学申报的项目《湾豆收获季——激励性评价改革的探索》获深圳市南山区第五届教育改革创新奖

荣誉证书

南山实验教育集团荔湾小学：

在2023年南山区“爱己护脊　健康成长”——南山区中小学班级脊柱操大赛中，荣获 小学组特等奖

优秀指导教师奖

指导教师：王建玲、张译文、付龄萱

参演学生：吴思陶、李木、王理思、谢光炫、黄尹辰、黄浩然、刘方旭、谢思成、谢睿康、梁立滨、余林峰、余翾天、高梓峰、张晴然、刘瀚森、赖浩宇、李梓墨、黄晓隽、黄祉颖、王镘茹、陈思宇、周雨晨、陈邻心、王静怡、于睿璐、李尚容、黄语桐、甘雨灵、秦若馨、徐沐颜、汪梓君、于子宸、吴欣桐、范雯惠、胡楚唯、赵师祺、于雯心、朱崇瑞、黄璇、张梓恒

特发此证，以资鼓励。

证书编号：NSJY202312942

深圳市南山区教育科学研究院
二〇二三年十一月

2023 年 11 月，荔湾小学荣获南山区中小学班级脊柱操比赛小学组特等奖

2023 年，荔湾小学获评南山区儿童青少年近视防控试点学校

课题证书

结 题 证 书

项目类别： 2018 年度南山区教育科技项目一般资助项目

批 准 号： nsjy201803247

项目名称： 《“湾豆收获季”——荔湾小学学生期末学业水平多元评价的实践研究》

主 持 人： 李星

课题组成员：王芳、付晚秀、李霏、廖嫦娥、谢小莹、王景江、黄珊珊、张俊强、吴桐、欧国何、伍婉婷、李玮、江妙珍、林雪婉

结题时间： 2022年10月

该项目经核准，准予结项。

深圳市南山区教育科学研究院

2022年10月

证书

Certificate

课题类别：深圳市教育科学规划2018年度重点非资助课题

课题名称：小学生激励性评价的实践研究

课题负责人：李莹 课题承担单位：深圳市南山区荔湾小学

主要研究人员：郑爱辉、朱彦、于晓、罗海珊、沈海峰、刘伟伟、肖文晶、周小金、郑雅楠、徐千慧、蒋杉、王建玲、殷雯雯、凌晓霞

此项课题已完成经审核准予结题，特发此证。

证书编 号：2022-166

深圳市教育科学规划领导小组办公室

二〇二二年七月五日

学生获奖

• **国家级**

2022—2023 学年全国青少年劳动技能与智能设计大赛全国决赛：

严婧溪、陈安润、黄执宸荣获二等奖

• **省级**

1. 广东省第九届少儿汉字书写大会：

钟泽鹏等 14 人荣获“书写小达人”称号

2. 2022 年粤港澳大湾区游泳比赛：

唐果荣获 50 米仰泳第一名

顾端端荣获 100 米蝶泳第一名

3. 2022 年广东省车辆模型锦标赛：

严婧溪荣获一等奖

• **市级**

1. 2023 年深圳市少年儿童乒乓球精英赛：

付子毅荣获男子 U9 组单打第一名

2. 2023 年深圳市少年儿童游泳锦标赛：

顾端端荣获女子 U10 组蝶泳全能第一名

彭潮锐荣获男子 U9 组 50 米、200 米自由泳第一名

3. 2022、2023 年思维大赛（大语文）：

李琨玉、徐瑾熙分别荣获一等奖

4. 世界机器人大会——青少年机器人设计与信息素养大赛：

曾梓淘荣获广东深圳赛区一等奖

5. 2023 世界机器人大赛——青少年机器人设计大赛：

孙晞慎荣获一等奖

6. 深圳市“拥抱春天”英文朗诵大赛：

李羽荞等 21 人荣获一等奖

7. 2022 年第三届深圳市青少年科技运动会：

欧阳程曦、李泊陶、冯美期荣获一等奖

8. 2022 年深圳第十九届学生网络夏令营活动——计算力考级：

费子谦荣获一等奖

9. 2022 年第 23 届“飞向北京-飞向太空”全国青少航空航天模型教育竞赛：

罗月辰荣获一等奖

10. 首届深港澳青少年创意设计大赛（团体）：

杨晶、高尚等 15 人荣获金奖

11. 深圳市中小学禁毒主题黑板报作品比赛：

刘晨悦、熊嘉欣、陈斯恒、李牧晓荣获优胜奖

• 区级

1. 2023 年南山区青少年乒乓球锦标赛：

余汶阅荣获男子单打 U8 组第一名

2. 2023 年深圳市南山区中小学生游泳锦标赛：

彭潮锐荣获男子 100 米蝶泳、自由泳第一名

徐馨逸荣获女子 100 米蝶泳、200 米自由泳第一名

3. 南山区第三十四届中小学生田径锦标赛：

吕韵屹荣获男子乙组跳高第一名

4. 南山区第二十五届教育科技节学生科技论文和学生科技发明比赛：

刘语心、何东峻、王理赐、苏梓杰荣获一等奖

5. 2023 年南山区现场作文比赛：

李静涵荣获一等奖

6. 全国助残日征文活动：

王理恩、李依灵荣获一等奖

7. 全国助残日手抄报：

秦若馨荣获一等奖

8. “诵读中国” 朗诵比赛：

赖飞帆荣获一等奖

9. 笔墨中国小学书法比赛：

苏梓杰荣获一等奖

10. 全国助残日征文：

王理赐荣获一等奖

11. 南山区第二十届英语节学生英语诵读比赛：

薛嫣然、林鸣昊等 15 人荣获一等奖

12. 南山区第二十届英语文化节学生手抄报比赛：

张浩滨荣获一等奖

13. 南山区第二十届英语文化节学生英语趣配音比赛：

刘明宇、丁颢楠、张亦彤荣获一等奖

14. 南山区 “我的数学理解” 展讲大赛：

张宇轩、陈奕璇等 12 人荣获一等奖

15. 南山区 2022 年信息技术科技节学生人工智能虚拟足球比赛：

朱宸睿荣获一等奖

16. 2022 南山区青少年航天航空模型锦标赛 “P1B” 橡筋——动力滑翔机竞时赛：

陈振宇荣获男子组第二名

黄泓毅荣获男子组第五名

郑楚青荣获女子组第五名

17. 南山区第 25 届教育科技节科技论文比赛：

刘语心、何东峻、王理赐、苏梓杰荣获一等奖

18. 2023 年南山区首届中小学劳动教育成果展：

麻程果、刘柳慧、秦若馨、童薇宁、梅皓然、王成羽、赵依依、雷瑾杨、刘俊翔的成果展出

19. 2023 年南山区青少年航空航天模型锦标赛：

段颖堃、温振尧、赵恩宇荣获一等奖

20. 南山区艺术节班级创意展示活动（团体）：

李昕雨、肖玉辰等 5 人荣获一等奖

21. 南山区学校艺术节学生自然艺术美术作品展：

方天畅荣获一等奖

22. 南山区艺术节班级创意展示活动（团体）：

李昕雨、肖玉辰等 5 人荣获一等奖

23. 班级课桌舞《中国梦 暖心怀》比赛

四（7）班全体学生荣获一等奖

24. 第六届“发现南山 · 少年朗读”比赛：

左晓茉荣获区级十佳

25. 发现南山爱读书主题征文活动：

蔡和晋、贾舒涵荣获优胜奖